돈은 불리고
세금은 줄이는
절세의 정석

부동산·금융·상속증여 절세의 핵심만 쏙쏙

내 자산을
지키는
절세의 비밀

돈은
불리고

절세의 정석

이환주 지음

세금은
줄이는

현직 금융기관
세무 전문가의
원스톱
세금 솔루션

TAX
FREE

TAX
FREE

원앤원북스

미국 100달러 지폐의 주인공인 벤저민 프랭클린이 남긴 유명한 말이 있습니다. "죽음과 세금은 피할 수 없다." 매일 먹는 음식, 우리가 입을 옷을 살 때, 열심히 일해서 돈을 벌어도, 금융 또는 부동산에 투자해서 돈을 벌어도, 그리고 내가 사랑하는 자식들에게 재산을 물려줄 때까지 우리는 세금과 떨어질 수 없는 삶을 살아가고 있습니다. 다만 똑같은 투자를 통해 돈을 벌어도 세금 지식이 있는지 없는지에 따라 납부해야 할 세금의 차이가 발생합니다. 재산을 불리는 것 못지않게 중요한 것이 바로 절세이고, 다양한 절세법을 얼마나 알고 있느냐에 따라 부가 결정됩니다.

이 책은 내 집을 사고팔면서 절세할 수 있는 방법, 금융기관을 거래하면서 절세할 수 있는 절세팁, 부모의 재산을 최소한의 세금만을 납부하면서 물려줄 수 있는 비법뿐만 아니라, 가족 간의 분쟁을 예방할 수 있는 신탁 서비스까지, 우리 삶에 꼭 필요한 세금 지식이 담겨 있습니다.

특히 상속·증여와 같은 장기 플랜이 필요한 세목을 체계적으로 준비한다면 과도한 세부담을 피할 수 있을 뿐만 아니라 부모의 재산을 둘러싼 혹시 모를 형제들의 분쟁도 예방할 수 있을 것입니다. 다시 말해 성공적인 상속·증여란 부모의 재산이 성공적으로 승계될 수 있도록 하는 것은 물론, 소중히 일군 재산을 자녀들이 화목하게 물려받아 그 부를 다음, 그다음 세대까지 안전하게 물려주는 것을 의미합니다.

2011년 금융권 최초로 상속증여센터를 설립한 하나은행은, 10년이 넘는 기간 동안 고객들의 세대 이전 상속 및 사전증여 플랜을 세워드리는 최고의 종합자산관리 서비스를 제공했습니다. 그뿐만 아니라 가족 간의 재산분쟁을 방지하기 위한 유언대용신탁 등 신탁제도를 활용해 가족 간 재산 권리관계를 정리해주는 신탁 서비스까지 확대하여 제공하고 있습니다.

100세 시대를 살아가는 지금! 세금 문제는 더 이상 부자들만의 고민거리가 아닙니다. 오랜 기간 많은 손님과의 상담을 통해 축적된 노하우가 담긴 이 책을 통해, 독자들도 일상생활 속에서 발생하는 크고 작은 세금 이슈를 현명하게 해결할 수 있는 지혜를 얻으리라 믿습니다.

하나은행 자산관리그룹장 김영훈

⊙ 세금 고민, 부자들만의 것일까?

많은 분이 아직도 세금은 부자들만 걱정하는 것으로 생각하고 있습니다. 하지만 한 번 생각해봅시다. 내가 살고 있는 집을 팔 거나 새로운 집을 취득할 때, 열심히 일해서 받은 월급을 저축하거나 연금을 받을 때, 부모로부터 현금이나 주식, 부동산을 증여받을 때 모두 세금이 발생합니다. 똑같은 시세의 집을 팔거나 증여를 받더라도 어떻게 설계하느냐에 따라 납부해야 하는 세금은 달라집니다. 각각의 상황에서 발생하는 세금에 관한 지식의 차이에 따라 적게는 수백만 원, 많게는 수억 원의 차이가 발생하게 되고, 이런 세금 차이로 인해 부의 차이가 발생하게 됩니다.

⊙ 상속 증여세 공부가 필수인 시대

특히 상속·증여는 부자들만 내는 세금이라고 생각하는 분들이 아직도 많습니다. 하지만 서울시 중소형 아파트 중위매매가격이

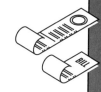

10억 원을 넘은 지 오래고, 아무런 준비 없이 상속이 발생하면 생각보다 많은 세금에 당황하게 되는 시대가 되었습니다. 또한 상속이나 증여의 경우 10년 단위 장기적인 플랜이 필요하기 때문에 얼마나 빨리 준비하느냐에 따라 내 자녀에게 더 많은 재산을 물려줄 수 있습니다. 내가 열심히 일군 재산을 소중한 자녀에게 적은 세금을 내고 물려주고 싶다면 이 책은 여러분에게 좋은 길잡이가 될 것입니다.

● 잘못된 세금 정보가 넘치는 시대

요즘 상담을 시작할 때 가장 많이 하는 질문은 "유튜브에서 이렇게 말하는데 맞나요?"입니다. 유튜브, SNS, 인터넷 기사 등 넘쳐나는 정보 속에서 누구나 손쉽게 세금 관련 내용을 확인할 수 있습니다. 하지만 이미 수년 전 개정되어 없어진 절세법이나 나의 상황에 맞지 않는 사례를 보고 잘못된 선택을 했다가 세금폭탄을 맞는 안

타까운 경우도 종종 보게 됩니다. 세법은 돈과 직접적으로 연관되어 있고, 매년 개정되는 만큼 세금 변화를 정확히 인지하지 못한다면 생각지 못한 세금 납부로 인해 큰 손해를 입을 수 있습니다.

이 책은 기존에 발간한『합법적으로 덜 내는 상속증여 절세법』의 상속·증여 분야에서 한 단계 더 나아가, 부동산을 사고팔 때 꼭 알아야 하는 필수적인 부동산 절세법, 금융상품에 투자할 때 활용할 수 있는 다양한 절세법, 그리고 글로벌 시대에 발맞춰 해외에 나가 거주하는 교민들이나 자녀들과 관련되어 발생할 수 있는 다양한 세금 이슈들과 관련해 꼭 알아야 하는 내용들을 선별하여 테마별로 작성했습니다. 연 1천 명 이상의 고객과 상담하면서 가장 많이 궁금해하는 세금 이슈들을 정리해보았고, 2024년 7월 말에 발표한 세법개정(안)의 내용 중 꼭 필요한 부분을 반영했습니다.

이 책이 일상생활 속 세금을 둘러싼 크고 작은 이슈와 관련해 현명한 의사결정을 할 수 있는 나침반과 같은 역할을 할 수 있기를 기원합니다.

마지막으로, 이 책이 나오는 데 용기와 도움을 주신 많은 분께 감사 인사를 드립니다. 이 책이 세상에 나올 수 있게 정성껏 만들어주신 원앤원북스 대표님과 직원분들, 아낌없는 지원을 해주신 하나은행 이승열 행장님, 자산관리그룹 김영훈 부행장님, 이은정 본부장님, 매일 동고동락하며 많은 도움을 주고 계신 자산관리컨설팅센터 동료분들, 존경하는 어머님과 장인·장모님, 집필에 매진할 수 있도록 배려해주는 소중한 아내와 딸 채원이, 그리고 바르게 잘 자랄 수 있게 항상 하늘에서 지켜보고 계신 아버지에게 이 책을 바칩니다.

이환주

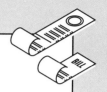

Part 2 금융상품 절세의 정석

Part 4 국제 세금 절세의 정석

PART 1

부동산
절세의 정석

주택 취득
부부공동명의 vs. 단독명의, 유리한 선택은?

많은 사람이 결혼 후 아이를 낳고 내 집을 장만하기를 꿈꿉니다. 처음으로 내 집을 장만할 때 고민하는 것이 바로 "누구 명의로 하느냐."입니다. 단독명의냐 공동명의냐에 따라서 내야 할 세금이 달라지기 때문입니다.

취득세

부동산을 취득하면 가장 먼저 납부하는 것이 바로 취득세입니다. 세금을 부과하는 취득세의 과세표준은 취득 당시의 가액으로 하며, 신고가액이 없거나 시가표준액보다 적을 경우 시가표준액을 기

취득세 과세표준

구분		취득세	농어촌 특별세	지방 교육세	합계 세율
주택 (유상)	일반 2주택 이하 — 6억 원 이하	1%	0.2%	0.1%	1.3%
	일반 2주택 이하 — 6억 원 초과 9억 원 이하	1.01 ~3%	0.2%	0.101 ~0.3%	1.111 ~3.5%
	일반 2주택 이하 — 9억 원 초과	3%	0.2%	0.3%	3.5%
	조정 2주택 일반 3주택	8%	0.6%	0.4%	9.0%
	조정 3주택 일반 4주택 법인	12%	1.0%	0.4%	13.4%
증여	일반	3.5%	0.2%	0.3%	4%
	주택 (조정, 시가표준액 3억 원 이상)	12%	1.0%	0.4%	13.4%

※ 농어촌특별세는 전용면적 85m² 초과만 해당

준으로 부과합니다. 취득세율은 주택수와 조정대상지역 여부에 따라 1~12%의 비례세율을 적용합니다. 이때 부과하는 취득세는 물건별 과세이기 때문에 단독명의와 공동명의의 차이는 없습니다.

재산세

재산세는 취득세와 달리 누진세율을 적용하지만 이 또한 물건별 과세이기 때문에 명의에 관계 없이 부과되는 세금은 동일합니다.

종합부동산세

❯ 종부세 계산구조 및 공제금액

종부세는 일명 '부자세'라고도 합니다. 단독명의의 경우 공시지가 12억 원을 넘을 때만 납부하는 세금이기 때문입니다. 종부세는 앞서 살펴본 취득세 및 재산세와 달리 인별로 과세합니다. 즉 부부라도 각자 보유하고 있는 주택에 대해서 계산하는 구조입니다. 인별로 보유한 토지 또는 주택의 공시가격을 합산하고, 합산한 공시가격에서 일정 금액을 공제한 후 공정시장가액비율을 곱한 금액이 과세표준이 되고, 여기에 세율을 적용해 계산합니다.

종합부동산세={(공시가격−공제금액) × 공정시장가액비율} × 세율

이때 일반적으로 주택의 경우 인별로 9억 원을 공제해줍니다.

종부세 과세표준

과세대상	과세표준	세율	
		일반세율	3주택 이상
주택 공정시장 가액비율 60%	3억 원 이하	0.5%	0.5%
	3억 원 초과 6억 원 이하	0.7%	0.7%
	6억 원 초과 12억 원 이하	1.0%	1.0%
	12억 원 초과 25억 원 이하	1.3%	2.0%
	25억 원 초과 50억 원 이하	1.5%	3.0%
	50억 원 초과 94억 원 이하	2.0%	4.0%
	94억 원 초과	2.7%	5.0%

다만 1세대 1주택인 경우에는 12억 원까지 공제해줍니다.

단순히 공제액만 기준으로 본다면 공동명의가 유리합니다. 단독명의 시 12억 원까지밖에 공제되지 않지만, 부부공동명의라면 각각 9억 원씩 총 18억 원, 즉 공시지가 18억 원까지는 종부세가 없기 때문입니다.

❯ 단독명의 시 추가세액공제

1세대 1주택 단독명의자의 경우 공제금액 12억 원 외에도 납부하는 세금에서 차감해주는 세액공제 혜택이 추가로 있습니다. 바로 주택 보유자의 연령과 보유 기간에 따른 추가세액공제입니다. 보유 기간에 따라서는 20~50%까지, 나이에 따라서는 20~40%까지의 공제율을 동시에 적용받을 수 있고, 2개를 합친 최대한도는 80%입니다.

제6항 과세기준일 현재 만 60세 이상인 1세대 1주택자

만 60세 이상 65세 미만 20%

만 65세 이상 70세 미만 30%

만 70세 이상 40%

제7항 1세대 1주택자로서 과세기준일 현재 5년 이상 보유한 자

보유 기간 5년 이상 10년 미만 20%

보유 기간 10년 이상 15년 미만 40%

보유 기간 15년 이상 50%

※ 단, 연령에 따른 세액공제와 합하여 최대 80% 한도

누구 명의로 해야 할까?

종합부동산세

공시지가는 시세의 70% 수준에서 머물고 있습니다. 시세 약 18억 원 상당의 아파트라면 단독명의여도 상관이 없다는 뜻입니다. 하지만 주택 가격이 계속 상승할 수 있는 지역의 주택이면서 공시지가 12억 원이 넘는 고가주택이라면 결국 공동명의가 유리해질 수밖에 없습니다.

부부공동명의 특례제도

주택 보유는 한 채임에도 불구하고 단독명의냐 공동명의냐에 따라 종부세가 달라지는 부분에 대한 문제점이 부각되어, 2021년부터는 1주택자에 한해 부부공동명의라 하더라도 단독명의자처럼 신청이 가능해졌습니다. 납세자에게 유리한 쪽으로 선택할 수 있게 법이 개정된 것입니다.

이때 납세의무자는 부부 중 지분율이 큰 자, 지분율이 같은 경우에는 선택해 신청할 수 있습니다. 따라서 5대 5 공동명의라면 나이가 조금이라도 더 많은 사람으로 선택해야 주가세액공제를 통한 공제율이 높아질 수 있습니다.

※주의: 부모와 자식 간 공동명의일 경우에는 위 특례규정 적용이 불가

⊙ 양도소득세

양도소득세 측면에서 본다면 공동명의가 단독명의보다 유리하다고 할 수 있습니다. 양도소득세는 6~45%의 초과누진세율을 적용하고 있습니다. 따라서 시세차익이 크면 클수록 더 높은 세율을 적용받아 납부해야 하는 세금이 늘어납니다. 예를 들어 10억 원의 양도차익이 발생했고, 비과세 등 다른 공제는 없다고

양도소득세 계산내역: 단독명의 vs. 공동명의 (단위: 원)

구분	단독명의	부부공동명의	
		남편	배우자
양도차익	1,000,000,000	500,000,000	500,000,000
장기보유 특별공제	-	-	-
양도소득금액	1,000,000,000	500,000,000	500,000,000
양도소득 기본공제	2,500,000	2,500,000	2,500,000
과세표준	997,500,000	497,500,000	497,500,000
양도소득세	383,010,000	173,060,000	173,060,000
지방소득세	38,301,000	17,306,000	17,306,000
세부담 합계	421,311,000	190,366,000	190,366,000
최종 납부세액 비교	421,311,000	380,732,000	

가정했을 때, 42%의 세율을 적용받아 양도세가 약 4억 2천만 원이 나옵니다.

이 주택을 단독명의가 아닌 부부공동명의로 구입했다면 양도차익이 5억 원이 되어 40% 세율을 적용받을 뿐만 아니라, 6%부터 적용되는 낮은 세율을 한 번 더 적용받기 때문에 각각 납부해야 할 양도세는 약 1억 9천만 원이 됩니다. 결과적으로 공동명의가 단독명의보다 약 4천만 원 정도 절세되는 효과를 볼 수 있는 것이죠.

상속세

상속세는 피상속인의 사망으로 인해 사망 당시 보유하고 있는 모든 재산을 합산해 부과합니다. 이런 상속세 또한 인별로 과세하는 구조이고, 10~50%의 초과누진세율을 적용합니다. 따라서 상속세 또한 분산될수록 세금이 줄어드는 효과가 나타납니다.

예를 들어 단독명의로 30억 원짜리 아파트를 가지고 있었을 경우(공제액은 고려하지 않음) 약 10억 4천만 원의 산출세액이 나오지만, 5대5 공동명의였다면 각각 4억 4천만 원으로 약 1억 6천만 원의 절세효과를 볼 수 있습니다. 여기에 일괄공제 5억 원, 배우자공제(최소 5억 원에서 30억 원)까지 활용한다면 세금은 더 줄어들 수 있습니다.

상속세 계산내역: 단독명의 vs. 공동명의

(단위: 원)

구분	단독명의	부부공동명의	
		남편	배우자
상속재산 과세표준	3,000,000,000	1,500,000,000	1,500,000,000
산출세액	1,040,000,000	440,000,000	440,000,000
신고세액공제(3%)	31,200,000	13,200,000	13,200,000
세부담 합계	1,008,800,000	426,800,000	426,800,000
최종 납부세액 비교	1,008,800,000	853,600,000	

Q 지금이라도 공동명의로 바꿔야 할까?

배우자에게는 6억 원까지는 증여세 없이 증여를 할 수 있습니다. 다만 고가주택의 경우 6억 원을 넘는 재산을 증여한다면 증여세가 발생할 수 있을 뿐만 아니라, 증여취득에 따른 취득세도 납부해야 합니다. 1세대 1주택자가 증여한다면 4%의 취득세율을 적용하지만, 다주택자의 경우 12%의 증여세율을 적용받게 될 수 있으니, 전체적인 절세효과를 고려해 의사결정을 해야 합니다.

주택비과세 비과세 요건 및 주요 사례 분석하기

부동산 최고의 절세법은 1세대 1주택 비과세입니다. 부동산 가격 상승에 따른 다주택자에 대한 양도세 중과규정이 시행되고 임대주택 세제혜택 축소와 함께 종합부동산세가 인상되더라도 1세대 1주택의 요건과 거주주택 비과세의 요건을 갖춘다면, 양도가 12억 원까지는 세금을 내지 않고 그 이익을 취할 수 있습니다. 부동산을 통해 많은 차익을 남겼다 하더라도 말이죠. 1세대 1주택 비과세 요건은 어떤 것이 있으며, 비과세 여부에 따른 세부담의 차이는 얼마나 날까요?

1세대 1주택 비과세

세법에서 말하는 1세대 1주택 비과세란 1세대가 보유한 1주택을 양도하는 경우 실거래가 12억 원까지는 양도소득세를 과세하지 않는 규정을 말합니다. 설령 12억 원을 초과하더라도 12억 원 초과분에 대한 양도차익을 다시 산정하고(이를 고가주택 양도차익이라고 함), 이에 대해 보유 및 거주 기간에 따라 연 8% 최대 80%까지 장기보유특별공제를 적용해줌으로써, 세부담을 최소화할 수 있게 하고 있습니다. 세법에서 집 한 채를 가진 것은 투자 목적이 아닌 실거주 목적으로 취득한 것으로 보기 때문이죠.

세부담의 차이: 1세대 1주택 비과세 vs. 일반과세 vs. 다주택 중과(단위: 원)

양도소득세	1세대 1주택	조정대상지역 외 1세대 2주택	조정대상지역 내 1세대 2주택
양도차익	700,000,000	700,000,000	700,000,000
장기보유특별공제	-	70,000,000	-
양도소득금액	0원	630,000,000	700,000,000
적용세율	0%	42%	62% (20% 중과세율 적용)
양도소득세	0원	227,610,000	396,510,000

10년 전에 5억 원에 취득한 주택을 12억 원에 양도한다고 가정하겠습니다. 1세대 1주택인지, 조정대상지역 내 2주택자인지, 조정대상지역 외 2주택자인지에 따라 세부담의 차이가 앞 페이지의 표와 같이 발생하게 됩니다. 1세대 1주택 비과세 규정을 잘 활용하면 많은 세금을 줄일 수 있음을 알 수 있습니다(다만 현재 다주택자가 조정대상지역 주택 양도 시 중과배제 규정 유예 중, ~2025년 5월 9일까지).

1세대 1주택자 비과세 요건

양도일 당시 1세대가 1주택을 보유하고 있고, 2년 이상 보유했다면 양도소득세 비과세를 적용받을 수 있습니다. 즉, 취득 당시 다주택자였더라도 양도 당시에만 1주택자이고, 양도하는 주택을 취득일로부터 2년 이상 보유했다면 양도가액이 12억 원을 넘지 않는 한 비과세를 적용받아 세금 없이 주택을 매도할 수 있습니다.

◉ 취득 당시 조정대상지역이라면?

급격한 주택 가격 상승을 억제하고자 정부에서는 2017년 8월 2일 부동산 대책을 발표합니다. 이로 인해 2017년 8월 3일 이후 취득하는 조정대상지역 내 신규 취득 주택이 비과세를 적용받기 위해서는 2년 보유요건뿐만 아니라 2년 거주 요건도 동시에 충족해야만 합니다.

① 비조정대상지역의 주택을 취득: 2년 보유만 하고 양도해도 비
  과세
② 조정대상지역의 주택을 취득: 2년 보유 및 거주하고 양도해야 비
  과세

여기서 주의 깊게 살펴볼 내용은 '취득할 당시 조정대상지역인
지' 여부입니다. 조정대상지역은 부동산 시장 상황에 따라 새롭게 지
정되기도 하고 해제되기도 합니다. 지금 조정대상지역이라 하더라
도 내가 취득할 당시 조정대상지역이 아니었다면, 2년 보유요건만
충족하면 비과세 규정을 적용받을 수 있습니다.

간혹 반대로 생각해 예상하지 못한 세금을 내는 경우도 발생합
니다. 양도 당시 조정대상지역에서 해제되었고, 1주택자인데다 양
도가액이 12억 원이 넘지 않으니 비과세여서 양도해도 세금이 없다
고 생각하는 것이죠. 반드시 취득 당시 조정대상지역 여부를 확인해
야 합니다.

◉ 조정대상지역으로 지정되기 전 매매계약을 체결했다면?

매매계약서를 작성하고 계약금만 지급한 상황에서 내가 구입
한 주택이 조정대상지역으로 지정된다면 어떻게 될까요? 주택의
구입 시기는 통상적으로 잔금지급일(소유권이전등기일이 더 빠르다
면 소유권이전등기일)로 봅니다. 잔금을 지급하는 시점에는 조정대
상지역이기 때문에 2년 거주를 해야만 비과세를 받을 수 있다고

생각하기 쉬운데, 이에 대해 국세청에서는 다음과 같이 열거해 예외적으로 비과세를 적용해주고 있습니다.

「소득세법 시행령」 부칙(대통령령 제28293호, 2017.09.19)
2017년 8월 2일 이전에 매매계약을 체결하고 계약금을 지급한 사실이 증빙서류에 의하여 확인되는 주택(해당 주택의 거주자가 속한 1세대가 계약금 지급일 현재 주택을 보유하지 아니하는 경우로 한정한다)

따라서 조정대상지역으로 지정되기 전 매매계약을 체결하고, 계약금을 지급했다면 종전규정을 적용받아 2년 보유만 하면 12억 원까지는 비과세를 적용받을 수 있습니다. 다만 다음의 2가지 케이스는 거주 요건까지 충족해야 비과세를 적용받을 수 있으니 주의해야 합니다.

① 조정대상지역 지정 당시 매매계약을 체결하고 계약금을 지급한 무주택자라 하더라도 세대원 중 유주택자가 있으면 거주 요건을 충족해야 비과세가 가능합니다.
② 조정대상지역 지정 당시 매매계약을 체결하고 계약금을 지급했다 하더라도 유주택자라면 거주 요건을 충족해야 비과세 적용이 가능합니다.

⊘ 조정대상지역으로 지정되기 전 계약금의 일부만 지급했다면?

예를 들어보겠습니다. 2017년 7월 21일 성남 판교 소재 아파트 분양권에 당첨되어 1차 계약금 3천만 원만 납부했습니다. 그리고 2017년 8월 17일 2차 계약금을 납부했는데, 판교는 2017년 8·2 부동산 대책으로 조정대상지역으로 지정되었습니다. 조정대상지역으로 지정되기 전 계약금을 일부라도 지급했으니, 2년 보유만 해도 비과세가 될까요?

부칙상으로는 조정대상지역으로 지정되기 전 매매계약을 체결하고 계약금을 지급한 사실이 확인만 되면 된다고 나와 있으니 거주를 안 해도 된다고 생각할 수 있습니다. 하지만 과세관청은 계약금 지급일을 계약금을 완납한 경우라고 답변하고 있습니다.

> 귀 질의의 경우 '소득세법 시행령」 부칙〈제28293호, 2017.09.19〉 제2항 제2호의 해당 주택의 거주자가 속한 1세대의 계약금 지급일은 계약금을 완납한 경우를 말하는 것임 (서면부동산-377, 2019.8.26)
>
> -
>
> 「조세특례제한법」 제98조의3 제1항에서 "2010년 2월 11일까지 매매계약을 체결하고 계약금을 납부한 경우"라 함은 "2010년 2월 11일까지 매매계약을 체결하고 계약금을 완납한 경우"를 말하는 것임(부동산거래-153, 2010.02.01)

● 8·2 부동산 대책 전 계약한 주택의 일부를 배우자에게 증여 후 양도 시

2017년 8·2 부동산 대책으로 8월 3일 이후 조정대상지역의 주택을 취득하는 경우 1세대 1주택 비과세를 적용받기 위해서는 2년 보유요건뿐만 아니라 2년 거주 요건이 추가되었습니다. 다만 2017년 8월 2일 이전에 매매계약을 체결하고 계약금을 지급한 사실이 증빙서류에 의해 확인되는 주택(해당 주택의 거주자가 속한 1세대가 계약금 지급일 현재 주택을 보유하지 않는 경우로 한정)의 경우에는 2년 거주 요건을 적용하지 않는다고 예외규정을 두고 있습니다. 즉, 무주택자인 상태에서 2017년 8월 이전에 계약금을 지급해 취득한 주택이나 분양권이 있다면 이는 거주 요건을 적용하지 않는다는 것이죠.

위와 같은 상황에서 취득한 분양권을 2017년 8월 3일 이후 배우자에게 증여 시 증여시점을 새로운 취득으로 보아 거주 요건을 새롭게 적용해주어야 할 것인지, 아니면 주택의 최초취득일이 2017년 8월 2일 이전이니 2년 보유만 하면 될 것인지 쟁점이 된 적이 있습니다. 이에 대해 기획재정부에서는 조정대상지역 내 주택의 분양계약을 2017년 8월 2일 이전 체결하고 계약금을 지급했으나, 이후에 지분 중 1/2을 배우자에게 증여 시 거주 요건을 적용하지 않는다고 답변해 거주 요건을 충족하지 않아도 비과세가 가능하다고 답변하고 있습니다(기획재정부 재산세제과-858, 2018.10.10).

주택비과세 '세대'의 의미와 주요 과세 사례 완벽 분석

정부는 국민의 주거 안정 지원 차원에서 양도일 현재 거주자인 1세대가 국내에 2년 이상 보유(조정대상지역에서 2017년 8월 3일 이후 취득한 주택은 2년 거주 요건 추가)한 1주택에 대해서는 양도소득세를 과세하지 않습니다.

「소득세법」에서는 이런 비과세를 받기 위한 1주택을 판단할 때 '세대' 단위로 주택수를 계산합니다. 이때 '세대'의 개념을 잘못 이해하면 비과세가 아닌 세금폭탄을 맞을 수 있습니다.

「소득세법」상 '1세대'

'1세대'란 ① 거주자 및 그 배우자가 ② 그들과 같은 주소 또는 거소에서 ③ 생계를 같이 하는 자와 함께 구성하는 가족 단위[거주자 및 그 배우자의 직계존비속(그 배우자를 포함한다) 및 형제자매를 말하며, 취학, 질병의 요양, 근무상 또는 사업상의 형편으로 일시 퇴거한 사람을 포함]를 말합니다. 또한 법률상 이혼을 했으나 생계를 같이 하는 등 사실상 이혼한 것으로 보기 어려운 관계에 있는 사람을 포함합니다(「소득세법」 제88조).

과세관청에서 주목하는 사례별로 하나씩 살펴보겠습니다.

동일 세대? 별도 세대?

❯ 부부가 주소지를 달리한다면

보통 세대를 이야기할 때 '같은 주소 또는 거소에서 생계를 같이 하는 자'만 동일 세대로 생각합니다. 그래서일까요? 부부가 각자의 명의로 집을 갖고, 주소지를 별도로 하면 각자 1세대 1주택 비과세를 받을 수 있다고 오해하는 경우가 종종 있습니다. 그러나 세법상으로 부부가 각자 주소지를 달리하더라도 별도 세대로 보지 않습니다. 왜냐하면 기본적으로 1세대를 정의할 때 혼인(사실혼은 제외)을 전제로 하기 때문입니다. 하지만 다행히 배우자가 없더라도 다음의 경우에는 특별히 1세대로 인정해줍니다.

배우자가 없어도 1세대 인정해주는 경우

① 해당 거주자의 나이가 30세 이상인 경우

② 배우자가 사망하거나 이혼한 경우

③ 법 제4조에 따른 소득이 「국민기초생활 보장법」 제2조 제11호에 따른 기준 중위소득의 100분의 40 수준 이상으로서 소유하고 있는 주택 또는 토지를 관리·유지하면서 독립된 생계를 유지할 수 있는 경우. 다만 미성년자의 경우를 제외하되, 미성년자의 결혼, 가족의 사망 그 밖에 기획재정부령이 정하는 사유로 1세대의 구성이 불가피한 경우에는 그러하지 아니하다.

● 부부가 위장이혼 한다면

「소득세법」은 기본적으로 실질과세원칙을 따릅니다. 따라서 서류상으로 이혼했다 하더라도 실제 같이 살고 있는 것이 확인되는 경우(위장이혼) 실질과세원칙에 따라 과세관청은 비과세를 부인해왔습니다. 이에 대해 2017년 대법원에서 "세금을 피하려 위장이혼을 했다"라는 세무서의 주장에 대해 "세금을 피하려 했다거나 이혼 후 사실혼 관계를 유지했다는 사정만으로는 그 이혼을 무효로 볼 수 없다"라며 판결해(대법원-2016-두-35083, 2017.09.07) 큰 이슈가 된 적이 있습니다. 이런 문제들이 속출하자 국세청에서는 2018년 세법 개정을 통해서 "법률상 이혼을 했으나 생계를 같이 하는 등 사실상

이혼한 것으로 보기 어려운 관계에 있는 사람을 포함한다"라는 문구를 추가로 열거해 위장이혼에 따른 조세회피를 더 이상 할 수 없게 막았습니다.

◉ 가정불화로 별거 중이라면

이에 대해서는 「민법」 규정을 준용하고 있습니다. 현행 「민법」에서 혼인은 「가족관계의 등록 등에 관한 법률」에 따라 신고함으로써 그 효력이 생긴다고 규정하고 있어, 부부가 각각 단독세대를 구성하거나 가정불화로 별거 중이라도 법률상 배우자는 같은 세대로 봅니다(「소득세법」 집행기준 89-154-3). 따라서 이로 인한 세무상 불이익을 보지 않기 위해선 사전에 재판을 통해 이혼하거나, 주택을 양도하기 전에 과세관청에 배우자의 부동산 소유 현황을 조회해 확인한 후 의사결정을 해야 합니다.

◉ 같은 주소지에 사는 형수라면

「소득세법」상 가족이란 거주자와 그 배우자의 직계존속과 직계비속 및 형제자매를 말합니다. 세법상 가족의 범위에 직계존속과 직계비속은 그 배우자를 포함하지만 형제자매의 배우자는 포함하지 않습니다. 만약 부모가 재혼해 계부나 계모가 있다면 이들도 가족에 포함되며, 직계비속의 배우자인 사위나 며느리도 가족의 범위에 들어갑니다. 다만 형제자매의 배우자(형수, 제수, 형부, 제부 등)는 가족에 포함되지 않습니다.

가족의 범위

포함: 장인, 장모, 처남, 처제, 시부모, 시아주버니, 시누이, 사위

포함되지 않음: 형수, 제수, 형부, 제부

◉ 부모와 따로 사는 미혼 자녀라면

세법에서는 별도 세대의 구성요건을 크게 3가지로 봅니다.

① 혼인   ② 만 30세 이상   ③ 일정 이상의 소득 & 독립 생계 유지

즉, 만 30세가 넘지 않은 미혼이라 하더라도 일정 이상의 소득이 있고 독립적인 생계를 유지한다면 별도 세대로 인정받을 수 있습니다. 이때 주의해야 할 점이 바로 세 번째 요건입니다. 일정 소득이란 기준중위소득의 40% 이상(2024년 891,378원)을 의미합니다. 또한 독립적인 생계를 유지한다는 말은 스스로 번 돈 약 89만 원으로 자신의 생계를 유지하는 것을 의미합니다.

예를 들어볼까요? 24살 자녀가 과외로 한 달에 200만 원씩 벌고 있습니다. 부모는 2주택자라 종부세, 양도세 중과세율을 적용받게 되었습니다. 이 경우 자녀는 오피스텔에 거주하고 주택을 증여받으면 각각 별도 세대로 인정받을 수 있을까요?

이때 2가지를 생각해봐야 합니다. 첫 번째는 소득신고입니다. 과외로 번 소득 또한 사업소득 또는 기타소득으로 열거하고 있으며, 이에 대한 납세의무도 분명 존재합니다. 하지만 실제 과외로 번 소

득을 신고하는 경우는 거의 없습니다. 두 번째는 독립적인 생계유지를 했다는 근거입니다. 일단 과외로 버는 소득에 대해 소득신고를 했더라도, 실제 소비는 부모의 카드로 하는 경우가 대부분입니다. 이는 자신의 소득은 저축하고 부모의 카드로 생활하는 것으로 독립적인 생계유지를 했다고 할 수 없습니다.

과세관청에서는 이런 것을 어떻게 파악할 수 있을까요? 과세관청은 납세자들의 카드의 사용내역을 확인할 수 있습니다. 카드 사용내역을 보면 실제 누가 썼는지 파악할 수 있습니다.

❯ 아르바이트하는 대학생 자녀라면

대학생 자녀가 아르바이트로 한 달에 100만 원씩 벌고 있다고 가정하겠습니다. 자녀가 아르바이트를 통해 신고된 소득이 일정 소득을 넘기 때문에 별도 세대로 볼 수 있다고 생각할 수 있습니다. 하지만 만 30세 미만의 미혼 자녀가 별도 세대로 인정받으려면 독립적인 생계유지를 할 수 있는 고정수입이 있어야 합니다. 일반적으로 아르바이트는 군대 가기 전 또는 취학 전 일시적으로 하는 것으로 보아 이를 고정수입으로 인정받기는 쉽지 않습니다.

❯ 독립적인 생계를 유지하는 자녀라면

미혼 성인 자녀가 자신의 수입으로 소비하는 경우 별도 세대로 볼 수 있을까요? 양도 시점에 주소지를 옮겨놓으면 비과세를 받을 수 있을까요? 다음 사례를 보겠습니다.

① 각각 집을 소유 중인 30대 후반의 재매(각자의 소득이 있음)가 같은 집에 산다면, 그리고 그중 하나의 집을 판다면 비과세를 받을 수 있을까?

② 어머니 명의의 주택에서 30세가 넘는 자녀가 함께 살고 있고, 각각 1주택을 보유하고 있다. 이때 자녀의 주소지를 친척 집으로 옮겨놓고 어머니 명의의 집을 팔고, 다시 새 주택을 구입해서 이사를 한다. 그리고 다시 자녀의 주소를 어머니 집으로 옮기면 세대분리를 인정받아 비과세가 가능할까?

세법은 기본적으로 실질과세주의를 채택하고 있습니다. 즉, 형식상 동일 세대라 하더라도 실제 독립적으로 살고 있음을 입증할 수 있으면 별도 세대로 본다는 것이죠. ①의 경우처럼 같은 주소지에서 주민등록상 동일한 세대를 구성했더라도 각각 30세가 넘고, 별도의 직업과 소득이 있고, 각자의 자금으로 생활했다면 별도 세대로 인정받을 수 있습니다. 다만 이를 현실적으로 입증하기는 쉽지 않기 때문에 주택 매도를 고려한다면 주소지를 달리 해놓는 것이 좋습니다.

②의 경우는 어떨까요? 세법은 취학, 질병의 요양, 근무상 또는 사업상의 형편으로 본래의 주소에서 일시퇴거한 자까지 가족으로 보고 있습니다. 단순히 주소지만 변경하는 것은 실질과세원칙에 위배되어 비과세 받을 수 없을 뿐만 아니라, 부모님과 떨어져 실제로 친척 집에 3~4개월 거주했더라도 과세관청은 이를 일시퇴거한 것으로 볼 가능성이 크기 때문에 비과세를 적용받기는 쉽지 않습니다.

주택비과세 '주택'의 의미와 주요 과세 사례 완벽 분석

「소득세법」에서는 주택을 다음처럼 정의합니다.

주택이란 허가 여부나 공부상의 용도 구분에 관계없이 사실상 주거용으로 사용하는 건물을 말한다. 이때 만일 실제 사용 용도가 불분명하다면 공부상의 용도에 따른다.

공부상의 용도는 어떻게 확인할까요? 이는 등기부등본, 건축물대장에 표기된 용도를 통해 주택 여부를 판단한다는 의미입니다. 「소득세법」의 가장 큰 틀은 실질과세원칙입니다. 결국 주택의 판단기준은 사실상 주거용으로 사용 → 공부상 용도 순서로 판단합니다.

그럼에도 불구하고 다음의 다양한 문제가 발생할 수 있어, 이 부분을 꼭 기억할 필요가 있습니다. 주택과 관련된 이슈가 될 만한 내용은 무엇일까요? 지금부터 하나씩 살펴보겠습니다.

❯ 무허가 주택도 주택으로 볼 수 있을까?

일반적으로 주택이란 「건축법」상 관할관청에 적법한 신고절차나 허가절차를 받아서 건축해야 합니다. 하지만 건축허가를 받지 않거나 불법으로 건축된 주택이더라도 주택으로서 기능을 할 수 있는 외형을 갖추고 실제 주택으로 사용하고 있다면, 허가된 주택이 아니더라도 주택으로 볼 수 있습니다.

예를 들어보겠습니다. 얼마 전 외동아들인 B씨는 부친의 유고로 시골의 땅을 상속받았습니다. 장례를 치른 후에도 서울에 살고 있던 B씨는 결혼 후 내 집을 마련했습니다. 그러다 아이가 태어나 더 큰 집으로 이사 가려고 합니다. 당연히 1세대 1주택자라고 생각해 시가 10억 원 상당의 아파트를 매도할 때 별도의 양도세 신고를 하지 않았습니다. 그런데 5개월 후 세무서에서 연락을 받았습니다. 상속받은 시골 땅에 무허가 주택이 있다고 말입니다.

이 경우는 1세대 2주택이 되어 억울하게 비과세를 받을 수 없는 상황입니다. 혹여나 시골의 땅을 상속받을 일이 있다면 꼭 한 번은 현장실사를 통해서 무허가 주택이 있는지 꼭 확인할 필요가 있습니다.

따라서 시골에 무허가 주택이나 방치된 주택이 있다면 비과세를 받고자 하는 주택 양도(잔금지급일 또는 등기접수일 중 빠른 날) 전 철거하거나 멸실함으로써 양도 당시 1주택을 만들면 비과세를 적용받을 수 있습니다.

> 노후화되거나 방치된 주택도 주택으로 본 사례(수원지방법원-2021-구단-7000)
>
> 원고들이 양도할 당시 이 사건 주택들은 주거용으로서의 잠재적 기능을 여전히 보유한 상태였던 것으로 보이고, 철거가 예정되어 거주자가 모두 퇴거하고 수도나 전기가 끊기고 주변에 차단막이 설치되었다 하더라도, 이는 '주택'에 해당한다고 봄이 타당하다.

⊙ 오피스텔은 주택일까, 아닐까?

C씨는 주택 한 채를 2년 이상 보유 후 양도했습니다. 주택 비과세라고 생각해 신고하지 않았는데 몇 달 후 세무서로부터 고지서를 받았습니다. C씨의 부모님이 자녀 명의로 오피스텔을 구입해 임대료를 받고 있었다고 합니다. 오피스텔은 주택이 아니라고 생각했다고 합니다.

오피스텔을 분양하는 광고에서 이런 문구를 볼 수 있습니다. "주택수에 들어가지 않고, 대출 최대 90%까지 받을 수 있으며, 부가세 환급도 가능합니다!" 이 광고, 반은 맞고 반은 틀립니다. 왜 그럴까요? 오피스텔을 사무실로 사용한다면 광고의 내용이 맞지만, 오피스텔을 주거용으로 사용한다면 틀린 내용이 됩니다.

만일 오피스텔이 주택으로 임대 중이었음에도 수년간 업무용 재산세를 납부했다면, 재산세 부과를 기준으로 주택에서 제외될 수 있을까요? 주택 비과세의 가장 큰 핵심은 실질과세입니다. 이 경우도 업무용 재산세를 구청에서 부과한 것과 상관없이 실제 주거용으로 사용한 것을 확인해 비과세를 적용하지 않았던 대표적인 사례라고 할 수 있습니다.

서울행정법원-2014-구단-14337(2015.01.08)
이 사건 오피스텔의 주된 사용 용도는 주거용으로서 소득세법상 주택으로 봄이 상당하고, 원고가 10년 상당 지자체에 재산세를 납부했다는 사정만으로 이 사건 처분을 한 것을 이율배반적이라거나 공평과세의 원칙에 반하는 것이라고 볼 수 없음

········

… '주택'에 해당하는지 여부는 건물공부상의 용도 구분에 관계없이 실제 용도가 사실상 주거에 공하는 건물인가에 의하여 판단하여야 하고…(대법원 1987. 9. 8. 선고 87누584 판결 등 참조)

◉ 공실인 오피스텔을 주택으로 볼 수 있을까?

주택 양도일 현재 공실로 보유하는 오피스텔이라면 내부 시설 및 구조 등을 주거용으로 사용할 수 있도록 변경하지 않고 「건축법」상의 업무용으로 사용승인된 형태를 유지하고 있는 경우에는 주택

으로 보지 않습니다. 내부 시설 및 구조 등을 주거용으로 변경해 항상 주거용으로 사용 가능한 경우에는 주택으로 봅니다(집행기준 89-154-13).

결국은 공실이라 하더라도 오피스텔의 내부가 항상 주거용으로 사용 가능한 상황이라면 주택으로 볼 수 있다는 것입니다. 최근 지어진 오피스텔은 대부분 주거에 필요한 모든 것이 빌트인되어 있는 경우가 많으므로, 공실이더라도 주택으로 볼 수 있는 여지가 있으니 주의를 요해야 합니다.

그런데 상가 용도로 오피스텔을 분양받고, 사업자등록 후 업무용으로 임차하는 조건으로 임대를 했는데, 임차인이 몰래 주거용으로 사용한다면 구제받을 수 있을까요? 안타깝게도 업무용으로 임차했더라도 실제 주거용으로 사용하고 있기 때문에 실질과세원칙에 따라 구제받을 수 없습니다.

결국 공실이라 하더라도 해당 구조물의 형태가 당장이라도 누군가 들어와서 주거할 수 있는 공간으로 이루어져 있다면 주택으로 보아 과세할 수 있다는 논리이기 때문에, 이런 억울한 문제를 당하지 않으려면 임대차계약서, 임차인의 사업자등록증 등을 받아놓을 필요가 있습니다.

심사-양도-2020-0016(2020.09.02)
분양 당시부터 쟁점오피스텔은 주거용도로 사용하기 적합하게 구조를 갖추고 있었고, 임차인이 쟁점오피스텔을 주거용으로 사용한 것

으로 보여 주택으로 봄이 타당함

❯ 공부상 주택을 사무실로 사용하다 양도한다면?

종로 익선동 한옥 거리에 가면 한옥을 개조해 식당으로 이용하는 풍경을 종종 볼 수 있습니다. 구조물상 주택이지만, 이를 음식점으로 활용하고 있는 것이죠. 이런 경우는 주택으로 볼 수 있을까요? 과세관청은 이런 경우 다음과 같이 해석하고 있습니다.

'소득세법, 기본통칙 89-154···[공부상 주택이나 사실상 영업용 건물인 경우 비과세 여부]
소유하고 있던 공부상 주택인 1세대 1주택을 거주용이 아닌 영업용 건물[점포, 사무소 등]로 사용하다가 양도하는 때는 영 제154조 제1항에 규정하는 1세대 1주택으로 보지 아니한다.

❯ 아파트를 종업원 기숙사로 사용한다면?

실제 기숙사로 사용하고 있다는 사실을 증명하면 인정해줄까요? 이 경우는 좀 다르게 해석하고 있습니다.

조심2010부1994[심판]
부동산은 공부상의 용도나 사실상의 용도가 모두 주거용인 점, 사업장과는 별도로 구분되어 있어 독립된 주거생활이 가능한 점, 언제든 청구인이나 제3자가 주거용으로 사용하거나 임의로 처분할 수 있는

점 등을 고려하면, 주택으로 보는 것이 타당함

그럼 공장 내 합숙소의 경우는 어떨까요? 이 또한 언제나 주거용으로 사용할 수 있기 때문에 주택으로 볼까요? 아닙니다. 이에 대해 다음과 같이 이야기하고 있습니다.

집행기준 89-154-12 공장 내 합숙소의 주택 여부

사용인의 생활을 위하여 공장에 딸린 건물을 합숙소로 사용하고 있는 경우 해당 합숙소는 주택으로 보지 아니한다.

즉, 주거 형태를 갖춘 것이 아니라 잠시 씻고, 잠만 잘 수 있는 공간으로 보기 때문에 주택으로 보지 않는 것입니다.

▶ 폐가를 주택으로 인정받지 않으려면?

「소득세법」 집행기준에서 폐가에 대한 주택 여부를 이렇게 이야기하고 있습니다.

집행기준 89-154-16 공가상태 건물의 주택 해당 여부

① 주택으로 사용하던 건물이 장기간 공가상태로 방치된 경우에도 공부상의 용도가 주거용으로 등재되어 있으면 주택으로 본다.

② 장기간 공가 상태로 방치한 건물이 「건축법」에 의한 건축물로 볼 수 없을 정도로 폐가가 된 경우에는 주택으로 보지 아니한다.

쉽게 이야기하면 폐가도 주택으로 볼 수 있지만 「건축법」상 건축물로 볼 수 없는 정도의 구조면 주택으로 보지 않을 수 있다는 것입니다. 「건축법」상 건축물로 볼 수 없으려면 한쪽 기둥을 허물어 버려 주택의 기능을 할 수 없게 상실해야 한다는 이야기로 보면 됩니다.

이렇게 하는 것이 물리적으로 힘들다면, 단수·단전 상태로 장기간 방치되어 왔고, 사실상 부식 상태가 심각하다는 것을 입증할 수 있는 자료를 통해서 주택에서 제외받을 수도 있습니다. 혹여나 이런 골칫거리인 폐가를 보유하고 있다면 주택수에서 제외시키는 방법을 전문가와 같이 논의해볼 필요가 있습니다.

◉ 펜션은 주택일까?

숙박업이 목적이고 상시 주거 목적으로 펜션을 이용하지 않는다면 주택으로 보지 않습니다. 하지만 최근 은퇴한 부부가 거주하면서 펜션을 운영하는 일이 점점 늘어나고 있습니다. 이런 경우는 주택으로 볼 수 있으니 주의해야 합니다.

집행기준 89-154-11 펜션의 주택 여부

펜션을 숙박용역 용도로만 제공하는 경우 주택에 해당하지 않으나 세대원이 해당 건물로 거소 등을 이전하여 주택으로 사용하는 경우에는 겸용주택으로 본다.

펜션 건물 안에서 생활할 뿐만 아니라 건물 일부에서 생활하면서 휴가철에만 숙박을 제공한다면 이 또한 주택으로 볼 수 있는 것입니다.

지금까지 세법상 '주택'의 의미를 알아보았습니다. 자칫 잘못 이해하면 황당하면서도 억울한 상황이 발생할 수 있으니, 관련 내용을 정확히 이해할 필요가 있습니다.

절세의 정석

주택비과세 고가주택 비과세 파헤쳐보기

우리나라에서 활용할 수 있는 가장 확실한 절세법이 바로 '1세대 1주택 비과세'입니다. 그런데 고가주택 비과세 부분에 대해 오해하는 부분이 있습니다. 대표적으로 다음의 2가지입니다.

첫 번째, 비과세 기준 12억 원은 기준시가다.

두 번째, 12억 원까지는 세금이 없기 때문에 양도가액에서 12억 원을 뺀 금액으로 양도세를 계산한다.

이제는 한 채에 30억 원 넘는 집도 상당히 많아졌습니다. 만약 100억 원이 넘는 집이라면 1세대 1주택 비과세 효과로 인해 강남의 집 한 채를 더 살 수 있는 여력이 생기는 것이니, '부자감세'라는 말이 나올 수밖에 없을 정도의 혜택이죠. 이번에는 고가주택 양도세 비과세의 계산구조 및 절세효과를 살펴보도록 하겠습니다.

쉽게 사례를 들어보겠습니다. A씨는 주택을 한 채 가지고 있습니다. 취득가격 5억 원, 양도가격 15억 원에 보유 기간은 10년, 거주 기간은 5년입니다. A씨가 내야 할 세금은 얼마일까요?

12억 원 초과분만 세금을 내는 것은 아니다

매도하는 가격, 즉 양도가액이 12억 원을 초과하는 주택을 '고가주택'이라고 합니다. 1세대 1주택의 기준이 2021년 12월 8일 이후 양도하는 분부터 9억 원에서 12억 원으로 상향되었습니다. 이때 양도하는 주택의 가격이 12억 원을 초과하는 경우 전체 양도차익에 과세하는 것이 아니라 고가주택 양도차익을 별도로 계산해 과세하게 되어 있습니다.

전체 양도차익 × [양도가액 − 12억 원] / 양도가액 → 고가주택 양도차익

사례에서처럼 5억 원에 구입해서 15억 원에 매도한다면 실제 10억 원의 양도차익이 생겼습니다. 그러나 12억 원 초과 고가주택이므로, 전체 양도차익 중 양도가액(15억 원)에서 12억 원 초과분(3억 원)의 비율만큼을 계산해 고가주택 양도차익을 계산해야 합니다.

10억 원×(15억 원－12억 원)/15억 원=2억 원

장기보유특별공제 최대 80%

장기보유특별공제란 물가상승으로 인해 보유이익이 과도하게 누적되는 것을 감안해 일정기간 이상 보유한 부동산에 대해 양도차익의 일정 부분을 공제해주는 제도를 말합니다. 쉽게 "장기간 보유했으니 특별히 공제해줄게."라는 말의 줄임말이라고 생각하면 됩니다. 이 혜택은 1세대 1주택자와 그 외의 자로 나누어 공제율을 달리 적용합니다.

1세대 1주택 외의 주택의 경우 최소 3년 이상 보유했다면 보유 기간별 연 2%, 최대 30%가 적용됩니다. 따라서 15년을 보유하면 최대 공제인 30%를 적용받을 수 있는 것이죠. 20년을 보유한다고 해서 더 많은 공제를 받을 수 있는 것이 아닙니다. 반면 1세대 1주택은 2년 이상 거주한 경우에 한해 보유 기간별 연 4%(최대 40% 한도), 거주 기간별 연 4%(최대 40%)의 공제율이 적용됩니다.

만약 조정대상지역의 1세대 1주택자가 양도가액이 12억 원을 초과하지만 2년 이상 거주하지 않았다면 어떨까요? 이 경우에는 1세대 1주택이지만, 1세대 1주택 외의 자산처럼 보유 기간별 연 2%를 적용받게 되어 10년이 아닌 15년을 보유해야 최대 공제율인 30%를 적용받을 수 있습니다.

비과세 요건 vs. 장기보유특별공제 요건

2017년 8월 2일 이전에 취득한 주택은 조정대상지역과 상관없이 거주하지 않고 보유 2년만 하면 비과세 요건을 충족할 수 있습니다. 하지만 장기보유특별공제는 거주 2년을 하지 않으면 일반 장기보유특별공제 연 2%짜리만 적용됩니다. 특히 2021년부터는 거주기간에 따라 연 4%씩 공제되기 때문에 최대 절세효과를 위해서는 거주 10년을 충족해야만 합니다.

2017년 8월 2일 이전 취득한 주택을 2024년에 양도 시 계산방법은 다음과 같습니다.

사례 1 | 10년 보유 + 거주 기간 없는 경우
① 양도가액 12억 원 이하분 양도차익 비과세 O
② 양도가액 12억 원 초과분 양도차익에 대한 장기보유특별공제
   – 2024년 양도 시: 연 2%(10년 보유 20%) 공제

사례 2 | 10년 보유 + 거주 기간 2년인 경우
① 양도가액 12억 원 이하분 양도차익 비과세 O
② 양도가액 12억 원 초과분 양도차익에 대한 장기보유특별공제
   – 2024년 양도 시: 보유 기간 연 4%(10년 보유 40%) + 거주 기간 연 4%(2년 거주 8%) = 48% 공제

장기보유특별공제 적용을 위한 보유 기간 산정

일반적으로 장기보유특별공제액을 산정할 때 보유 기간은 취득일부터 양도일까지로 합니다. 다만 상속받은 재산은 상속개시일부터 양도일까지로, 증여받은 자산의 경우에는 증여등기일부터 양도일까지를 보유 기간으로 장기보유특별공제를 적용합니다.

거주 기간이 길어야 누리는 장기보유특별공제혜택

앞서 사례의 경우 10년 보유를 가정, 거주 기간을 달리하면 다음 표와 같이 양도세 차이가 발생하게 됩니다.

첫 번째는 10년을 보유했지만 거주 기간이 2년이 안 되어 일반 장기보유특별공제 연 2%씩 20%를 적용받고, 두 번째는 보유 기간 10년 40%, 거주 기간 5년 20%로 총 60%를 적용받게 됩니다. 마지막 세 번째는 보유 및 거주 기간 모두 10년으로 각각 40%씩, 최대 공제율인 80%를 적용받게 됩니다. 거주 기간에 따라 최대 4천만 원까지 세부담의 차이가 발생하게 되는 것을 볼 수 있습니다. 이처럼 1세대 1주택이면서 양도가액이 12억 원을 초과하는 고가주택을 보유하고 있다면 거주 기간이 길수록 절세할 수 있습니다.

거주 기간에 따른 장기보유특별공제 차이 [단위: 원]

거주 기간	2년 미만	5년	10년
양도가액	1,500,000,000	1,500,000,000	1,500,000,000
취득가액	500,000,000	500,000,000	500,000,000
양도차익	1,000,000,000	1,000,000,000	1,000,000,000
고가주택 양도차익	200,000,000	200,000,000	200,000,000
장기보유특별공제	40,000,000	120,000,000	160,000,000
양도소득금액	160,000,000	80,000,000	40,000,000
양도소득기본공제	2,500,000	2,500,000	2,500,000
과세표준	157,500,000	77,500,000	37,500,000
양도소득세	39,910,000	12,840,000	4,365,000
지방소득세	3,991,000	1,284,000	436,500
세부담 합계	43,901,000	14,124,000	4,801,500

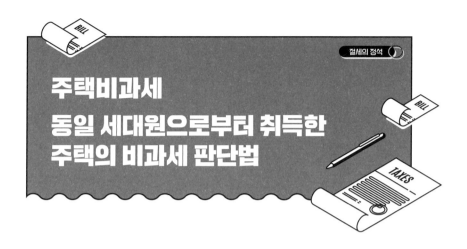

주택비과세 동일 세대원으로부터 취득한 주택의 비과세 판단법

양도소득세 1세대 1주택 비과세를 위해서는 취득일로부터 양도일까지의 기간 내에 2년 보유 또는 거주 요건을 충족해야 합니다. 만일 동일 세대원으로부터 주택을 취득한다면 비과세 방법은 어떤 것이 있을까요?

주택을 취득하는 방법은 크게 2가지로 나누어 볼 수 있습니다. 상속이나 증여와 같은 무상취득, 현금 등을 줌으로써 취득하는 유상취득입니다. 각각의 경우를 하나씩 살펴보도록 하겠습니다.

동일 세대원으로부터 무상취득한 주택

● 상속 또는 증여받은 경우 비과세를 위한 보유 및 거주 기간 통산 여부

동일 세대원으로부터 상속 또는 증여로 취득한 주택은 비과세 판정 시 피상속인 또는 증여자와 동일 세대원으로서 보유·거주한 기간을 통산합니다. 즉, 동일 세대원으로부터 상속 또는 증여로 취득한 주택을 양도할 때 1세대 1주택 비과세 판정은 동일 세대원으로서 함께 보유 또는 거주한 기간을 통산해 판단합니다. 이 경우 피상속인 또는 증여자의 보유 기간과 거주 기간이 모두 통산되는 것이 아니라 상속인 또는 수증자가 동일 세대원으로서 함께 동거한 기간만 인정됩니다.

> 사전-2017-법령해석재산-0279, 2018.09.10
> 동일 세대원 간에 증여로 취득한 1세대 1주택을 양도하는 경우로서 1세대 1주택의 보유 기간을 계산하는 경우에는 <u>증여자와 수증자가 동일 세대로서 보유한 기간을 통산하는 것임</u>
>
> ※ 주의: 동일 세대 여부는 상속 또는 증여일 현재로 판단

보유 또는 거주 기간을 통산하기 위해서는 적어도 상속일 또는 증여일 현재 동일 세대원이어야 합니다. 예를 들어 별도 세대인 상

태에서 증여받은 후 양도 당시에만 동일 세대원인 경우에는 비과세 판정은 증여받은 날로부터 기산해야 합니다.

> 사전-2016-법령해석재산-0227, 2016.07.08
> 별도 세대인 상태에서 증여를 받은 후 동일 세대인 상태에서 양도하는 경우 비과세 판정을 위한 보유 기간은 증여일부터 기산하는 것이며, 사실상 동일 세대거나 근무상 형편 등으로 일시퇴거한 경우로서 동일 세대인지 여부는 사실판단할 사항임

❯ 장기보유특별공제 적용을 위한 취득일은 언제일까?

바로 앞에서 동일 세대원으로부터 상속받은 주택의 1세대 1주택 비과세 판단 시 보유 기간은 상속 전 상속인과 피상속인의 거주 및 보유 기간을 통산한다고 했습니다. 그런 상속주택이 12억 원을 넘는 고가주택이라고 한다면, 12억 원 초과분에 대한 장기보유특별공제를 적용해주어야 합니다. 이때 장기보유특별공제 적용을 위한 취득일을 비과세 요건처럼 당해 자산의 취득일부터 양도일까지로 생각하기도 합니다. 하지만 상속받은 주택의 경우에 비과세가 아닌 장기보유특별공제 적용을 위한 취득일은 상속개시일부터 양도일까지 적용합니다(서면2015-부동산0071, 2015.03.11).

❯ 상속주택특례규정을 적용받을 수 있을까?

양도세는 항상 세대 단위로 주택수를 판단합니다. 상속주택특례

규정은 상속으로 인해 부득이하게 한 채를 더 갖게 되어, 자신의 의지와 상관없이 두 채가 되었음에도 불구하고 상속개시 당시 보유하던 일반주택을 매도할 때 비과세 규정을 적용받지 못하는 억울한 케이스를 구제해주겠다는 취지입니다. 따라서 동일 세대원 간의 상속이 개시된 경우에는 세대 단위로 주택수 변화가 없기 때문에 위 규정을 적용받을 수 없습니다(양도, 재산세과—1706, 2009.08.17).

❯ 동일 세대원 상속주택 비과세를 위한 종전주택의 보유 기간은?

아버지가 집 한 채를 구입해 3년간 같이 살다 돌아가셨습니다. 어머니는 그 집에 대한 추억으로 힘들어 하셔서 다른 집을 구입해 이사했습니다. 이때 일시적 2주택 비과세를 받기 위해 3년 내 아버지가 구입한 집을 매도하면 될까요? 아니면 어머니가 상속받은 시점부터 1년이 지나지 않은 상태에서 신규주택을 구입했기 때문에 일시적

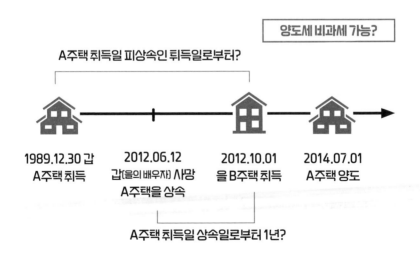

2주택 비과세 적용을 못 받는 걸까요?

동일 세대원으로부터 상속받은 주택의 일시적 1세대 2주택 비과세 특례 규정을 적용할 때 보유 및 거주 기간은 1세대를 기준으로 상속 전의 보유 및 거주 기간을 합산해 종전주택의 비과세 요건을 판단해야 합니다. 따라서 아버지가 구입한 날로부터 종전주택의 취득일 및 보유 기간을 판단하기 때문에 비과세 적용이 가능합니다(양도, 서면인터넷방문상담4팀-1134, 2004.07.20).

◉ 일시적 2주택을 상속받은 경우 비과세가 가능할까?

피상속인이 생전에 주택을 취득해 일시적 2주택 상태에서 상속이 개시되어, 동일 세대원이 상속을 받는다면 여전히 일시적 2주택 비과세가 가능할까요?

배우자 등 동일 세대원이 상속으로 인해 주택 두 채를 동시에 취

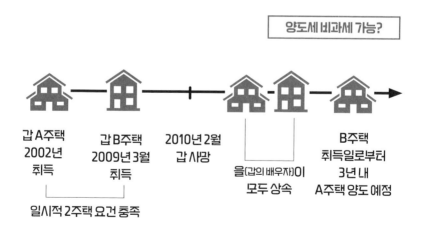

득한다고 생각하면 비과세가 안 됩니다. 다만 세법에서는 1세대를 기준으로 주택수 및 비과세를 판단하고, 동일 세대원으로부터 상속 또는 증여로 취득한 주택의 비과세 판정 시 피상속인 또는 증여자와 동일 세대원으로서 보유·거주한 기간을 통산하기 때문에 이 경우도 일시적 2주택 비과세 적용이 가능합니다(양도, 부동산거래관리과-1310, 2010.11.02).

❯ 재차 상속받은 주택의 비과세를 받기 위한 보유 기간의 기산일은?

동일 세대원이던 시아버지가 2000년 2월 1일 취득해 1주택을 소유하던 중에 2003년 5월 1일 시아버지의 사망으로 남편에게 상속되고, 2003년 12월 1일 남편의 사망으로 며느리에게 재차 상속된 1세대 1주택을 2004년 7월 1일 양도하는 경우 비과세 양도소득을 판정할 때 보유 기간의 기산일은 언제일까요?

「양도세법」은 주택 비과세를 위한 보유 기간을 세대 단위로 판단하고 있습니다. 이 경우 동일 세대원이던 시부모의 사망으로 배우자에게 상속된 주택을, 배우자의 사망으로 다시 재차 상속받은 경우로 비과세를 위한 보유 기간의 판단은 동일 세대원이었던 시부모의 취득일부터 양도일까지의 기간으로 판단합니다(서면인터넷방문상담 4팀-1380, 2004.09.02).

동일 세대원으로부터 유상취득한 주택

　　동일 세대원으로부터 상속·증여로 취득한 주택은 비과세 판정 시 보유 및 거주 기간을 통산하는 것과 달리, 동일 세대원으로부터 매매로 취득한 주택의 비과세 판정을 할 경우에는 보유 및 거주 기간을 통산하지 않습니다.

> 서면인터넷방문상담4팀-3321, 2007.11.16
>
> 귀 질의의 경우, 「소득세법」 제89조 제3항 및 같은 법 시행령 제154조 제1항 규정을 적용함에 있어서 거주자가 주택(이하 "A주택"이라 함)을 동일 세대원인 거주자(이하 "甲"이라 함)에게 양도(다만 당해 양도는 「상속세 및 증여세법」 제44조 규정에 따른 '배우자 등에 대한 양도 시의 증여추정'에 해당하지 않는 경우에 한함)한 후, 甲이 양도하는 A주택의 보유 기간 계산은 甲의 취득일부터 양도일까지로 함

⊙ 1세대 1주택자가 동일 세대원에게 양도할 경우

　　1주택자가 배우자 또는 동거하는 자녀에게 양도할 때도 1세대 1주택 비과세가 적용될까요? 1세대 1주택 비과세는 1세대가 거주 목적으로 구입한 1주택을 양도할 때 비과세 혜택을 주는 것입니다. 따라서 동일 세대원 간 양도하는 경우 매매 거래 후에도 동일하게 1주택을 보유하게 되므로 비과세 적용이 안 된다고 생각할 수 있습

니다. 하지만 세법에서는 동일 세대원에게 양도한다면 1세대 1주택 비과세 혜택을 여전히 주고 있습니다.

> 부동산거래관리과-354, 2011.04.26
> 「소득세법 시행령」 제154조 제1항에 따른 1주택을 소유한 거주자가 해당 주택을 배우자에게 부담부증여(「상속세 및 증여세법」 제47조 제3항 본문에 해당하는 경우는 제외함)하는 경우 증여가액 중 그 채무액에 상당하는 부분은 양도소득세가 비과세되는 것이나, 부담부증여에 해당하는지 여부는 사실판단할 사항임

❯ 일시적 2주택자가 동일 세대원에게 1주택을 양도할 경우

안타깝게도 일시적 2주택자가 종전주택(1주택)을 동일 세대원에게 양도할 때는 비과세되지 않습니다. 동일 세대원 간에 양도하더라도 세대 단위로 주택의 수가 두 채로 변함이 없기 때문에 비과세 적용이 불가능합니다.

> 조심2011서5144, 2012.02.29
> 일시적 2주택자가 종전주택을 양도한 후에도 당해 1세대가 1주택을 소유할 것을 요건으로 하고 있다고 보는 것이 관련 규정의 취지에 부합하는 해석인 바, 쟁점주택을 동일 세대원에게 양도하여 종전주택 양도일 이후에도 여전히 청구인을 포함한 1세대가 2주택을 소유하고 있으므로, 1세대 1주택 비과세 적용을 배제한 처분은 정당함

다가구주택 절세
다가구주택이 있다면 반드시 알아야 하는 세금 지식

주택은 그 종류와 형태에 따라 단독주택, 다가구주택, 다세대주택, 아파트 등 다양하게 구분됩니다. 이 중 다가구주택과 다세대주택은 명칭과 생김새가 비슷하다 보니 구분하기가 쉽지 않습니다. 하지만 세법상으로는 다가구주택이냐 다세대주택이냐에 따라 주택수 판단에 크게 차이가 발생합니다. 특히 다주택자에 대한 양도소득세 중과세율이 적용되는 경우 작은 차이로 인해 세금폭탄을 맞을 수 있기 때문에 정확히 이해할 필요가 있습니다.

세법상 다가구주택

주택수 판정에 대해 「소득세법」에서는 다음과 같이 규정하고 있습니다.

「소득세법 시행령」 제155조 [1세대 1주택의 특례]

⑮ 제154조 제1항을 적용할 때 「건축법 시행령」 별표 1 제1호 다목에 해당하는 다가구주택은 한 가구가 독립하여 거주할 수 있도록 구획된 부분을 각각 하나의 주택으로 본다. 다만 해당 다가구주택을 구획된 부분별로 양도하지 아니하고 하나의 매매단위로 하여 양도하는 경우에는 그 전체를 하나의 주택으로 본다.

즉, 원칙은 공동주택으로 보아 각각을 하나의 주택으로 보아야 하나, 다가구주택을 건물 전체로 양도할 때는 단독주택으로 봅니다. 그렇기 때문에 다가구주택 한 채와 일반 주택 한 채를 가지고 있을 때는 2주택자가 되며, 다가구주택을 한 채만 가지고 있을 때는 비록 여러 세대가 살고 있다 하더라도 1세대 1주택 양도소득세 비과세 규정도 적용받을 수 있습니다. 이때 세법상 다가구주택은 다음의 「건축법」상 정의를 준용하고 있습니다.

건축법 시행령 별표 1 [용도별 건축물의 종류]

1. 단독주택

다. 다가구주택: 다음의 요건을 모두 갖춘 주택으로서 공동주택에 해

당하지 아니하는 것을 말한다.

1) 주택으로 쓰는 층수[지하층은 제외]가 3개 층 이하일 것

2) 1개 동의 주택으로 쓰이는 바닥면적[부설 주차장 면적은 제외]의

합계가 660제곱미터 이하일 것

3) 19세대 이하가 거주할 수 있을 것

세법상 다세대주택

우리 주변에서 흔히 볼 수 있는 빌라가 대표적인 다세대주택입
니다. 여러 세대가 살 수 있도록 건축된 건물로, 다세대주택으로 허
가를 받아야 합니다. 주택으로 사용되는 층수가 4개 층 이하로 이루
어져 있고, 다가구주택과 다르게 호별로 구분등기가 되어 있어, 각
각을 하나의 주택으로 보아 단독주택이 아닌 공동주택으로 봅니다.

다가구주택 vs. 다세대주택

구분	다가구주택	다세대주택
층수	3개 층 이하	4개 층 이하
바닥면적 합계	660m² 이하	660m² 이하
등기	가구별 등기 불가	가구별 등기

건축법 시행령 별표 1 (용도별 건축물의 종류)

2. 공동주택

다. 다세대주택: 주택으로 쓰는 1개 동의 주택으로 쓰이는 바닥면적

(부설 주차장 면적은 제외)의 합계가 660제곱미터 이하이고, 층수가

4개 층 이하일 것

건축 당시에는 「건축법」상 다가구주택을 지었더라도 사용 도중에 일부 증축을 하거나, 처음 건축물대장상 용도와 다르게 사용한다면 추후 양도 시 다가구주택이 아닌 다세대주택으로 판정되는 사례가 있습니다. 이러한 경우 호별로 주택수가 산정되어 양도소득세 폭탄이 되어 돌아올 수 있으므로 주의해야 합니다.

다가구주택 관련 대표적인 추징사례

⊙ 사례 1 | 옥탑방이 있는지 확인하자

4층 건물에 2~4층을 주택으로 사용하다가 옥탑층(5층)을 증축해 주택 용도로 사용하게 되면, 총 4개 층을 주택으로 사용한 것이 됩니다. 「건축법」상 다가구주택은 3개 층 이하를 주택으로 사용하는 것으로 규정하고 있으므로, 이러한 경우는 다세대주택으로 판정되어 호별로 각각 별도의 주택으로 판정됩니다.

다가구주택 양도 전 2가지를 확인해야 합니다. ① 추가로 주택으로 사용해야 한다면 옥탑층보다는 지하층을 활용하는 방안을 생

각할 수 있습니다. 지하층은 주택수 산정 시 제외하기 때문에 옥탑이 아닌 지하층을 주택으로 사용했다면 다가구주택으로 인정되어 양도세 비과세를 적용받을 수 있습니다.

② 옥탑방이 있다면, 면적을 먼저 체크해봐야 합니다. 옥탑방 면적이 건축면적의 1/8 이하라면 층수에 들어가지 않아 다가구로 인정받을 수 있습니다(「건축법 시행령」 제119조 면적 등의 산정방법). 만일 옥탑방의 면적이 1/8을 초과한다면 양도 전에 멸실해 다가구주택의 요건을 맞추면 양도세 비과세를 적용받을 수 있습니다.

● 사례 2 | 사용 중에 집합건물로 구분등기한 경우

다가구주택은 「건축법」상 단독주택의 형태로서 건물 하나로 등기가 되지만, 이를 집합건물로 층별 또는 호별로 구분등기하게 되면 이는 다세대주택에 해당합니다. 처음 건축할 때는 다가구주택이었지만 이후 구분등기해 집합건물이 되었다면, 이는 양도 당시 기준으로 다세대주택에 해당하므로 구분등기별로 각각의 주택으로 보아야 합니다.

● 사례 3 | 건축물대장과 다르게 일부 사용한 경우

건축물대장상 1~2층은 근린생활시설, 3~5층은 주택으로서 다가구주택으로 건축했지만, 실제 사용 시 근린생활시설 일부를 주택으로 임대하는 경우가 있습니다. 세법상 주택의 여부는 실제 사용 용도에 따라 판단합니다. 그렇기 때문에 공부상으로 근린생활시설로 되어 있더라도 실제 주택으로 사용했다면 이는 주택으로 보아 과세합니다. 따라서 2층 일부를 주택으로 임대하고 있었다면, 주택으로 사용한 층수는 4개로서 다세대주택으로 판정됩니다.

다가구주택을 지분으로 양도하면 비과세 적용 불가

① 「건축법」상 다가구주택이면서 ② 분할하지 않고 하나의 매매 단위로 매각하면 ③ 1가구 1주택으로 양도소득세 비과세를 인정받을 수 있습니다. 다만 다가구주택을 지분이 아닌 별도 층별 또는 호별로 일부를 양도하는 경우 먼저 양도하는 부분은 1세대 1주택으로 볼 수 없습니다. 예를 들어 3층 다가구주택에서 본인 지분 20%만 양도한다면 1세대 1주택으로 보지 않으며, 양도소득세 과세대상이 됩니다.

사례별 양도세 적용방법(유권해석 (재일 46014-22, 1998.01.09) 참조)

단독소유자가 2인 이상에게 일괄 양도할 경우 → 단독주택

공동소유자가 자기 지분만을 양도할 경우 → 공동주택

공동소유자가 하나의 매매 단위로 양도할 경우 → 단독주택

Q 다세대주택을 다가구주택으로 용도변경한다면, 장기 보유특별공제를 적용받을 수 있을까?

다세대주택을 다가구주택으로 용도를 바꾼다면, 용도변경일로부터 2년 이상 새롭게 보유한 후 양도해야 단독주택으로 보아 1세대 1주택 비과세를 적용받을 수 있습니다. 이때 장기보유특별공제는 어떻게 될까요? 장기보유특별공제는 해당 부동산의 취득일부터 양도일까지의 보유 및 거주 기간으로 공제율을 적용하지만, 지금처럼 용도변경한 경우에는 용도변경일부터 양도일까지의 보유 및 거주 기간을 계산해 1세대 1주택 공제율을 적용받을 수 있습니다.

거주주택 비과세 임대주택등록을 통한 다주택자 절세법

두 채의 집을 가진 J씨는 요즘 고민이 많습니다. A주택은 15억 원, B주택은 5억 원이고, 현재 A주택에 거주하고 있습니다. 두 채 모두 취득한 지 10년이 넘었습니다. 시세차익이 많이 발생한 A주택을 먼저 팔고 싶은데, 비과세 받을 수 있는 방법이 있을까요?

1세대 1주택이면 양도소득세가 비과세됩니다. 다만 2주택일지라도 1주택을 임대주택으로 등록하면 주택수에서 제외될 수 있습니다. 이 규정을 잘 활용하면 현재 다주택자라 하더라도 1세대 1주택 비과세 방법이 있습니다.

장기임대주택의 거주주택 비과세 특례

일정한 요건을 충족하는 임대주택과 2년 이상 거주한 거주주택 1채를 보유하고 있는 1세대가 거주주택을 양도하는 경우 1세대 1주택 비과세 적용이 가능합니다. 거주주택 비과세를 위한 요건은 거주주택 요건과 임대주택 요건으로 나눌 수 있습니다.

⊙ 임대주택의 요건

첫째, 지자체 임대사업자등록 및 세무서 사업자등록을 모두 해야 합니다. 지자체만 한다거나 세무서만 한 경우에는 거주주택 비과세를 적용받을 수 없습니다. 주택을 임대해 소득이 발생하면 주택임대소득에 대한 신고 및 납부 의무가 발생합니다. 이를 위해 세무서에 주택임대사업자등록을 해야 하며, 등록하지 않았을 경우 수입금액의 0.2%를 가산세로 납부해야 합니다.

반면 지자체에 하는 임대주택은 의무사항이 아닌 선택사항입니다. 하지만 임대주택 등록을 하면 취득세, 재산세 감면 및 양도소득세 장기보유특별공제 혜택 등을 볼 수 있습니다. 다만 일정 의무임대요건을 충족하지 못한다면(의무임대기간 내 매각 등) 감면세액 추징 및 최대 3천만 원의 과태료가 부과될 수 있습니다.

둘째, 임대개시일 당시 기준시가가 6억 원(수도권 밖은 3억 원) 이하여야 합니다. 기준시가 요건은 최초 등록할 때만 충족하면 되고,

임대주택 요건 ①

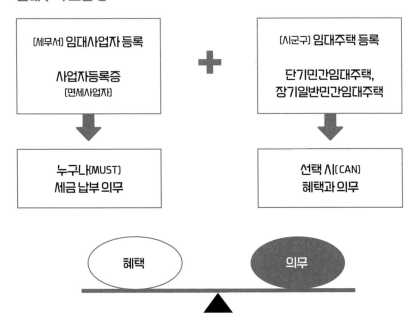

출처: 이환주·정승조·신관식 지음, 『5주 완성 이것만 알면 나도 세금전문가』(2024, 헬로북스)

등록 이후 기준시가가 기준금액을 초과하더라도 임대주택으로 인정됩니다. 기준시가가 6억 원이 넘는 주택이어도 지자체에 임대주택 등록이 가능하지만 거주주택 비과세 혜택은 받을 수 없으니, 주의해야 합니다.

셋째, 임대보증금 또는 임대료 증가율이 5% 이하(2019년 2월 12일 이후 계약분부터)여야 합니다.

❯ 의무임대기간 요건

임대사업자등록 후 의무임대기간을 충족해야 거주주택 비과세 등의 혜택을 받을 수 있으며, 의무임대기간은 임대주택등록 시기에 따라 다르게 적용됩니다.

① 2020년 7월 10일까지 등록 신청한 경우 5년 이상(장·단기)

② 2020년 7월 11일~8월 17일까지 등록 신청한 경우 8년 이상(장기)

③ 2020년 8월 18일 이후 등록 신청한 경우 10년 이상(장기)

거주주택특례 적용 시 장기임대주택 요건

구분	2018.03.31. 이전	2018.04.01. ~2020.07.10.	2020.07.11 ~2020.08.17.	2020.08.18. 이후
소득령 §167의3①2	가목	가목	마목	마목
의무임대기간	5년	5년	8년	10년
지자체 등록	단기/ 장기일반	단기/ 장기일반	장기 일반	장기 일반
기준시가	임대개시일 당시 6억 원 (비수도권 3억 원) 이하			
임대료 상한	5% 이하(2019.02.12.부터)			

출처: 국세청, '양도소득세 월간 질의 TOP 10』

⊙ 거주주택 요건

거주주택 비과세를 받으려면 취득 당시 조정대상지역 여부와 상관없이 2년 이상 거주한 주택이어야 합니다. 이때 거주 기간은 양도 시점이 아니라 전체 보유 기간 중 거주 기간으로 판단하기 때문에, 양도 시점에 거주하지 않더라도 총 보유 기간 중 2년 이상 거주했다면 비과세 적용이 가능합니다.

> 양도, 서면−2015−부동산−2133(부동산납세과−1924), 2015. 11.17
> 「소득세법 시행령」 제155조 제19항에 따른 장기임대주택 보유 시 거주주택특례를 적용할 때 거주주택의 거주 기간은 보유 기간 중 거주 기간을 통산하는 것입니다(직전거주주택 보유주택의 경우에는 같은 법 제 168조에 따른 사업자등록 및 「임대주택법」 제6조에 따른 임대주택사업자의 등록을 한 날 이후의 거주 기간을 말함)

임대기간 요건을 충족하기 전 거주주택을 먼저 양도한다면?

이 경우에도 거주주택 비과세 적용이 가능합니다. 거주주택을 먼저 양도한 경우 비과세로 적용받을 수 있으며, 이후 장기임대주택의 의무임대기간을 채우면 됩니다. 단, 비과세 받은 후에 임대기간 요건을 충족하지 못하게 된 때 또는 임대하지 않은 기간이 6개월을 지난 경우 비과세 받은 세금을 추징합니다.

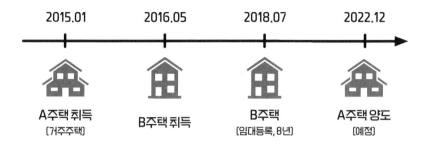

다음의 경우는 임대등록 말소일에 임대기간 요건을 갖춘 것으로 보아 비과세 받은 거주주택 양도세를 추징하지 않습니다.

① 2020년 8월 18일 이후 임대사업자등록 자동말소

② 폐지되는 유형의 임대의무기간이 1/2 이상 임대 후 자진말소

③ 임대주택이 아파트로 재건축·재개발·리모델링되어 신축 후에 임 대사업자등록이 불가능한 경우

이는 본인의 의사와 관계없이 더 이상 임대가 불가하기 때문에 사후관리 위반으로 보지 않는 것입니다. 다만 2020년 8월 18일 이후 아파트는 임대사업자등록이 불가합니다.

임대주택을 거주주택으로 전환 후 양도한다면?

2019년 2월 12일 이후부터 거주주택 비과세는 평생 1회밖에 적용받을 수 없습니다. 따라서 거주주택 A를 먼저 매도해 비과세 받은 후 장기임대주택 B를 의무임대기간 종료 후 비과세 요건을 갖춰서 양도하더라도, 이때는 전체 비과세가 아닌 직전거주주택 양도일 이후 발생한 양도차익에 대해서만 비과세됩니다.

거주주택·임대주택 양도 시 비교

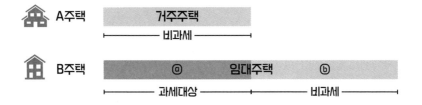

거주주택 비과세는 선택사항일까?

양도차익이 5억 원인 장기임대주택과 거주주택을 보유하고 있습니다. 지금 사는 집은 현재 양도차익이 2억 원밖에 나지 않았습니다. 이때 거주하는 집을 과세로 팔고, 양도차익이 큰 임대주택을 비과세로 팔 수 있을까요?

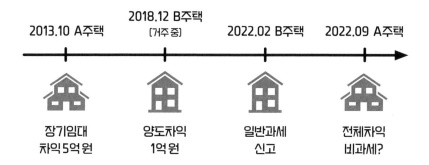

2013.10 A주택 / 2018.12 B주택 [거주 중] / 2022.02 B주택 / 2022.09 A주택

장기임대
차익 5억 원 / 양도차익
1억 원 / 일반과세
신고 / 전체차익
비과세?

거주주택 비과세를 선택사항이라고 생각하는 사람들이 많습니다. 하지만 과세당국은 거주주택 비과세 요건을 갖춘 거주주택을 과세로 양도하고, 장기임대주택을 1주택 상태에서 양도하더라도 장기임대주택의 전체 양도차익이 아닌 거주주택 양도일 이후 발생한 차익에 대해서만 비과세를 적용해줄 수 있다고 이야기하고 있습니다 (법령해석과-2465, 2019.09.23).

거주주택 특례 적용 시 양도하는 거주주택 선택 가능 여부(사전-2023 -법규재산-0393(법규과-1948))

장기임대주택을 보유한 상태에서 거주주택을 양도하는 경우 소득령 §155⑳ 특례요건을 갖춘 거주주택은 양도가액 12억 원 범위 내에서 소득령§154①에 의해 당연 비과세되는 것으로 비과세 적용 여부의 임의적 선택은 불가함

입주권 비과세
보유 중인 입주권을
비과세 받기 위한 절세법

세법상으로 입주권은 주택수에 포함되지만, 입주권 자체는 주택이 아닌 부동산을 취득할 수 있는 권리이기 때문에 「소득세법」상 주택의 규정을 그대로 적용할 수는 없습니다. 별도로 입주권 관련 조항들을 확인해야 하는 이유입니다.

⊙ 입주권의 1세대 1주택 비과세(「소득세법」 제89조 제1항 제4호)

1세대 1주택 비과세 요건을 충족한 주택이 재개발·재건축되는 경우, 종전주택을 양도하거나 완공 후의 신축주택을 양도한다면 1세대 1주택 비과세 규정을 적용받을 수 있습니다. 이는 재건축된 신축주택을 종전주택의 연장으로 보기 때문입니다. 반면 입주권을 양도하는 경우 비과세 적용을 받을 수 없다면 억울할 수 있습니다. 따라서 세법에서는 입주권의 비과세 관련 규정을 별도로 정하고 있습니다.

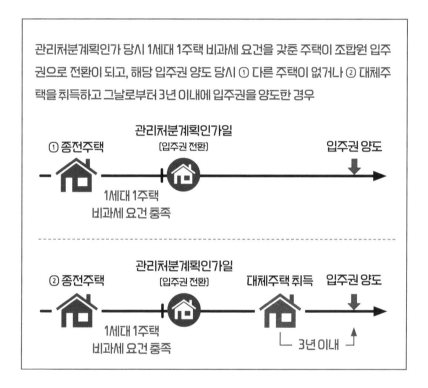

관리처분계획인가 당시 1세대 1주택 비과세 요건을 갖춘 주택이 조합원 입주권으로 전환이 되고, 해당 입주권 양도 당시 ① 다른 주택이 없거나 ② 대체주택을 취득하고 그날로부터 3년 이내에 입주권을 양도한 경우

1주택과 입주권을 소유한 경우 1세대 1주택 특례

🔵 종전주택+입주권 취득 (「소득세법 시행령」 제156조의2 제3항, 제4항)

현재 재건축 중인 아파트로 이사할 목적으로 입주권을 승계취득하는 경우에는 입주권을 대체주택으로 보아 입주권 승계취득 후 3년

이내 종전주택 양도 시 1세대 1주택 비과세 대상으로 규정하고 있습니다.

간혹 공사가 불가피하게 분쟁 등으로 3년 이내에 마무리되지 못했다면 입주권 취득 후 3년이 경과했더라도 완공 후 3년 내 종전주택을 양도할 때도 비과세 적용을 허용합니다. 그 대신 세대원 전원이 신축주택으로 이사해 1년 이상 계속 거주해야 하는 사후관리 요건이 있습니다.

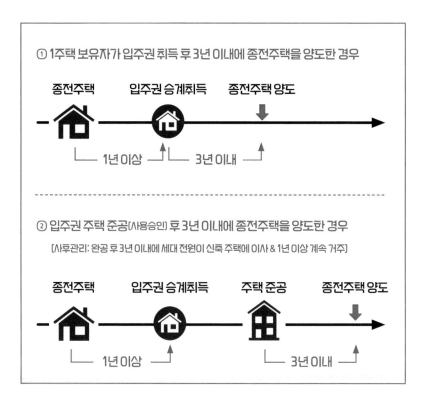

① 1주택 보유자가 입주권 취득 후 3년 이내에 종전주택을 양도한 경우

종전주택　　　입주권 승계취득　　　종전주택 양도

└─ 1년 이상 ─┘└─ 3년 이내 ─┘

② 입주권 주택 준공(사용승인) 후 3년 이내에 종전주택을 양도한 경우

(사후관리: 완공 후 3년 이내에 세대 전원이 신축 주택에 이사 & 1년 이상 계속 거주)

종전주택　　　입주권 승계취득　　　주택 준공　　　종전주택 양도

└─ 1년 이상 ─┘└─ 3년 이내 ─┘

⊙ 종전주택 입주권 전환 + 대체주택 취득(「소득세법 시행령」 제 156조의2 제5항)

종전주택이 입주권으로 전환되어 잠시 거주할 목적으로 대체주택을 취득하는 경우, 신축주택이 완공되어 대체주택을 양도할 때 1세대 1주택 비과세 규정을 적용할 수 있도록 규정하고 있습니다. 이는 대체주택에 대해 1세대 1주택 비과세 요건인 보유 기간과 거주 기간의 제한을 받지 않는 혜택을 주는 것이므로 신축주택에 세대 전원이 이사해 1년 이상 거주해야 하는 사후관리 요건이 있습니다. 대체주택을 취득하고 1년 이상 거주한 사실을 확인하는 경우가 있으니 이 규정은 꼭 지켜야 내 돈을 지킬 수 있습니다.

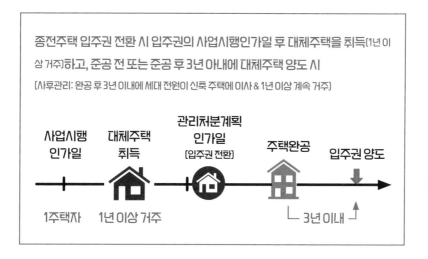

종전주택 입주권 전환 시 입주권의 사업시행인가일 후 대체주택을 취득(1년 이상 거주)하고, 준공 전 또는 준공 후 3년 이내에 대체주택 양도 시

(사후관리: 완공 후 3년 이내에 세대 전원이 신축 주택에 이사 & 1년 이상 계속 거주)

사업시행 인가일 — 대체주택 취득 — 관리처분계획 인가일 (입주권 전환) — 주택완공 — 입주권 양도

1주택자 · 1년 이상 거주 · 3년 이내

최근 기재부에서 기존에 비과세해주던 사례에 대해 비과세 불가 해석을 내놓았습니다. 다음의 케이스는 꼭 기억해야 세금에 대한 불이익을 피해 갈 수 있습니다.

최신 주요 예규

기존 해석	최신 기재부 해석
사전법규재산2023-739 [2023.11.15] [제목] 종전주택, 신규주택, '21.1.1. 이후 취득한 분양권을 소유하는 1세대가 양도하는 종전주택의 비과세 여부 [요약] 종전주택[소득령§154①제1호, A]과 신규주택[B]을 소유한 1세대가 2021.1.1. 이후 종전주택[A]을 취득한 날부터 1년 이상이 지난 후에 분양권[C]을 취득하고 신규주택[B] 및 분양권[C]을 취득한 날부터 각각 3년 이내에 종전주택[A]을 양도하는 경우에는 이를 1세대 1주택으로 보아 소득령§154①을 적용하는 것임	기획재정부재산-906 [2024.07.31] [제목] 일시적 2주택[§155①]특례와 일시적 1주택과 조합원입주권[§156의2③] 또는 분양권[§156의3③·④]특례 중복 적용 [요약] 동일한 성격인 일시적 2주택 특례와 일시적 1주택·1조합원입주권 특례[소득령§156의2③] 내지 일시적 1주택·1분양권 특례[§156의3②·③]는 중복하여 적용할 수 없는 것임

부동산 규제 완화 조정대상지역 해제에 따른 절세전략

2022년 6월 30일 국토교통부에서는 대구 등 일부 지역에 대한 투기과열지구 및 조정대상지역 해제를 발표했습니다. 투기과열지구에서 해제되면 그동안 묶여있던 대출 규제나 전매제한, 청약 등에 대한 규제가 일부 완화됩니다. 세금 역시 조정대상지역 여부에 따라 많은 부분이 바뀌게 됩니다. 조정대상지역 해제에 따른 세금이 어떻게 바뀌는지, 그리고 이로 인해 우리가 활용할 수 있는 절세법은 무엇이 있는지 살펴보겠습니다.

취득 시 변경되는 세금

◉ 매매취득세율 완화

종전주택이 조정지역이라도 신규 취득하는 주택이 비조정지역이면 일반취득세율이 적용됩니다(1~3%). 일반적인 주택의 취득 시

취득세 중과세율

구분		취득세	농어촌 특별세	지방 교육세	합계 세율
주택(양성)	일반 2주택 이하 → 6억 원 이하	1%	0.2%	0.1%	1.3%
	6억 원 초과 9억 원 이하	1.01 ~3%	0.2%	0.101 ~0.3%	1.111 ~3.5%
	9억 원 초과	3%	0.2%	0.3%	3.5%
	조정 2주택 일반 3주택	8%	0.6%	0.4%	9.0%
	조정 3주택 일반 4주택 법인	12%	1.0%	0.4%	13.4%

※ 농어촌특별세는 전용면적 85m² 초과만 해당

취득하는 주택의 가액과 면적에 따라 1.3~3.5%의 취득세율이 적용됩니다. 다만 1주택을 갖고 있는 사람이 추가로 조정대상지역의 주택을 구입하거나, 보유 주택수가 3주택 이상이 되는 시점부터는 취득세 중과세율을 적용받습니다.

❯ 증여취득세율 완화

조정대상지역의 공시지가 3억 원 이상의 주택을 증여할 경우 12%의 증여취득세율이 적용되어, 증여의사를 결정할 때 이 부분에 대한 자금출처 마련도 상당히 중요한 고려대상이 되어왔습니다. 다만 국토부의 일부 조정대상지역 해제로 인해 해제된 지역의 주택을 증여한다면, 이제는 12%가 아닌 3.5%(부가세 포함 4%)의 증여취득세율이 적용됩니다.

증여취득세율

구분	취득세	농어촌특별세	지방교육세	합계세율
비조정지역 주택	3.5%	0.2%	0.3%	4.0%
조정지역+공시지가 3억 원 이상 주택	12%	1.0%	0.4%	13.4%

※ 농어촌특별세는 전용면적 85m² 초과만 해당

❯ 자금조달계획서 작성 면제

다음 지역에 소재한 주택을 취득할 경우 자금조달계획서를 계약서 작성 후 30일 이내에 제출해야 합니다.

① 규제지역(투기과열지구·조정대상지역) 모든 주택

② 법인이 취득하는 주택

③ 비규제지역의 경우 취득가액이 6억 원 이상인 주택

따라서 조정대상지역에서 해제된 지역의 주택을 취득하는 경우, 취득가액이 6억 원 미만이라면 자금조달계획서를 제출하지 않아도 됩니다.

양도 및 보유 시 변경되는 세금

▶ 1세대 1주택 비과세 거주 요건 적용 X

양도세는 기본적으로 양도 시점을 기준으로 판단하지만 1세대 1주택 비과세를 적용하기 위한 기준은 취득 당시 조정대상지역인지 아닌지가 상당히 중요합니다. 취득 당시 조정대상지역의 주택이라면 추후 조정대상지역 여부에 상관없이 2년 보유 및 거주 요건을 충족해야 12억 원 비과세를 적용받을 수 있습니다. 다만 취득 당시 비조정대상지역의 주택이라면 추후 조정대상지역 여부에 상관없이 2년 보유만 하면 12억 원 비과세를 적용받을 수 있습니다.

❯ 다주택자 중과세율 적용 해제

다주택자가 조정대상지역에 위치한 주택을 양도하면 양도세가 중과되고 장기보유특별공제가 적용되지 않습니다. 따라서 다주택자가 조정대상지역에서 해제된 주택을 매도한다면 중과세율도 적용되지 않으며, 만약 양도하는 주택을 3년 이상 보유했다면 장기보유특별공제도 적용받을 수 있습니다.

다만 2022년 5월 10일부터 2025년 5월 9일까지 양도하는 주택은 한시적으로 다주택자 양도세 중과규정이 적용되지 않으므로 당장 조정대상지역에서 해제되더라도 중과에는 영향이 없습니다.

❯ 임대주택 중과배제

비조정대상지역 주택의 경우 장기임대주택에 따른 세제혜택을 적용받을 수 있게 됩니다. 2018년 9월 14일 이후 조정대상지역의 주택을 취득한 경우 장기임대주택의 요건을 갖춰 임대사업자등록을 하더라도 종부세 합산배제 혜택이 부여되지 않습니다(아파트는 등록 불가).

다만 여전히 비조정지역의 주택은 장기임대주택의 요건(① 임대개시일 현재 기준시가 6억 원 이하, 수도권 밖은 3억 원 이하이면서 ② 10년 이상 장기임대, ③ 세무서와 구청에 각각 사업자등록)을 갖춰 주택임대사업자로 등록했다면 종부세 합산배제 등의 혜택을 받을 수 있습니다.

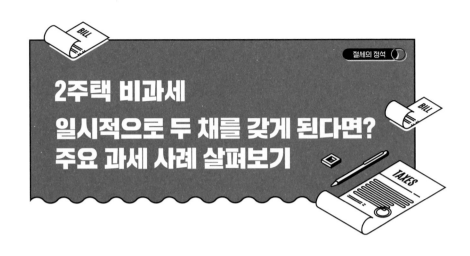

2주택 비과세
일시적으로 두 채를 갖게 된다면?
주요 과세 사례 살펴보기

원칙적으로 1세대 1주택자가 양도하는 주택의 경우 2년 보유 요건(취득 당시 조정대상지역이라면 2년 거주요건 추가)을 충족했고 양도가액이 12억 원을 넘지 않으면 양도소득세가 발생하지 않습니다. 다만 이사 등의 목적으로 일시적으로 두 채의 집을 갖게 될 경우에도 양도 당시는 2주택이지만 1주택과 동일하게 비과세를 적용해줍니다. 이를 '일시적 2주택 비과세'라고 하는데 요건은 다음과 같습니다.

① 구주택 취득일로부터 1년이 지난 후 신규주택을 취득할 것

② 신규주택 취득일로부터 3년 내 구주택을 처분할 것

③ 양도하는 구주택이 비과세 요건을 갖추고 있을 것(2년 보유요건 충족, 취득 당시 조정대상지역의 경우 2년 거주요건 추가)

일시적 2주택 비과세 요건

일시적 2주택 주요 과세 사례

⊙ 일시적 2주택 비과세 요건을 갖추지 못해 과세

일반적으로 많이 실수하는 부분이 바로 일시적 2주택 비과세의 첫 번째 요건 "구주택을 취득한 날로부터 1년이 지난 후 신규주택을 취득해야 한다."입니다. 보통은 신규주택 취득 후 3년 내 매도와 비과세 요건인 매도하는 주택의 2년 보유(취득 당시 조정대상지역이면 2년 거주 추가) 요건만 생각하는데, 첫 번째 요건도 반드시 챙겨야 합니다.

예를 들어보겠습니다. E씨는 A주택과 B주택 모두 일시적 2주택의 요건인 3년 내 매도해 비과세가 된다고 생각했습니다. 그런데 B주택 양도 후 얼마 지나지 않아 세무서로부터 B주택은 양도세 과세대상이라는 고지서를 받았습니다. 왜일까요? B주택 취득 후 1년

이 지나지 않은 상황에서 C주택을 취득했기 때문에 B주택은 일시적 2주택 비과세 요건에 해당하지 않는 것입니다.

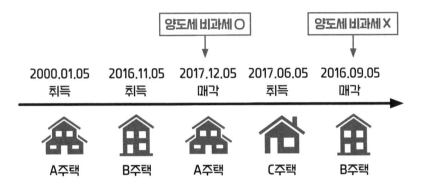

☞ 해외이주로 인한 과세

F씨는 2010년 1월 A주택을 취득해 거주하던 중 B주택을 2016년 11월에 취득했습니다. 그리고 2016년 12월 세대 전원이 해외이주로 출국하게 되었습니다. 2017년 12월 구주택인 A주택을 12억 원에 양도하면 일시적 2주택 비과세 적용이 가능할까요?

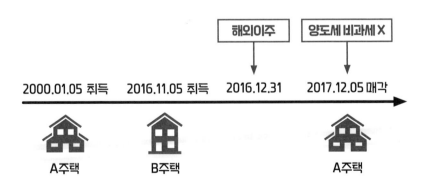

「소득세법」은 철저하게 열거주의과세를 취하고 있습니다. A주택 취득일로부터 1년이 지나서 B주택을 취득했고, B주택 취득일로부터 3년 이내 구주택인 A주택을 양도하는 것이고, A주택은 2년 보유 요건을 충족했기 때문에 일시적 2주택 비과세 요건에 해당되는 것처럼 보입니다. 다만 이 경우는 해외이주로 세대 전원이 출국함으로써 비거주자가 된 상태에서 당해 주택을 양도하는 것입니다. 세법에서는 「해외이주법」에 따른 해외이주로 출국하는 경우, 출국일 현재 1주택을 보유한 경우로서 출국일로부터 2년 이내 양도하는 경우에만 비과세를 적용해줍니다(「소득세법 시행령」 제154조). 일시적 2주택 비과세는 세법상 거주자에게만 적용해주는 규정이기 때문에 이번 사례에서는 출국일 현재 소유하고 있는 2주택 모두 과세대상이 되는 것입니다.

일시적 2주택 상태에서 해외이주로 세대 전원이 출국한 경우(부동산 거래관리과—145)

일시적으로 2주택이 된 상태에서 해외이주 또는 1년 이상 계속하여 국외거주를 필요로 하는 취학 또는 근무상의 형편으로 세대 전원이 출국하여 비거주자 상태에서 양도하는 경우 출국일 현재 소유한 2주택 모두를 과세함

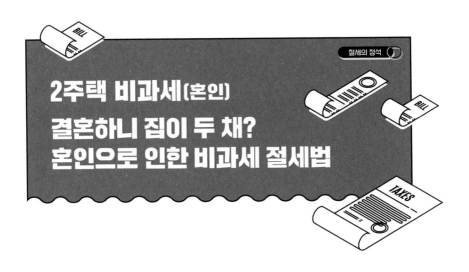

2주택 비과세(혼인)
결혼하니 집이 두 채?
혼인으로 인한 비과세 절세법

1주택 보유자와 1주택 보유자가 결혼하게 되면 2주택자가 됩니다. 혼인하지 않았다면 각자 비과세 받을 수 있었는데 혼인으로 인해 2주택자가 되어 비과세 받지 못한다면 누가 결혼을 할까요? 그래서 세법에서는 혼인신고를 한 날로부터 5년 이내에 먼저 양도하는 주택이 비과세 요건을 갖추었다면, 비록 2주택 상태에서 매도했음에도 비과세 적용이 가능하도록 규정하고 있습니다.

혼인에 따른 비과세 특례

1주택 보유자와 1주택 보유자가 혼인함으로써 1세대 2주택이 되는 경우, 혼인한 날로부터 5년 이내 먼저 양도하는 주택이 비과세 요건을 갖추었다면 1세대 1주택으로 보아 비과세가 가능합니다. 이 때 세법에서 이야기하는 '혼인한 날'은 결혼식을 의미하는 것이 아니라 관할지방관서에 혼인신고를 한 날을 의미합니다. 즉, 혼인신고를 하지 않고 같이 사는 사실혼의 관계는 해당사항이 없습니다.

> 집행기준 89-155-22 혼인한 날의 의미
> 1세대 1주택 비과세 특례규정이 적용되는 혼인합가의 혼인한 날은 '가족관계의 등록 등에 관한 법률」에 따라 관할지방관서에 혼인신고 한 날을 말한다.

또한 1주택을 보유하고 있는 60세 이상 직계존속을 동거봉양하는 무주택자가 1주택을 보유하는 자와 혼인함으로써 1세대 2주택이 되는 경우에도 5년 내 먼저 양도하는 주택이 비과세 요건을 갖추었다면 양도세 비과세가 가능합니다(2012년 2월 2일 이후 양도분부터 적용).

사례로 살펴보기

지금부터 다양한 사례로 알아보겠습니다.

❯ 일시적 2주택(A, B)을 가진 남자와 1주택(C)을 가진 여자가 혼인한다면? → A, B, C 모두 비과세

일시적 2주택 비과세와 혼인합가 양도세 특례가 중복된 사례입니다. 이때 일시적 2주택의 구주택을 먼저 비과세로 양도하고, 나머지 주택 중 하나를 혼인신고일로부터 5년 내 양도한다면 여전히 비과세가 가능합니다. 그리고 남은 하나도 비과세 요건을 갖춰 매도한다면 3개의 주택 모두 비과세 적용이 가능합니다.

일시적 1세대 3주택 비과세 특례

유형	비과세 특례 적용 요건
일반주택(A)+ 상속주택(B)+다른 주택(C)	C주택 취득일로부터 3년* 이내 양도하는 A주택
일시적 2주택(A, B)+ 혼인합가주택(C) 또는 동거봉양합가주택(C)	① B주택 취득일로부터 3년* 이내 양도하는 　A주택 ② A주택 양도 후 합가일로부터 5년(동거봉양 　은 10년) 이내 양도하는 B주택 또는 C주택
혼인합가 2주택(A, B) 또는 동거봉양합가 2주택(A, B) +다른 주택(C)	합가일로부터 5년(동거봉양은 10년) 이내 및 C 주택 취득일로부터 3년* 이내 양도하는 A주 택 또는 B주택

* 비조정대상지역 소재

자료: 집행기준 89-155-26 일시적 1세대 3주택 비과세 특례 적용 사례

❥ 남자와 여자 모두 일시적 2주택 상태에서 혼인한다면?

각자 투자 목적으로 구입한 집이 있어 두 사람 모두 일시적 2주택 상황인 경우에도 혼인합가에 따른 비과세를 모두 적용받을 수 있을까요? 매도하는 4주택까지 비과세는 불가능합니다(수원지방법원-2006-구합-8823). 이 경우에는 남자 또는 여자가 보유한 주택 중 양도차익이 적은 주택 하나를 과세로 매도한 후, 앞서 사례처럼 둘 중 하나만 일시적 2주택으로 만들어서 3개의 주택에 대한 비과세 적용을 할 수 있습니다.

❥ 1주택(A)을 가진 남자와 1주택(B)을 가진 여자가 혼인합가 후 추가로 1주택(C)을 취득한다면? → A, B, C 모두 비과세 가능

일시적으로 1세대 3주택이 된 경우로 혼인한 날로부터 5년 이내에, C주택을 취득한 날로부터 일시적 2주택 기간 이내에 A주택을 양도하는 경우 비과세가 가능합니다. 이후 혼인신고한 날로부터 5년 이내에 B주택을 매도하면 B주택 또한 비과세가 가능합니다. 그리고 마지막 남은 C주택도 2년 보유요건(취득 시 조정대상지역이라면 거주 요건 추가)만 충족하면 비과세 적용이 가능합니다.

혼인으로 2주택이 된 상태에서 새로운 주택을 취득한 경우(재산세
과-1761, 2008.07.18)

1주택(이하 "A주택"이라 함)을 보유하고 있는 자가 1주택(이하 "B주택"이
라 함)을 보유하고 있는 자와 혼인함으로써 1세대가 2주택을 보유한
상태에서 새로운 주택(이하 "C주택"이라 함)을 취득(자기가 건설하여 취득
한 경우를 포함)함으로써 일시적으로 1세대 3주택이 된 경우로서 그 혼
인한 날로부터 5년 이내에, 그리고 C주택을 취득한 날로부터 일시적
2주택 기간 이내에 A주택을 양도하는 경우에는 「소득세법 시행령」
제155조 제1항 및 제5항의 규정에 의하여 이를 1세대 1주택으로 보
아 비과세 여부를 판정합니다.

◉ 2주택(A, B)을 가진 남자와 1주택(C)을 가진 여자가 혼인한다면? → 가장 양도차익이 적은 주택 하나를 과세로 양도 후 남은 2개 주택 비과세 가능

일시적 2주택 비과세 요건을 갖추지 못한 2주택자와 1주택자가
혼인으로 합가하고 비과세 요건을 갖추지 못한 1주택을 먼저 과세로
양도한 후, 혼인으로 합가한 날로부터 5년 이내에 나머지 주택 중 비
과세 요건을 갖춘 주택(2년 보유 또는 2년 거주)을 양도한다면 비과세
가 가능합니다. 주택 1채를 양도함으로써 나머지 2채가 혼인합가 특
례상태가 되므로 가능한 일입니다.

2주택을 보유한 자와 1주택을 보유한 자가 혼인한 경우[부동산거래관리과-204, 2010.02.08]

2주택(A, B)을 보유하는 자와 1주택을 보유하는 자가 혼인함으로써 1세대가 3주택을 보유하게 되는 경우로서 1주택(A)을 양도한 후 혼인한 날부터 5년 이내에 먼저 양도하는 주택(B 또는 C주택)은 「소득세법 시행령」 제155조 제5항에 따라 1세대 1주택으로 보아 비과세 여부를 판정하는 것임

다만 이와 관련해 최근 기재부에서 반대되는 해석을 발표했습니다. 기존의 양도시점 주택수가 아닌 혼인합가 시점의 주택수로 비과

혼인합가 관련 중요 유권해석 발표(2024.06.25.)

종전	새로운 해석
부동산거래관리과 -204, 2010.02.08	서면-2023-법규재산-0887 [법규과-1599(2024.06.25.)]
2주택(A, B)을 보유하는 자와 1주택을 보유하는 자가 혼인함으로써 1세대가 3주택을 보유하게 되는 경우로서 1주택(A)을 양도한 후 혼인한 날부터 5년 이내에 먼저 양도하는 주택(B 또는 C주택)은 「소득세법 시행령」 제155조 제5항에 따라 1세대 1주택으로 보아 비과세 여부를 판정	혼인합가특례[소득령§155⑤]의 혼인합가요건인 "1주택자가 1주택자와 혼인함으로써 2주택을 보유하게 되는 경우"는 주택의 양도일 현재 기준이 아닌, 혼인합가 당시 주택수로 충족여부를 판정하는 것임

세를 판단하겠다는 것으로, 앞으로는 혼인신고 전 2주택인 남성의 집을 먼저 매도 후 혼인신고를 해야 절세가 가능합니다.

⊗ 1분양권 또는 1입주권(A)을 가진 남자와 1주택(B)을 가진 여자가 혼인한다면? → A, B 모두 비과세 가능

2021년 이후 취득한 분양권은 입주권처럼 주택수에 포함됩니다. 따라서 1주택자와 1입주권 또는 1분양권을 가진 사람이 혼인한다면 혼인 전 취득한 주택(B)을 양도해야 합니다. 또한 분양권 등이 이후 주택으로 전환된 후 입주권 또는 분양권으로 취득한 주택을 혼인합가한 날로부터 5년 이내에 양도해도 해당 주택은 비과세가 적용됩니다.

서면-2021-법령해석재산-2139(2021.08.30)
귀 서면질의의 경우, 1주택을 소유하는 자(이하 "갑")가 2021.01.01. 이후 취득한 1분양권을 소유하는 자(이하 "을")와 혼인함으로써 1세대가 1주택과 1분양권을 소유하게 된 후 을이 분양권의 일부 지분(1/2)을 갑에게 증여한 경우로서 혼인한 날부터 5년 이내에 갑이 당초 혼인 전에 소유하던 주택을 양도하는 경우, 「소득세법 시행령」 제156조의3 제6항 및 같은 영 제156조의2 제9항에 따라 이를 1세대 1주택으로 보아 같은 영 제154조 제1항을 적용하는 것입니다.

또한 1주택과 1조합원입주권을 소유한 사람이 다른 주택을 소유한 사람과 혼인한 경우, 혼인합가한 날로부터 5년 이내에 먼저 양도하는 주택은 동일하게 혼인합가특례가 적용됩니다.

서면-2022-법규재산-4077(2023.02.01)
귀 서면질의 신청의 사실관계와 같이, 국내에 1주택과 1조합원입주권을 소유한 갑이 1주택을 소유한 을과 혼인함으로써 1세대가 2주택과 1조합원입주권을 소유하게 된 후 갑의 조합원입주권의 일부 지분(1/2)을 을에게 증여한 경우로서 혼인한 날로부터 5년 이내 먼저 양도하는 주택은 「소득세법 시행령」 제156조의2 제9항을 적용받을 수 있는 것입니다.

다만 2020년 12월 31일까지 취득한 분양권은 비과세 판단 시 주택수에 포함되지 않으므로 1주택 보유자와 1분양권 보유자가 혼인으로 합가한 후 분양권이 주택으로 바뀌기 전에 비과세 요건을 갖춘 주택을 매도한다면 비과세가 가능합니다. 또는 분양권이 주택으로 바뀐 시점으로부터 일시적 2주택 기간 이내에 종전주택을 매도해도 비과세가 가능합니다.

❯ 2024년 세법 개정안
2025년 이후 혼인합가분부터 혼인합가에 따른 비과세특례규정이 5년에서 10년으로 개정될 예정입니다.

2주택 비과세(동거봉양)
부모님 봉양으로 인한
2주택 비과세 절세법

1세대 1주택이 아니지만 비과세를 해주는 경우는 또 있습니다. 연로한 부모님을 모시기 위해 2주택이 되는 경우 일정 요건을 충족하면 2주택이지만 양도세 비과세를 적용받을 수 있습니다.

동거봉양합가 비과세 특례

1주택을 보유하고 1세대를 구성하는 자가 1주택을 보유하고 있는 60세 이상의 직계존속을 동거봉양하기 위해 세대를 합침으로써 1세대가 2주택을 보유하게 되는 경우, 합친 날부터 10년 이내에 먼저 양도하는 주택이 비과세 요건을 갖추었다면 1세대 1주택으로 보아 비과세가 가능합니다.

동거봉양으로 인한 2주택 비과세 요건

① 각각 1주택을 보유한 세대가 합가

② 60세 이상 직계존속을 봉양하기 위한 합가일 것

③ 세대원 전체의 합가일 것

④ 10년 내 먼저 양도하는 주택 비과세

⑤ 양도하는 주택은 1세대 1주택 비과세 요건을 갖출 것

이때 '60세'는 부모 두 분 중 한 분만 해당해도 되며, 배우자의 직계존속인 경우에도 동일하게 적용해줍니다. 단, 중증질환을 가진 부모님을 봉양하기 위한 상황이라면 60세 미만의 직계존속도 해당됩니다. 이는 「국민건강보험법」에 따른 요양급여를 받는 자로서 기획재정부령으로 정하는 사람에 한합니다.

사례로 살펴보기

● 1주택을 가진 자녀와 2주택을 가진 부모가 합가한다면?

부모 소유의 2주택 중 하나를 양도세를 내고 팔면, 각각 1주택을 보유한 것으로 보아 동거봉양합가에 따른 양도세 비과세를 적용받을 수 있습니다.

동거봉양합가 시 3주택인 경우 1세대 1주택 비과세(양도, 부동산거래관리과-609, 2010.04.28)

1주택을 소유한 1세대가 2주택을 소유한 60세 이상의 직계존속을 동거봉양하기 위하여 합가한 이후 1주택을 양도 후 합가일로부터 5년 이내에 양도하는 1주택은 비과세 적용 대상임

다만 최근 기재부의 혼인합가 비과세 특례가 양도시점이 아닌 혼인합가 시점의 주택 수를 기준으로 한다는 해석으로 인해, 동거봉양의 경우도 양도시점이 아닌 합가시점의 주택 수를 기준으로 비과세가 가능할 것으로 보입니다. 따라서 동거봉양 전 2주택을 가진 부모가 먼저 주택을 매도해서 합가 당시 각각 1주택을 만들어야 비과세가 가능할 것으로 판단됩니다(저자주, 서면-2023-법규재산-0887 [법규과-1599(2024.6.25)])

❷ 일시적 2주택 상태에서 부모를 봉양하기 위해 합가한다면?

일시적 2주택 상황에서 갑자기 부모님을 봉양하게 되었을 때, 자신이 보유하던 종전주택을 양도하는 경우 동거봉양합가 비과세 적용이 가능할까요? 매도하는 순서를 잘 지키면 비과세 적용이 가능합니다. 즉, 일시적 2주택으로 매도 예정인 종전주택을 먼저 처분하면 3주택이더라도 비과세가 가능하고, 추후 동거봉양에 따라 둘 중 어떤 주택을 팔아도 비과세 적용이 가능합니다. 하지만 일시적 2주택 상태에서 부모님의 집을 합가하고, 부모님의 집을 먼저 팔면 비

과세 적용이 되지 않으니 주의해야 합니다.

서면-2016-부동산-2938, 2016.02.25
국내에 1주택(B)을 소유하고 있는 1세대가 다른 주택(C)을 취득함으
로써 일시적으로 1세대 2주택(B, C)이 된 상태에서 1주택(A)을 소유하
고 있는 60세 이상의 직계존속을 동거봉양하기 위하여 세대를 합침
으로써 일시적으로 1세대 3주택이 된 경우, 동거봉양합가 전 일시적
1세대 2주택(B, C) 중 종전의 주택(B)을 취득한 날부터 1년 이상이 지
난 후 다른 주택(C)를 취득하고 그 다른 주택(C)을 취득한 날부터 3년
이내에 종전의 주택(B)을 양도할 때는 이를 1세대 1주택으로 보아 「소
득세법 시행령」 제154조 제1항을 적용하는 것임

⊙ 동거봉양합가 후 추가로 1주택을 취득했다면?

동거봉양합가로 1세대 2주택인 상태(자녀 A, 직계존속 B)에서 종
전주택 취득일로부터 1년 이상 지난 후 신규주택(C)을 취득해 3주택
이 되었다면, C주택 취득일로부터 일시적 2주택 양도기한 내에 A주
택을 양도하면 비과세 받을 수 있습니다.

동거봉양·혼인 또는 상속으로 인한 일시적 1세대 2주택과 대체취득
을 위한 1세대 2주택의 사유가 동시에 발생한 경우(양도, 기획재정부 재
산세제과-182, 2008.05.16)
1주택자가 동거봉양으로 인한 세대 합가로 인해 1세대 2주택자가 된

후 주택을 추가 취득함으로써 일시적인 1세대 3주택자가 된 경우 그 세대합가일로부터 2년 이내 및 신규 주택 취득일로부터 1년 이내에 양도하는 기존주택은 1세대 1주택에 해당함

1999년까지는 동거봉양에 따른 양도세 비과세는 세대합가일로부터 2년 내였습니다. 해당기한이 2년에서 5년, 그리고 지금의 10년까지 연장된 거죠.

❯ 동거봉양합가 후 결혼해 3주택자가 되었다면?

동거봉양합가로 2주택(본인 A, 직계존속 B)이 된 상태에서 1주택(C) 보유자와 결혼함으로써 1세대 3주택이 된 경우 직계존속과 세대를 합친 날부터 10년 이내 양도하는 A주택 또는 C주택은 1세대 1주택으로 보아 비과세 적용이 가능합니다.

직계존속과 합가한 후 혼인한 경우 비과세 판정[양도, 부동산거래관리과-611, 2010.04.28]

1주택[A]을 보유하고 1세대를 구성하는 자[甲]가 1주택[B주택]을 보유하고 있는 60세 이상의 직계존속을 동거봉양하기 위하여 세대를 합침으로써 1세대가 2주택을 보유한 상태에서 甲이 1주택[C주택]을 보유한 자와 혼인함으로써 1세대가 3주택을 보유하게 되는 경우 직계존속과 세대를 합친 날부터 5년 이내에 양도하는 A주택 또는 C주택은 1세대 1주택으로 보아 비과세 여부를 판정함

● 동거봉양합가 후 별도 세대로 분가했다가 재합가한다면?

F씨는 2001년부터 부모님을 모시고 살았습니다. F씨와 어머니 각각 주택을 가지고 있는 상태였습니다. 그러다 2009년 10월 부모님과의 불화로 세대분리를 했다가, 2개월 만인 2009년 12월에 재합가를 했습니다. 2014년 아파트를 양도했는데, 재합가한 시점부터 다시 기산해 비과세 적용이 가능할까요?

이에 대해 처분청은 세대분리 후 재합가 기간이 짧아 일시퇴거로 보아 2001년부터 동거봉양합가 기간을 기산해 과세했습니다. 그러나 조세심판원에서는 2009년 12월 재합가일을 동거봉양합가 기산일로 보아 비과세를 인정했습니다.

조심2016서1393, 2016.07.04
처분청은 쟁점세대분리기간이 일시퇴거한 기간이라는 의견이나, 청구인은 2001년 ○○○와 세대를 합쳤다가 2009.10.20. 분가한 사실이 주민등록상 나타나는 반면, 쟁점세대분리기간 중에 청구인이 어머니와 실제로 동거하였다는 사실은 확인되지 않는 점, 쟁점세대분리기간이 어떠한 이유로 일시적 퇴거에 해당하는지를 처분청이 구체적으로 입증하지 못하고 있는 점 등에 비추어 <u>재합가일인 2009.12.18.은 별도 세대인 상태에서 직계존속을 동거봉양하기 위해 합가하였다고 보는 것이 타당하다.</u>
따라서 쟁점아파트의 양도는 1주택을 보유하고 있는 청구인이 1주택을 보유하고 있는 60세 이상의 직계존속을 동거봉양하기 위하여 세대를 합침으로써 1세대가 2주택을 보유하게 되었다가 합친 날부터 5년 이내에 먼저 양도하는 경우에 해당하므로 '소득세법,제89조 제1항 제3호 나목 및 같은 법 시행령 제155조 제4항의 1세대 1주택의 특례에 해당한다고 할 것이어서 처분청이 청구인에게 한 양도소득세 부과처분은 잘못이 있다고 판단된다.

❯ 동거봉양합가 후 상속이 발생한다면?

아버지와 G씨는 각각 1주택을 보유하고 있는 상황입니다. 2020년부터 부모님을 모시고 살고 있다가 2024년 아버지가 돌아가셨습니다. 이 경우도 동거봉양 양도세 비과세 적용이 가능할까요? 이처럼 합가 후 직계존속이 사망한다면 상속주택을 누가 받느냐에 따라 비과세 내용이 달라집니다.

먼저 사망한 직계존속의 배우자가 받을 경우(어머니가 상속주택을 받는 경우) 동거봉양 비과세는 유지되어 합가일로부터 10년 이내에 먼저 양도하는 주택에 대한 비과세가 가능합니다.

그러나 직계비속이 상속으로 주택을 받을 경우(자녀가 상속주택을 받는 경우) 동거봉양 비과세 특례를 적용받을 수 없습니다. 다만 이때는 상속주택특례규정이 적용되어 상속개시 전부터 보유하던 일반주택을 먼저 양도하는 경우 비과세가 가능하며, 합가일로부터 10년 이내라는 기한 제한은 없어지게 됩니다.

기획재정부 재산세제과-1082, 2006.08.30

직계존속 동거봉양 목적으로 세대합가한 1세대 2주택자가 그 합가

일로부터 2년 이내에 직계존속이 사망한 경우, 본인 주택과 <u>직계비속</u>

<u>세대가 상속받은 직계존속 소유주택은 1세대 2주택의 비과세 특례가</u>

<u>적용되나, 본인세대가 상속받은 직계존속 소유주택은 비과세 특례가</u>

<u>적용되지 않음</u>

2주택 비과세(상속)
부모님이 물려준 주택을 활용한 절세법

맞벌이 부부 A씨는 열심히 종잣돈을 모으고 대출을 받아 서울에 집 한 채 마련해 살고 있습니다. 그러던 중 갑작스럽게 부모님이 사망해 서울에 있는 부모님 명의 빌라를 상속받았습니다. 갑자기 생긴 상속주택 때문에 내 집을 팔 때는 비과세 받을 수 없는 걸까요?

상속주택, 이것부터 확인하자

▶ 상속주택이 있는 경우 매도순서가 중요하다

A씨 사례처럼 주택 한 채를 힘겹게 마련한 상태에서 부모님의 유고로 주택을 상속받게 되어 양도세가 중과된다면 억울하게 느껴

질 수 있습니다. 상속주택은 상속인의 의지와 관계없이 취득한 주택이기 때문에, 세법에서는 상속일 현재 기존에 보유하던 주택(2년 이상 보유 요건, 취득 당시 조정대상지역이었다면 2년 거주 요건도 필요)을 양도할 경우, 상속주택은 없는 것으로 보아 1세대 1주택 비과세(양도가액이 12억 원 이하일 경우)를 적용받을 수 있는 특례규정을 만들어 놓았습니다(이하 상속주택특례규정). 이때 상속받은 주택을 먼저 양도하면 비과세 받을 수 없기 때문에 반드시 매도순서를 지켜야 합니다.

◉ 상속개시 당시 별도 세대인지 동일 세대인지 파악하자

상속주택특례규정을 적용받기 위해서는 상속개시 당시 별도 세대원이어야만 합니다. 피상속인과 상속인이 동일 세대인 경우에는 상속주택특례규정을 적용할 수 없습니다.

◉ 동일 세대원으로부터 상속받은 주택의 양도 시

상속으로 인한 상속주택특례규정은 동일 세대원일 경우 적용되지 않습니다. 동일 세대원으로부터 상속받은 경우의 1세대 1주택 비과세 판단 시 동일 세대원의 보유 기간과 거주 기간은 통산해 판단합니다(조심2012서5095, 2013.04.24). 다만 상속주택의 장기보유특별공제는 동일 세대원의 보유 기간을 통산하지 않고, 상속개시일부터 적용합니다(서면2015-부동산0071, 2015.03.11).

즉, 동일 세대원으로부터 상속받은 상속주택이 12억 원을 넘는 고가주택이라면, 먼저 12억 원 비과세 요건을 판단할 때의 보유 기간과 12억 원 초과분에 대한 양도차익에 대한 장기보유특별공제를 적용할 때의 보유 기간 적용방법이 다르다는 것을 주의해야 합니다. 자세한 내용은 '동일 세대원으로부터 취득한 주택 비과세' 내용을 참고하기 바랍니다.

상속주택 Q&A

Q 상속받은 주택을 멸실하고 새로운 주택을 신축했을 때, 상속주택으로 인정할까?

기존의 상속주택을 멸실하고 새로운 주택을 신축한다면 주택의 규모나 크기가 달라졌어도 세법에서는 동일한 주택으로 간주해, 상속개시 당시 보유하던 일반주택을 양도할 경우 상속주택특례 규정을 적용하고 있습니다. 집행기준에도 다음과 같이 이야기합니다.

89-155-10 상속주택을 멸실하고 새로운 주택을 신축한 경우

상속받은 주택을 멸실하고 새로운 주택을 신축한 경우 그 신축주택은 상속받은 주택의 연장으로 보아 1세대 1주택 비과세 특례규정을 적용한다.

Q 상속주택이 여러 채 있다면?

만약 상속주택이 2채 또는 그 이상일 경우, 이때도 동일하게 보유주택 매도 시 모든 상속주택을 없는 것으로 보아 비과세를 적용해줄까요? 그렇지는 않습니다. 세법에서는 상속주택이 여러 채라면 한 채만 인정해주고, 나머지는 후순위 상속주택으로 보아 일반주택으로 분류합니다.

그럼 여러 채의 주택 중 선순위 상속주택은 어떻게 판단할까요? 세법에서는 다음 순서로 선순위 상속주택을 정의하고 있습니다.

1순위 피상속인이 가장 오래 보유한 주택

2순위 피상속인의 거주가 가장 긴 주택

3순위 피상속인이 상속개시 당시 거주한 주택

4순위 기준시가가 가장 큰 주택

5순위 상속인이 선택

Q 상속주택을 공동으로 받는다면 어떻게 될까?

자녀 3명이서 상속주택을 공동으로 받는다면, 이를 공동상속주택이라 합니다. 이 경우 세법에서는 가장 큰 지분을 받은 상속인이 세법상 상속주택을 취득한 것으로 보고, 그 외의 상속인은 소수지분을 취득한 것으로 봅니다. 만일 모두 동일한 지분을 받는다면 다음의 순서에 해당하는 자가 세법상 상속주택을 취득한 것으로 봅니다.

① 당해주택에 거주하는 자   ② 최연장자

Q 협의분할이 안 되어 등기되지 않은 상속주택의 소유자는 누구일까?

상속이 개시되면 상속인들 간 협의해 재산을 분배하게 되어 있습니다. 하지만 이해관계가 얽히다 보면 상속세 신고기한까지 재산분할 협의가 되지 않아 등기이전이 안 되는 경우가 있습니다. 이때 협의가 끝날 때까지 상속주택을 주택에서 제외해줄까요?

그렇지는 않습니다. 세법에서는 등기 여부와 상관없이 상속인의 법정상속지분만큼 주택을 상속받은 것으로 보아 주택수에 포함시키고 있습니다.

Q 사위 또는 며느리가 받은 상속주택도 양도세 혜택을 받을 수 있을까?

아들 명의 집이 한 채 있는 상황에서, 아버지의 유증으로 아버지 명의 주택을 아들과 며느리가 50%씩 상속을 받았습니다. 이때 아들 명의 집을 팔면 비과세 받을 수 있을까요?

앞에서도 이야기한 것처럼 상속되는 시점을 우리가 정할 수 없기 때문에, 세법에서도 이 부분을 인정해 예외규정을 두어 혜택을 주고 있습니다. 다만 상속인이 아닌 자가 유증에 의하여 재산을 취득하는 경우, 이는 당사자의 의사와 무관하게 이루어지는 상속과 달리 당사자 간의 의사에 의한 것으로 보아(조심2012중145, 2012.07.18) 세법상 상속주택으로 인정하지 않고 있습니다.

상속주택 소수지분자의 절세법

⊙ 일반주택 양도 시

세법상 상속주택을 받은 경우와 동일하게 이 경우도 일반주택 양도 시 상속주택 소수지분은 없는 것으로 보아 1세대 1주택 비과세를 적용받을 수 있습니다.

⊙ 상속주택 양도 시

세법상 상속주택이라 불리는 최대지분을 받지 못한 상속인의 상속주택 소수지분을 양도할 경우 조정대상지역 여부와 기간에 상관없이 다주택자 중과세율을 적용받지 않습니다.

⊙ 추가 취득으로 공동상속주택 최대지분이 되었다면?

이 경우는 다시 2가지로 나누어 생각해볼 수 있습니다.

① 공동상속주택 소수지분(30%) → 최대지분(60%)

상속개시 당시	현재
배우자 40%	배우자 40%
자녀1 30%	자녀1 60%(자녀2로부터 30% 수증)
자녀2 30%	

② 공동상속주택 소수지분(40%) → 단독소유(100%)

상속개시 당시	현재
배우자 60%	
자녀1 40%	자녀1 100%(모로부터 60% 수증)

①의 사례를 보겠습니다. 부친 사망 당시 상속인들 간 분할로 자녀1은 공동상속주택 소수지분(30%)을 상속받았으나, 그 이후 다른 상속인으로부터 증여받아 최대지분자(60%)가 된 상태에서 상속개시 당시 보유 중이던 일반주택을 양도할 경우 세금은 어떻게 될까요? 이 경우 "공동상속주택 소유자 판정은 상속개시일을 기준으로 하고, 그 이후 증여 등으로 지분비율이 변경된다 하더라도 새로 취득하는 주택으로 보지 않는다."라고 말하고 있습니다.

②처럼 공동으로 주택을 상속받은 이후 소유 지분이 가장 큰 상속인이 아닌 상속인이 다른 상속인의 소유 지분을 추가로 취득해 공동으로 상속받은 주택을 단독으로 소유한 경우, 해당 주택은 비과세 특례규정이 적용되는 공동상속주택으로 보지 않는다고 세법에서는 이야기하고 있습니다. 따라서 자녀1이 일반주택을 양도한다면 1세대 1주택 비과세를 적용받을 수 없게 됩니다.

2주택 비과세(농어촌주택)
귀농, 귀촌을 생각한다면
반드시 알아야 할 절세 포인트

도시에서의 복잡한 일상, 혼잡한 교통, 스트레스에 지쳐 은퇴 후에는 농어촌주택을 구입하고 귀농, 귀촌을 하고 싶어하는 사람들이 많아지고 있습니다. 도시에서의 소란에서 벗어나 농촌의 평화로운 삶을 꿈꾸죠. 퇴직을 1년 앞둔 H씨, 서울에서 근무하며 집을 마련했지만 퇴직 후 귀촌을 위해 충북 음성에 농어촌주택을 구입하고자 합니다. 농어촌주택은 주택수에서 제외된다고 들었는데, 그럼 서울 집은 비과세가 맞는 걸까요? 이때 세법상 반드시 알아야 하는 것이 농어촌주택에 대한 비과세 특례규정입니다.

농어촌주택, 고향주택 비과세 특례요건
(「조세특례제한법」 제99조의4)

● 취득기간

2003년 8월 1일(고향주택은 2009년 1월 1일)부터 2025년 12월 31일까지의 기간 중에 농어촌주택을 취득(자기가 건설해 취득한 경우를 포함)해야 합니다.

● 보유요건

농어촌주택을 3년 이상 보유하고 일반주택을 양도해야 합니다. 이때 비과세 특례를 적용받기 위해서는 일반주택을 취득한 후 농어촌주택을 취득해야 하며, 2003년 8월 1일 이후 농어촌주택을 취득해야 합니다. 따라서 농어촌주택을 일반주택보다 먼저 취득했다면 다른 요건을 충족하더라도 일반주택 양도 시 비과세 특례를 적용받을 수 없습니다.

그럼 농어촌주택을 보유한 지 3년이 지나기 전에 일반주택을 먼저 팔아도 비과세 받을 수 있을까요? 가능합니다. 다만 사후관리규정으로 농어촌주택을 3년 이상 보유하지 않을 경우 비과세 받은 세금을 추징당할 수 있습니다.

⊙ 가액요건

취득 당시 주택 및 부수토지의 기준시가가 3억 원(한옥은 4억 원) 이하인 주택만 농어촌주택으로 인정받을 수 있습니다. 취득일 이후 농어촌주택을 증축하거나 부수토지를 추가로 구입했다면 증가한 면적의 가액을 포함해 판단해야 합니다.

⊙ 규모기준

취득하는 농어촌주택의 대지면적이 $660m^2$ 이내여야 합니다.

⊙ 지역요건

농어촌주택의 경우 수도권, 도시지역, 조정대상지역, 토지거래허가구역, 관광단지지역을 제외한 읍·면 지역만 해당됩니다. 따라서 취득 당시 조정대상지역에 소재했다면 이후에는 양도일 현재 조정대상지역에서 해제되었더라도 비과세 적용이 불가능합니다.

△접경지역을 제외한 수도권지역 △「국토의 계획 및 이용에 관한 법률」 제6조에 따른 도시지역 △「주택법」 제63조의2에 따른 조정대상지역 △「부동산 거래신고 등에 관한 법률」 제10조에 따른 허가구역 △「관광진흥법」 제2조에 따른 관광단지 등 부동산 가격 안정이 필요하다고 인정된 지역을 제외한 지역

고향주택의 경우 수도권, 조정대상지역, 그 밖에 관광단지 등 부동산 가격안정이 필요하다고 인정되는 지역을 제외한 시 지역의 고향에 소재한 주택을 의미합니다.

고향주택 소재지역 범위

구분	시(25개)
충청북도	제천시
충청남도	계룡시, 공주시, 논산시, 당진시, 서산시
강원도	동해시, 삼척시, 속초시, 태백시
전라북도	김제시, 남원시, 정읍시
전라남도	광양시, 나주시
경상북도	김천시, 문경시, 상주시, 안동시, 영주시, 영천시
경상남도	밀양시, 사천시, 통영시
제주도	서귀포시

※ 이 표는 「통계법」 제18조에 따라 통계청장이 통계작성에 관하여 승인한 주민등록인구 현황 (2015년 말 주민등록인구 기준)을 기준으로 인구 20만 명 이하의 시를 열거한 것임

▶ 소재요건

일반주택과 농어촌주택이 가까운 곳에 위치해도 특례가 인정되지 않는다는 점도 주의해야 합니다. 따라서 농어촌주택과 일반주택이 같은 읍·면 또는 연접한 읍·면에 있으면 비과세 특례 대상에서 제외됩니다.

앞서 이야기했던 H씨의 경우는 읍·면 지역이 아닌 군지역이기 때문에 세법에서 열거하고 있는 농어촌주택에 해당하지 않습니다. 따라서 서울 주택을 일시적 2주택 비과세기간을 지나서 양도할 경우 비과세 적용이 불가능하게 됩니다.

농어촌주택 비과세 특례요건
(「소득세법 시행령」 제155조의7)

농어촌주택과 일반주택을 국내에 각각 한 채씩 소유하고 있는 1세대가 일반주택을 양도하는 때는 국내에 1개의 주택만을 소유하고 있는 것으로 보아 1세대 1주택 양도소득세 비과세 적용이 가능합니다.

이때 농어촌주택은 서울특별시, 인천광역시, 경기도 외의 지역 중 읍·면 지역(도시지역 제외)에 소재하는 주택으로서 다음 중 어느 하나에 해당하는 주택을 의미합니다.

① 상속받은 주택(피상속인이 취득 후 5년 이상 거주한 주택에 한함)

② 이농인(어업인 포함)이 취득 후 5년 이상 거주한 이농주택

③ 영농 또는 영어의 목적으로 취득한 귀농주택(귀농주택 취득일로부터 5년 내 일반주택을 양도하는 경우에 한함)

이농주택과 귀농주택

이농주택: 영농 또는 영어에 종사하던 자가 전업으로 인하여 다른 시·구(자치구)·읍·면으로 전출함으로써 거주자 및 그 배우자와 생계를 같이하는 가족 전부 또는 일부가 거주하지 못하게 되는 주택으로서 이농인이 소유하고 있는 주택을 의미합니다.

귀농주택: 영농 또는 영어에 종사하고자 하는 자가 취득(귀농 이전에 취득한 것을 포함)하여 거주하고 있는 주택으로서 다음의 요건을 모두 갖춘 주택을 말합니다.

① 취득 당시 고가주택(현행 12억 원)에 해당하지 않을 것

② 대지면적이 660제곱미터 이내일 것

③ 영농 또는 영어의 목적으로 취득하는 것으로서 다음 어느 하나에 해당할 것

　가. 1,000제곱미터 이상의 농지를 소유하는 자 또는 그 배우자가 해당 농지소재지에서 취득하는 주택일 것

　나. 1,000제곱미터 이상의 농지를 소유하는 자 또는 그 배우자가 해당 농지를 소유하기 전 1년 이내에 해당 농지의 소재지에서 취득하는 주택일 것

　다. 어업인이 취득하는 주택일 것

④ 세대 전원이 이사(취학, 근무상의 형편, 질병의 요양 등)하여 거주할 것

※ 주말농장용 농어촌주택은 귀농 등 주택에 해당하지 않음
(재일46014-913, 1995.04.12)

토지의 구분

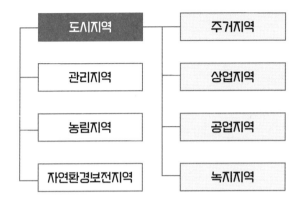

⊙ 농어촌주택 비과세 받고 싶다면 도시지역을 반드시 확인하자

전국토지는 도시지역, 관리지역, 농림지역, 자연환경보전지역으로 구분됩니다. 그리고 도시지역은 다시 주거지역, 상업지역, 공업지역, 녹지지역 4개로 나뉩니다.

여기서 도시지역은 대도시, 수도권 이런 의미와는 달리, 주택들이 모여 있는 곳은 대부분 주거지역으로 도시지역에 해당합니다. 지방의 ○○읍 ○○면 ○○리도 해당될 수 있습니다. 즉, 지방에 있는 주택이라고 무조건 농어촌주택으로 봐서 1세대 1주택 비과세에 빠지는 것은 아닙니다.

카카오맵에서 도시지역 확인하기

   그렇다면 도시지역은 어떻게 확인할까요? 도시지역을 확인
하려면 토지이용계획원을 발급받아볼 수도 있고, 카카오맵을 통
해서도 확인이 가능합니다. 지적편집도를 클릭하면 지도에서 쉽
게 용도지역을 확인할 수 있습니다. 제1종일반주거지역으로 되
어 있는 파란색 부분은 주거지역, 즉 도시지역에 해당하는 지역
입니다.

오피스텔 절세
오피스텔에 투자한다면
반드시 알아야 할 세금 이슈

노후의 안정적인 월세를 받기 위해 많이 생각하는 것이 바로 오피스텔입니다. 오피스텔 투자를 통해 꾸준한 임대료를 받기 위함이죠. 오피스텔은 「건축법」상 업무시설에 해당합니다. 다만 「건축법」상 업무시설이라고 해도 주택 용도로 임대할 수도 있고 업무 용도로 임대할 수도 있는데, 이에 따라 여러 세금 문제가 발생할 수 있습니다.

⊘ 업무용으로 임대 시

오피스텔을 업무용으로 임대하는 경우 부가가치세 과세사업자에 해당하므로, 사업자등록이 필수입니다. 사업자등록 신청은 사업개시일로부터 20일 이내에 해야 합니다. 이때 사업개시일을 부동산취득 시기인 잔금지급일이나 등기접수일로 착각하는 경우가 있는데, 분양계약일입니다. 부가가치세는 분양계약금부터 발생하기 때문에 계약일로부터 20일 이내에 사업자등록을 해야 계약단계부터 발생한 부가가치세를 돌려받을 수 있습니다.

오피스텔을 분양받고 「부가가치세법」상 일반과세자로 사업자등록을 한다면 부가가치세 신고를 통해 부담한 부가가치세액(건물분의 10%)을 돌려받을 수 있습니다. 이때 주의해야 할 점이 하나 있습니다. 연간 임대료가 4,800만 원에 미달하면 세무서에서 직접 일반과세자를 간이과세자로 바꾸는 경우가 발생하는데, 이렇게 되면 당초 분양받을 때 환급받은 부가가치세의 대부분을 다시 추징당할 수도 있습니다. 따라서 과세유형 변경 통지를 받는다면 '간이과세 포기 신고'를 통해 일반과세자를 유지해야 불이익을 당하지 않습니다.

⊘ 주거용으로 임대 시

주택임대는 부가가치세 면세대상이므로 「부가가치세법」상 사업

간이과세자 vs. 일반과세자 『부가가치세법』상 차이

간이과세자는 개인사업자 중 연간 매출액(부가가치세 포함)이 1억 400만 원이 되지 않는 소규모 사업자를 말합니다(단, 부동산임대업은 4,800만 원). 간이과세자는 세금계산서 발행의무가 면제되고, 부가가치세율도 업종별로 1~3%로 낮게 적용됩니다. 일반사업자는 세금계산서 발행 의무가 있고, 부가세율도 10%로 높게 적용됩니다.

만약 오피스텔을 2억 원(토지분 1억 원, 건물분 1억 원)에 분양받고 월 임대료 100만 원, 보증금 5천만 원을 받고 임대해준다고 할 때 간이과세자와 일반과세자 중 무엇이 유리할까요?

(단위: 원)

구분	일반과세자	간이과세자
연임대료수익	12,000,000	12,000,000
보증금에 대한 간주임대료 수익 (2024년 간주임대료이자율 3.5%가정)	1,750,000 (=50,000,000×3.5%)	1,750,000 (=50,000,000×3.5%)
부가세 과세표준	13,750,000	13,750,000
세율	10%	업종별 부가가치율 40%×10%
매출세액	1,375,000	550,000
매입세액	0	0
납부할 세액	1,375,000	550,000
건물분 부가세 조기 환급분	(10,000,000)	

※ 매입세액은 없다고 가정

오피스텔 임대료 수익으로 발생하는 부가가치세만 보면 간이과세자가 더 유리할 수 있습니다. 하지만 분양 당시 일반과세자는 건물분에 대해 부가세를 10% 환급을 받을 수 있기 때문에 일반과세자가 더 유리하다고 볼 수 있습니다.

자등록을 할 필요는 없습니다. 대신 매년 초에 매출 등을 보고하는 면세사업장 현황신고 대상이 됩니다. 간혹 오피스텔을 업무용 부동산 임대로 사업자등록을 하고 실제 주거용으로 월세를 받는 경우가 있는데, 세무서에서 모른다고 생각하기 쉽습니다. 하지만 국세청은 임차인의 월세세액공제나 확정일자, 주민등록주소지 전입신고 등의 자료를 바탕으로 실제 거주용 임대 현황을 파악할 수 있으므로 주의해야 합니다.

취득세

오피스텔은 취득 당시 업무용인지 거주용인지 용도가 불분명한 경우가 많습니다. 따라서 오피스텔 자체를 취득하는 경우, 설령 거주용으로 사용하려는 의도라 하더라도 일반 부동산을 취득하듯이 4.6%의 취득세율이 적용됩니다. 다만 세법개정으로 2020년 8월 12일 이후 취득한 조합원입주권, 분양권, 주거용 오피스텔(주택분 재산세 부과대상)은 다른 주택의 취득세 중과 여부 판단 시 주택수에 포함됩니다(단, 2020년 8월 12일 이전에 매매계약 또는 분양계약을 체결한 조합원입주권, 분양권, 오피스텔은 주택수에 포함하지 않음).

예를 들어보겠습니다. 현재 서울에 2채의 집을 가지고 있고, 강남역에 주거용 오피스텔을 구입하려고 할 때 취득세가 중과될까요? 사례처럼 주택 2채를 갖고 있고, 조정대상지역의 오피스텔을 취득하더라도 중과세율이 아닌 4.6%의 단일세율을 적용받게 됩니다. 하

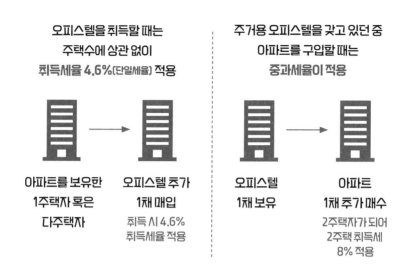

오피스텔을 취득할 때는
주택수에 상관 없이
취득세율 4.6%(단일세율) 적용

주거용 오피스텔을 갖고 있던 중
아파트를 구입할 때는
중과세율이 적용

아파트를 보유한
1주택자 혹은
다주택자

오피스텔 추가
1채 매입
취득 시 4.6%
취득세율 적용

오피스텔
1채 보유

아파트
1채 추가 매수
2주택자가 되어
2주택 취득세
8% 적용

현행 다주택자에 대한 취득세 중과 세율

구분	1주택	2주택	3주택	4주택 이상 법인
조정대상지역	1~3%	8%	12%	12%
비조정대상지역	1~3%	1~3%	8%	12%

지만 반대의 경우에는 조심해야 합니다. 즉, 2020년 8월 12일 이후 취득한 오피스텔을 주거용으로 사용하는 상황에서 조정대상지역의 아파트를 추가로 매수하게 된다면 2주택자는 8%, 3주택자의 경우에는 12%의 중과세율이 적용될 수 있기 때문입니다.

2021년 이후 취득한 아파트의 분양권은 취득세 중과를 판단할 때 주택수에 포함되지만, 오피스텔 분양권은 취득 시기에 관계없이 다른 주택의 취득세 중과 여부 판단 시 주택수에 포함되지 않습니다.

보유세

▶ 재산세

재산세는 매년 6월 1일자로 보유하는 사람에게 부과되는 세금입니다. 오피스텔은 건축물관리대장상 업무시설로 되어 있는 오피스텔도 실제로는 주거용으로 사용하기도 하죠. 다만 재산세를 부과하는 지방자치단체에서는 해당 호실에 대한 입주자의 주민등록전입 여부로 주거용인지 업무용인지 판단합니다. 전입신고가 되어 있는 경우에는 주거용으로, 그렇지 않은 경우에는 업무용으로 간주해 재산세를 부과합니다.

그렇다면 주거용과 업무용 재산세의 차이는 어느 정도일까요? 재산세는 공시지가를 기준으로 과세합니다. 통상 주택 재산세 과세표준은 '고시가격×공정시장가액 비율(60%)'을 적용하며, 상가 재산세 과세표준은 '고시가격×공정시장가액 비율(70%)'로 계산합니다. 또한 재산세 과세표준에 따른 세율 역시 상이합니다.

예를 들어 고시가격 2억 원 오피스텔을 주거용으로 사용할 경우와 업무용으로 사용할 경우, 주택(주거용) 과세표준은 1억 2천만 원 (2억 원×60%)이고, 재산세는 15만 원(6만 원+6천만 원×1.5/1,000) 입니다. 상가(사무용) 과세표준은 1억 4천만 원(2억 원×70%), 재산세

재산세 과세표준: 주택

주택분 과세표준	세율
6천만 원 이하	1/1,000
1.5억 원 이하	6만 원+초과분 1.5/1,000
3억 원 이하	19.5만 원+초과분 2.5/1,000
3억 원 초과	57만 원+초과분 4/1,000

재산세 과세표준: 상가

상가분 과세표준	세율
2억 원 이하	2/1,000
10억 원 이하	40만 원+초과분 3/1,000
10억 원 초과	280만 원+초과분 4/1,000

는 28만 원(1억 4천만 원×2/1,000)으로 계산됩니다.

만약 주택분으로 재산세를 고지받고 싶다면 어떻게 해야 할까요? 재산세 과세기준일인 6월 1일 이전에 임차인이 전입신고를 하거나, 전입신고를 할 수 없는 경우에는 구청 세무과에 주거용 사용확인서와 오피스텔 내부 사진 등을 제출하는 방법으로 주택분으로 재산세를 부과받을 수 있습니다. 고지받은 건축분 재산세는 일단 납부한 후 재산세 고지서를 받은 날로부터 90일 이내 이의신청을 해사실상 사용을 주택으로 하고 있음을 입증해서 주택분 재산세로 경정을 받을 수 있습니다.

❯ 종합부동산세

종합부동산세 또한 매년 6월 1일자로 보유하는 사람에게 부과되는 세금으로, 재산세 부과 현황에 따라 주택 또는 업무용으로 나뉩니다. 재산세가 주택분으로 부과되었다면 종합부동산세도 해당 오피스텔의 공시가격만큼 다른 주택의 공시가격에 합산해 부과대상이 됩니다. 주택분 종합부동산세는 단독명의일 경우 12억 원 공제가 되고, 그 외에는 인당 9억 원 공제가 되므로, 공제금액을 초과하는 부분에 대해서 종합부동산세가 발생합니다.

만일 업무용으로 재산세가 건물분과 토지분으로 부과되었다면 건축물 부속토지 등의 토지 공시가격 합계에서 인당 80억 원이 공제되므로, 일반적으로 업무용 오피스텔에서는 종합부동산세가 발생하지는 않습니다.

❯ 종합소득세

오피스텔을 업무용으로 임대하는 경우 무조건 종합소득세 신고 대상이 됩니다. 다른 소득이 있다면 임대소득과 합산해 다음년도 5월 종합소득세 신고기간에 신고 및 납부를 해야 합니다. 오피스텔 임대소득 외 다른 소득이 많다면 세부담이 높을 수 있습니다.

주택용으로 임대하는 경우 부부합산 주택수를 계산해봐야 합니다. 부부합산 1주택을 보유한 자가 소유주택을 월세로 임대한 경우로서 고가주택(기준시가 12억 원 초과)이 아니라면 소득세 과세대상이 아니지만, 부부합산 2주택 이상을 보유한 자가 월세로 임대한 주택은 소득세를 신고·납부해야 합니다. 다만 연간 임대료가 2천만 원이하라면 타 소득과 합산하지 않고 분리과세(14%)를 선택해 신고가 가능합니다.

부부합산 3주택 이상이라면 전세 보증금[보증금 수입(이자율은 국세청장 고시, 무기장 시 차감 없음)=(주택보증금-3억 원)×60%×이자율(3.5%) - 보증금 예치 금융소득)]도 과세대상이 될 수 있습니다.

주택수에 따른 과세기준

주택수	과세 여부	비고
부부 1주택	분리과세	고가주택(기준시가 12억 원) 월세는 과세
부부 2주택	월세 과세	▸ 주택 임대수입 2천만 원 초과 – 타 소득과 합산해 과세 ▸ 주택 임대수입 2천만 원 이하
부부 3주택	월세 과세 전세보증금 과세	– 2014~2016년(3년간): 비과세 – 2017년 이후: 분리과세(15.4%)

※ 주택 전세보증금 과세는 1인당 3억 원 초과자부터 과세함
[소형주택(기준시가 2억 원 이하, 전용면적 40m² 이하)은 간주임대료 계산 시 주택수 제외]

※ 과세 여부 판정은 부부 기준이지만, 임대소득 계산은 개인별로 계산

양도소득세

양도소득세는 재산세나 종부세와 달리 실질을 중시합니다. 형식은 사무실이라 하더라도 실제 주거용으로 사용하고 있다면 주택 양도로 봅니다. 따라서 주거용으로 사용하던 오피스텔을 매도하거나 주거용 오피스텔을 보유한 상태에서 조정대상지역의 주택을 매도한다면 오피스텔이 주택수에 포함되어 양도소득세 중과가 될 수 있습니다. 하지만 업무용 오피스텔을 매도하는 경우 주택수에 포함되지 않기 때문에 2년만 보유한 후 매도한다면 일반세율을 적용받게 됩니다.

간혹 공실인 오피스텔은 주택이 아니라고 생각하기도 하는데, 공실 여부보다는 주거에 적합한 상태로 언제든 주거용으로 사용할 수 있다면 주택으로 보아 과세한 사례가 있으니 주의해야 합니다.

대법원 2019. 11. 28. 선고 2019두49816 판결
용도가 분명하지 않은 경우에는 공부상의 용도에 따르는 것이나 오피스텔의 구조나 기능이 본래 주거용으로서 주거용에 적합한 상태에 있고 주거 기능이 그대로 유지 관리되고 있는 경우에는 오피스텔이 일시적으로 공실이었다 하더라도 그 사용 용도가 불분명한 경우에 해당한다고 보기 어려우므로 주택으로 보는 것이 타당하다.

공부상 용도와 달리 실제 주거용으로 사용하고 있는 경우 주택 비과세를 받기 위해서는 실제 주거용으로 사용하고 있다는 것을 증빙할 수 있는 자료(전입신고 내역, 입주자 카드, 내부 사진, 관리비 내역 등)를 함께 준비해 양도소득세 신고를 하는 것이 좋습니다.

Q 업무용으로 사용하던 오피스텔, 비과세 받을 수 있을까?

J씨는 4억 원에 취득한 오피스텔을 사무실로 사용하다 2024년 2월부터 주거용으로 사용하기 시작했습니다. 그러다 2024년 9월 7억 원에 오피스텔을 양도했습니다. 양도 시점에 오피스텔 외 다른 주택이 없어서 별도 양도세 신고를 하지 않았습니다. 그런데 얼마 후 세무서로부터 양도세 미납 및 가산세까지 고지서가 왔습니다. 왜 그럴까요?

사무실로 사용하던 부동산을 주거용으로 용도변경해 사용하는 경우, 주택 비과세를 받기 위한 2년 보유요건은 최초 부동산을 취득한 시점이 아닌 주거용으로 사용한 날(또는 주택으로 용도변경한 날)부터 주택보유 기간을 계산해 1세대 1주택 비과세 적용 여부를 판단합니다. 따라서 J씨는 주거용 오피스텔로 변경한 날로부터 2년이 경과하기 전에 오피스텔을 양도했기 때문에 2년 보유요건을 충족하지 못해 1세대 1주택 비과세를 적용받을 수 없는 것이 맞습니다.

PART 2

금융상품
절세의 정석

사적연금과 IRP
절세와 노후 준비,
두 마리 토끼를 잡는 금융상품

60세 환갑잔치를 하던 시절에는 은행에만 돈을 맡겨도 이자가 10%씩 나와 별다른 투자활동을 하지 않아도 살아가는 데 큰 문제는 없었습니다. 자기가 번 돈으로 충분히 죽을 때까지 먹고살 수 있었으니까요.

현재는 과학과 의학의 발달로 인간의 수명이 100세를 바라보는 시대가 되었습니다. 하지만 안타깝게도 우리가 회사에 취업해서 일할 수 있는 나이는 55세 전후입니다. 보통 30세 전후로 취업하는 시대에 55세 퇴직한다면 25년 동안 번 돈으로 50년을 살아야 하는 시대인 것이죠. 따라서 취업하는 순간부터 우리는 은퇴 후의 삶을 체계적으로 준비해야 합니다. 매년 내야 하는 세금을 안 낼 수 있는 상품이 있다면, 해당 상품에 가입해 내가 불입한 원금과 세금을 함께 운용함으로써 자산을 축적해야 합니다.

연금저축상품을 활용한 절세

연금저축이란 정부가 노후생활자금을 마련하는 데 도움을 주기 위해 세제혜택을 지원하는 상품입니다. 연금저축은 소득이 없는 주부나 자녀 이름으로도 가입할 수 있습니다. 따라서 자녀에게 증여할 목적으로도 활용이 가능합니다.

연금저축은 연간 납입금액에 대해 최대 600만 원까지 12%세액공제혜택(총급여가 5,500만 원 이하인 경우 15%)이 있으며, 55세 이후

연금저축보험 vs. 연금저축보험

구분	연금저축펀드	연금저축보험
적립식 운영방식	투자실적에 따라 적립 (MMF형, 주식형, 혼합형, 채권형 등)	공시이율에 따라 적립 (시중금리, 자산운용수익률 연동)
사업비 부과방식	전체 적립금에 운용보수 1% 전후 부과 (적립금이 많을수록 비용 증가)	월 정액보험료에 사업비 4~10% 부과 (적립금 규모와 무관하게 사업비 동일)
연금 수령방식	확정지급형 연금 (생존리스크를 반영한 종신연금 불가)	종신연금, 확정지급형 연금 모두 가능 (종신연금으로 장수리스크 대응 가능)

연금으로 수령할 경우 3~5%의 저율의 연금소득세를 납부하는 구조입니다. 현재 가입할 수 있는 연금저축상품으로는 크게 연금저축보험, 연금저축펀드 2가지로 나누어 볼 수 있습니다.

연금저축보험은 금리연동형 상품인 데 반해, 연금저축펀드는 펀드, ETF, 리츠에 투자가 가능하지만 원리금 보장상품, ETN, 인프라펀드에는 투자가 불가능합니다. 다음에 이야기할 IRP와의 가장 큰 차이는 위험자산 투자한도가 없어 100%까지 투자가 가능하다는 점입니다(IRP는 적립금의 70%만 위험자산 투자 가능).

◉ 연금저축상품을 중도에 해지한다면

매년 세액공제를 받은 연금저축상품을 55세 이전에 중도해지하는 경우 세제혜택을 받은 납입금액과 운용수익에 대해 15%의 기타소득세가 부과됩니다.

대부분의 금융기관이 노후 대비 자금인 연금저축상품의 특성을 고려해 낮은 대출이자율의 담보대출제도를 운영하고 있으니 단기간에 필요한 생활자금 때문에 해지를 고려한다면 금융권 담보대출을 활용해보는 것도 좋은 방법이 될 수 있습니다.

또한 가입자의 사망·해외이주, 가입자 또는 부양가족의 3개월 이상 장기요양, 가입자의 파산선고 또는 개인회생절차 개시와 같이 부득이한 사유로 인해 연금계좌를 해지하는 경우에는 3~5%의 저율의 연금소득으로 과세하며 금액과 관계없이 무조건 분리과세를 적용해줍니다.

IRP를 활용한 절세

IRP(Individual Retirement Pension, 개인형 퇴직연금) 또한 개인 연금저축과 더불어 노후생활자금 지원을 위한 세제혜택이 있는 상품입니다. IRP는 근로소득자나 자영업자와 같이 소득이 있는 모든 사람과 퇴직급여를 수령해야 하는 사람이 가입할 수 있습니다.

IRP는 연간 최대 900만 원까지 납입한 금액에 대해 12%의 세액공제혜택(총급여 5,500만 원, 종합소득 4,500만 원 이하인 경우 15%)이 있습니다. 이때 세액공제는 연금저축과 각각 적용해주는 것이 아니라, 합산해 최대불입한도가 900만 원이 됩니다. 또한 IRP와 연금저축상품을 합산해 연간 납입한도는 1,800만 원을 넘길 수 없습니다. 따라서 두 상품을 같이 운용한다면 각각의 상품의 한도를 잘 분배하는 것이 중요합니다.

IRP와 연금저축의 세액공제

IRP 불입액	연금저축상품 불입액	세액공제 합계액
900만 원	900만 원	900만 원
300만 원	900만 원	900만 원
900만 원	0원	900만 원
0원	900만 원	600만 원

IRP는 현금성 자산, 증권사 ELB, 연금펀드, ETF 등 다양한 금융 상품에 투자가 가능하지만 위험자산의 경우 적립금의 최대 70%까지만 투자가 가능합니다. 이때 위험자산이란 주식 편입 비중이 40% 이상인 펀드, ETF, 하이일드채권펀드, 리츠 등을 말합니다.

● IRP도 중도인출이 가능할까?

연금저축상품이 자유롭게 중도인출이 가능한 것과는 달리, IRP는 법에서 인정한 사유 외에는 중도인출이 불가능하며, 인출 시 적용되는 세율도 조금씩 차이가 발생합니다.

100세 시대를 살아가야 하는 지금, 연금저축상품과 IRP 가입을 통해 소득이 상대적으로 높은 시기에는 세금을 납부하지 않고 매년 118만 8천 원(총 급여 5,500만 원, 종합소득 4,500만 원 이하는 148만 5천 원)을 돌려받고, 소득이 낮은 노후 시점으로 세금의 납부 시기를 늦출 수 있을 뿐만 아니라 저율의 연금소득 분리과세(3~5%)를 통해 큰 절세효과를 볼 수 있습니다.

다음 페이지 표에서 알 수 있듯이 연금저축은 부득이한 중도인출을 인정해주는 경우가 IRP에 비해서 많고 똑같은 이유더라도 IRP에 비해서 더 쉽습니다(의료비의 경우 연금저축 3개월, IRP 6개월).

● 의료비 지출이 커져서 돈이 필요하다면?

특히 노후에 필요한 것이 바로 의료비입니다. 의료비 측면에서는 연금저축과 IRP의 차이를 기억해둘 필요가 있습니다.

연금저축 vs. IRP 중도인출 사유 비교

구분	연금저축	IRP
연금소득세 [3.3~5.5%]로 중도인출 가능한 경우	3개월 이상 요양을 요하는 의료비 지출	6개월 이상 요양을 요하는 의료비 지출 [연간 임금총액의 12.5% 초과]
	개인회생, 파산선고	개인회생, 파산선고
	천재지변	천재지변
	연금가입자의 사망, 해외이주	해당없음
	연금사업자의 영업정지, 인가취소, 파산	
기타소득세 [16.5%]로 중도인출이 가능한 경우	본인이 희망하면 언제든지 가능	무주택자 주택구입, 전세보증금
		사회적 재난[코로나19로 인한 15일 이상의 입원치료]
		그 외는 모두 불가능. 전체 해지만 가능

　　연금저축은 3개월 이상의 요양을 요구하는 의료비로서 다음의 적용범위 내에서는 3~5% 저율의 연금소득세만 내고 인출할 수 있습니다.

연금소득세로 인출할 수 있는 금액 한도

의료비 + 간병인 비용 + [월휴직월수 × 150만 원] + 200만 원

예를 들어 의료비가 2천만 원, 간병인 비용 900만 원, 3개월간 휴직을 했다면 3,550만 원(2천만 원+900만 원+450만 원+200만 원)을 연금소득세만 내고 출금할 수 있습니다.

　IRP는 연금저축과는 다르게 6개월 이상의 요양을 요하는 의료비 지출이 있어야 하며, 그 비용이 연간 임금총액의 12.5%를 초과해야 신청할 수 있습니다. 예를 들어 연봉이 5천만 원인 직장인이라면 6개월 이상의 요양을 해야 하는 비용이 5,625만 원을 초과하지 못한다면 연금소득세로 중도인출을 할 수 없습니다. 다만 인출 시점에 근로소득이 없는 경우는 임금총액을 계산할 수 없기 때문에 6개월 이상의 요양 조건만 충족되면 중도인출이 가능합니다.

　연금저축과 IRP는 모두 훌륭한 절세상품입니다. 하지만 급할 때 돈을 빼서 쓴다는 측면에서 두 계좌는 차이가 있습니다. 연금저축 계좌는 언제든지 중간에 돈을 뺄 수 있고, 부득이한 경우로 인정되면 저율의 연금소득세만 내고 돈을 출금할 수 있습니다. 하지만 IRP는 중도인출 자체가 불가능하고 전체를 해지해야만 합니다. 부득이한 중도인출로 인정되는 경우도 연금저축에 비해서 제한적이기 때문에 두 상품의 절세효과가 동일하다 하더라도 나의 상황에 맞춰 적절한 포트폴리오를 구성할 필요가 있습니다.

연금저축상품과 IRP 장단점 비교

구분	연금저축	IRP
가입대상	대한민국 국민 모두	소득이 있는 자, 퇴직금 수령자
납입 한도	연간 1,800만 원(단, IRP의 경우 만기 ISA전환금은 한도 없음)	
세액공제 한도	최대 600만 원	최대 900만 원 + 만기ISA전환금액의 10% (최대 300만 원)
세액공제율	총급여 5,500만 원(종합소득 4,500만 원) 이하: 16.5% 총급여 5,500만 원(종합소득 4,500만 원) 초과: 13.2%	총급여 5,500만 원(종합소득 4,500만 원) 이하: 16.5% 총급여 5,500만 원(종합소득 4,500만 원) 초과: 13.2%
운용자산	펀드, ETF, 리츠 (원리금 보장상품, ETN, 인프라펀드 투자 불가)	은행 예금, 증권사 ELB, 연금펀드, ETF 등
위험자산 투자비중	제한 없음 (100%까지 투자가능)	적립금의 70%까지 투자 가능 안전자산 30%
예금자 보호	해당 없음	정기예금의 경우 5천만 원까지 예금자 보호 가능
수수료	별도 수수료 없음	계좌 관리 수수료 부과 (평균 0.2~0.5%) 비대면 가입 시 수수료 면제 또는 인하 혜택 가능
중도인출	가능	불가(단, 법에서 정한 인출 사유에 해당시 가능)

Q 사적연금을 많이 받으면, 국민연금 수령금액이 줄어들까?

그렇지 않습니다. 노령연금 수령 중 근로소득과 사업소득(부동산 임대소득 포함)이 있는 경우 지급금액은 감소할 수 있으나, 연금소득은 포함되지 않습니다.

ISA
투자를 한다면
꼭 가입해야 하는 절세상품

투자를 생각한다면 가장 먼저 생각할 상품이 바로 개인종합자산
관리계좌인 ISA(Individual Savings Account)입니다. 절세를 통해 재
산형성을 돕는 목적으로 제도화한 상품의 하나로 '분리과세금융소
득'에 속한다고 할 수 있습니다. 2016년 3월에 도입되어 하나의 계
좌에 예금·펀드(ETF, 리츠 포함)·주가연계증권(ELS) 등 다양한 금융
상품을 담을 수 있으며, 발생한 이자소득과 배당소득에 대해 비과세
혜택 등을 줍니다. 소득 유무 관련 없이 19세 이상인 국내 모든 거주
자와 15세 이상인 근로소득자가 가입할 수 있고, 매년 2천만 원까지
납입할 수 있으며, 의무보유기간은 최소 3년이며, 최대 누적 납입액
한도는 5년간 1억 원까지만 납입할 수 있습니다.

ISA 유형

가입 가능한 ISA 상품은 크게 3가지가 있습니다. 먼저 일임형은 직접 투자할 수 없고 금융기관에 모든 운용을 맡기는 펀드와 비슷한 상품으로, 운용보수와 수수료가 부과됩니다.

신탁형은 직접 투자상품을 선택할 수 있지만, 주식 개별 종목에 투자할 수 없습니다. 증권사가 마련한 펀드 또는 ETF를 직접 선택해 운용하는 방식이며, 개별 상품 수수료 외에 신탁 수수료가 발생합니다.

마지막으로 중개형은 모든 것을 자신이 결정하는 유형입니다. 모든 종류의 상품에 투자할 수 있지만 해외 주식에 직접 투자하는 방식은 불가능합니다. 하지만 요즘 미국 주식 투자자가 많아지는 추세

ISA 종류

구분	일임형	신탁형	중개형
투자가능 상품	펀드, ETF, 국내상장주식, 국내채권, 리츠, 파생결합증권(ELS 등)	펀드, ETF, 예금성 상품, 상장형수익증권, 파생결합증권(ELS 등)	
투자방법	일임하여 운용	투자 상품 직접 선택	
보수/ 수수료	개별상품보수+ 일임수수료	개별상품보수+ 신탁보수	개별상품보수

에 발맞추어 금융기관들이 나스닥 및 S&P 500 지수 추종 ETF들을 출시했기 때문에 해당 상품을 통해 ISA로 간접적으로 해외 주식 투자가 가능합니다.

ISA를 활용한 절세법

ISA의 가장 큰 장점은 절세와 과세이연입니다.

▶ 비과세

은행에 예금 혹은 적금을 하면 이자에 대한 소득세, 그리고 주식으로 배당을 받으면 배당 소득세 15.4% 원천징수 후 수익금액을 지급받습니다. 해당 금융소득이 연간 2천만 원을 넘고, 다른 소득이 있다면 높은 세율을 적용받아 더 많은 세금을 내야 할 수 있습니다. 다만 ISA를 통해서 예·적금 혹은 배당을 받으면 일반형 기준 200만 원까지 비과세 처리가 가능합니다.

즉, 일반형은 순이익 200만 원까지 비과세 혜택이 제공되며, 서민형과 농어민은 순이익 400만 원까지 비과세를 적용받습니다. 여기서 비과세 혜택은 매년 200만 원까지 비과세가 아니라, 만기가 되어 계좌를 해지하는 시점에 한 번만 비과세를 적용해줍니다.

ISA는 평생 1회만 만들 수 있는 것이 아닙니다. 만기가 3년인 상품이기 때문에, 3년에 한 번씩 비과세 혜택을 받고 다시 ISA를 개설해 3년을 유지하면 비과세 혜택을 다시 받을 수 있습니다.

▶ 저율과세

비과세 한도를 초과하는 이익이 발생했다면, 초과이익에 대해서는 15.4%가 아니라 9.9%의 낮은 세율을 적용받습니다.

▶ 분리과세

만기 해지 시 분리과세됩니다. 따라서 급여나 다른 소득과 합산되어 종합소득세나 금융소득 종합과세 같은 높은 세율의 세금을 적용받지 않습니다.

▶ 과세이연 및 손익통산

배당을 받거나 예금 이자를 받으면 매번 받을 때마다 세금을 적용받게 됩니다. 하지만 ISA에서 이자나 배당금을 받으면 만기 해지 때까지 세금을 내지 않고 과세를 이연시킬 수 있습니다. 그뿐만 아니라 ISA 내에서 손실과 이익이 함께 발생했다면, 손실금액과 이익을 통산할 수 있기 때문에 그만큼 세금을 줄일 수 있습니다.

▶ 건강보험료와 무관

현재 비과세 및 무조건 분리과세대상 소득은 건강보험공단으로 소득자료를 넘기지 않기 때문에 건강보험료에 영향을 주지 않습니다. 따라서 현재 피부양자로 되어 있다면 피부양자 자격유지를 위해 일반계좌보다는 ISA를 활용하는 것이 유리합니다.

손익통산을 통한 절세효과

구분	일반계좌	ISA
금융상품 투자 예시	[A상품] ETF +300만 원	[A상품] ETF +300만 원
	[B상품] ETF -300만 원	[B상품] ETF -300만 원
	[C상품] 정기예금 50만 원	[C상품] 정기예금 50만 원
과세방식	이익에만 과세[손실 무관]	순수익에만 과세[손익통산]
과세기준	350만 원	50만 원
비과세	없음	200만 원
과세대상	350만 원	50만 원
세율	15.4%	200만 원까지 비과세 200만 원 초과 시 9.9%
세금	539,000원	없음

건강보험료 피부양자 자격유지 요건

구분	현재
소득요건	[1] 종합소득금액 2천만 원 이하 [2] 2천만 원 미만이어도, 사업소득이 있는 경우[사업자등록 X: 500만 원까지, 사업자등록 O: 0원]
재산요건	[1] 재산세 과세표준 5.4억 원 이하 [2] 재산세 과세표준 5.4억~9억 원 & 종합소득금액 1천만 원 이하

ISA 가입 전 꼭 확인해야 할 사항

세제혜택이 있다고 무조건 가입하는 것은 좋지 않은 습관입니다. 가입 전 다음의 사항은 꼭 확인하기 바랍니다.

⊙ 3년 만기 필수

3년 안에 해지하면 세제 혜택은 받을 수 없고 일반과세가 되기 때문에 최소 3년 이상 가입이 가능한 자금만 운용하는 것이 좋습니다. 다만 법에서 정하는 부득이한 사유(사망, 해외이주, 천재지변, 퇴직, 사업장의 폐업, 3개월 이상의 입원치료 또는 요양을 필요로 하는 상해와 질병의 발생 등)에 해당된다면 3년의 의무가입기간 전에 중도해지가 가능합니다. 그러나 부득이한 사유에 해당하지 않더라도 해지는 가능합니다. 이때는 가입기간 동안 배당이나 이자소득 등 발생한 이익에 대해 15.4%의 원천징수 후 지급하며, 다른 불이익은 없습니다.

⊙ 해외 직접 투자 불가

ISA는 해외 직접 투자가 불가능하기 때문에, 미국 주식에 직접 투자하는 사람들에게는 큰 혜택이 없습니다. 그러나 해외(미국) ETF에 투자는 가능하기 때문에 비슷한 투자수익을 기대해볼 수는 있습니다.

● 운용 수수료

유형에 따라 운용 수수료가 있습니다. 직접 거래할 경우 거래 수수료만 내면 되지만, ISA는 '신탁 상품'이기 때문에 중개형 계좌로 거래해도 운용 수수료가 일부 발생합니다.

● 납입한도 1억 원

연간 최대 납입 가능 한도가 2천만 원이고, ISA에 최대로 납입 가능한 한도는 5년간 1억 원입니다.

ISA 가입 전 확인사항

유형	일반형	서민형	농어민
가입요건	만 19세 이상 또는 직전연도 근로소득이 있는 만 15~19세 미만 대한민국 거주자	직전연도 종급여 5천만 원 또는 종합소득 3,800만 원 이하 거주자	직전연도 종합소득 3,800만 원 이하 농어민 거주자
비과세 한도	200만 원	400만 원	400만 원
비과세 한도 초과 시	9.9% 저율 분리과세 적용		
의무가입기간	3년		
납입한도	연간 2천만 원, 최대 1억 원 (당해년도 미불입 납입한도는 다음 해로 이월 가능)		
중도인출	총 납입원금 내에서 횟수 제한 없이 중도인출 가능 (인출금액만큼 납입한도가 복원되지 않음)		

※ 직전 3개년도 중 1회 이상 금융소득종합과세 대상자는 제외

ISA 관련 2024년 세법개정안

⊙ 비과세 한도 확대(현재 200만 원 → 500만 원, 서민, 농·어민형은 1천만 원까지)

2025년 1월 1일 이후 가입하는 사람부터는 500만 원까지 발생한 수익금에 대해 비과세가 가능해질 예정입니다.

⊙ 납입 한도 확대(현재 연간 2천만 원 → 연간 4천만 원, 최대 2억 원까지)

그동안 연간 2천만 원까지 불입이 가능했다면, 이번 개정으로 연간 4천만 원까지 납입금액이 확대될 예정입니다. 그리고 5년간 연간 미납입한도가 있다면 이월해 추가납입이 가능합니다.

⊙ 국내투자형 ISA 신설(금융소득종합과세대상자도 가입 가능)

국내 상장주식 및 국내 주식형 펀드에 투자할 수 있는 국내투자형 ISA가 신설됩니다. 기존의 일반형 ISA와 둘 중 한 계좌 개설이 가능하며, 국내투자형 ISA는 기존의 금융소득종합과세자여서 가입이 불가능한 사람들 또한 가입이 가능하다는 장점이 있습니다. 다만 국내투자형 ISA에서 발생한 소득은 비과세는 없으며, 전액 14% 분리과세되는 상품(9% 분리과세가 아님에 유의)이라는 점이 기존의 ISA와 다른 점입니다.

ISA 관련 세법 개정안

(3) 개인종합자산관리계좌(ISA) 세제지원 확대

① 일반투자형 ISA 납입한도 및 비과세 한도 확대
(조특법 §91의18)

현 행	개 정 안
□ 개인종합자산관리계좌(ISA)에 대한 과세특례	□ **납입한도 및 비과세한도 확대** (일반투자형 ISA)
○ **(가입대상)** 15세 이상 거주자 (금융소득종합과세자* 제외)	
* 이자배당소득 합계액 2천만원 초과자	○ (좌 동)
○ **(운용자산)** 예·적금, 펀드, 국내상장주식, 채권 등	
○ **(납입한도)** 1억원(연 2천만원)	○ **2억원(연 4천만원)**
○ **(비과세한도˙)** 200만원 (서민·농어민형 400만원)	○ **500만원** (서민·농어민형 **1천만원**)
* 한도 초과분은 9% 분리과세	* (좌 동)

〈개정이유〉 국민 자산형성 및 자본시장 수요기반 확충 지원

〈적용시기〉 '25.1.1. 이후 납입하거나 비과세받는 분부터 적용

② 국내투자형 ISA 신설(조특법 §91의18, §129의2)

현 행	개 정 안
<신 설>	□ **국내투자형 ISA 신설***
	* 일반투자형과 국내투자형 중 1계좌 가입
	○ **(가입대상)** 15세 이상 거주자 **(금융소득종합과세자 포함)**
	○ **(운용자산) 국내상장주식, 국내주식형 펀드***
	* 국내주식 일정 비율(대통령령으로 위임) 이상 투자
	○ **(납입한도) 2억원(연 4천만원)**
	○ **(비과세한도˙) 1천만원**(서민·농어민형 **2천만원**)
	* 한도 초과분은 9% 분리과세
	- 단, 금융소득종합과세자는 비과세 없이 **14% 분리과세**

〈개정이유〉 국민 자산형성 및 자본시장 수요기반 확충 지원

〈적용시기〉 '25.1.1. 이후 가입하는 분부터 적용

보험과 절세
저축성보험
비과세 받기 위한 요건은?

　많은 고액자산가는 이자보다 절세에 더 큰 관심을 갖습니다. 비과세 상품을 활용해 종합소득세와 건강보험료 부담을 줄이는 것이고자 하는 것입니다. 이를 위해 대표적으로 활용하는 상품 중에 하나가 바로 저축성보험입니다.

　세법에서는 저축성보험을 10년 이상 유지하면 보험차익에 대해 비과세를 해주는 규정을 열거하고 있습니다. 세법상 저축성보험의 보험차익이란 보험금(만기 또는 보험계약기간 중에 받는 보험금, 해약환급금)에서 납입보험료를 뺀 금액으로, 그 보험금이 피보험자의 사망·질병·부상, 그 밖의 신체상 상해 또는 자산의 멸실 또는 손괴로 인하여 받는 보험금이 아닌 것을 의미합니다.

　다만 모든 저축성보험에 대해 비과세를 해주는 것이 아니라 일정한 요건을 갖춘 경우에만 비과세를 해주고 있습니다. 보험 가입시기별로 비과세 요건이 다르기 때문에 가입시기를 정확히 기억할 필요가 있습니다. 지금부터 살펴보는 내용은 2017년 4월 1일 이후 가입계약에 대한 비과세 요건입니다.

월적립식 저축성보험

🔵 10년 이상 유지 조건

최초 납입일로부터 만기일(중도해지일)까지의 기간이 10년 이상이어야 합니다. 따라서 10년 이내에 중도해지하는 경우 비과세를 적용받을 수 없습니다. 이때 말하는 10년 이상 유지조건은 가입일로부터 10년 경과 후에 보험금을 수령할 경우에만 비과세를 적용한다는 의미는 아닙니다. 보험 가입 후 10년 이전에 연금 등의 형태로 보험금을 수령하더라도 만기나 중도해지일까지의 기간이 10년 이상이면 비과세를 적용받을 수 있습니다.

재정경제부 소득세제과-156, 2005.04.25

저축성보험의 보험료를 일시납 등으로 납부하고 7년이 경과되기 전에 보험금을 연금식으로 지급받는 경우 최초 보험료를 납입한 날부터 만기일(중도해지일)까지의 기간의 7년 이상인 저축성보험의 보험차익은 소득세가 부과되지 않는 것임

🔸 최소 납입기간 5년 조건

최초 납입일로부터 납입기간이 5년, 즉 60개월 이상 보험료를 납입해야 비과세를 적용받을 수 있습니다. 만약 3년납 조건의 저축성보험을 가입했다면 이는 비과세를 적용받을 수 없습니다.

🔸 매월 기본보험료 균등조건

최초 납입일로부터 매월 납입하는 기본보험료가 균등해야 합니다. 다만 최초 계약한 기본보험료의 1배 이내 기본보험료 증액은 가능하며, 6개월 이내의 선납에는 비과세를 적용해줍니다.

🔸 월별 납입보험료 합계액 150만 원 이하 조건

2017년 4월 1일 계약건부터 매월 납입보험료 합계액이 150만 원으로 추가되었습니다. 최초 계약한 기본보험료의 2배 이내로 추가납입하는 경우를 포함하며, 월 보험료가 150만 원을 초과해도 연간 1,800만 원을 초과하지 않는다면 비과세를 적용받을 수 있습니다.

🔸 월납 150만 원 한도에서 제외되는 보장성보험

다음 조건을 모두 충족하는 보험계약은 월 150만 원 한도에서 제외합니다.

① 종신보험, 상해보험, 화재보험과 같은 보장성 보험

② 보험계약기간 중 특정 시점에 생존을 사유로 지급하는 보험금이 없을 것

과세관청은 명목상 종신보험과 같은 보장성보험이라 하더라도 사망이나 상해가 아닌 특정 시점에 생존을 원인으로 보험금을 받는다면 실질을 저축성보험으로 보아 150만 원 한도에 포함해 비과세를 판단하고 있습니다.

일시납 저축성보험

계약자 1인당 납입할 보험료의 합계액이 1억 원 이하이면서 10년을 유지한다면 해당 보험에서 발생한 보험차익은 비과세가 됩니다(단, 2013년 2월 15일부터 2017년 3월 31일까지 체결한 보험계약의 경우 2억 원까지 비과세 가능).

종신형 연금보험

종신형 연금보험은 납입기간, 납입금액에 상관없이 다음 5개 요건을 충족한다면 발생한 보험차익에 대해 한도없이 비과세를 적용받을 수 있습니다.

① 계약자가 보험료 납입 계약기간 만료 후 55세 이후부터 사망 시까지 보험금·수익 등을 연금으로 지급받을 것

② 연금 외의 형태로 보험금·수익 등을 지급하지 아니할 것

③ 사망 시 보험계약 및 연금재원이 소멸할 것

④ 계약자와 피보험자 및 수익자가 동일하고 최초 연금지급개시 이후 사망일 전에 중도해지할 수 없을 것

⑤ 매년 수령하는 연금액[연금수령 개시 후에 금리변동에 따라 변동된 금액과 이연(移延)하여 수령하는 연금액은 포함하지 아니한다]이 다음의 계산식에 따라 계산한 금액을 초과하지 아니할 것

$$\frac{연금수령\ 개시일\ 현재\ 연금계좌\ 평가액}{연금수령\ 개시일\ 현재\ 기대여명연수} \times 3$$

보험차익 비과세 요건

구분	저축성 보험	
	2017.03.31. 이전 체결	2017.04.01. 이후 체결
월적립식	① 10년 이상 유지 ② 납입기간 5년 이상	① 10년 이상 유지 ② 납입기간 5년 이상 ③ 1인당 총보험료 월 150만 원
종신형 연금수령	55세 이후 종신연금수령 사망 시 소멸	좌동
일시납	① 10년 이상 유지 ② 1인당 2억 원 한도	① 10년 이상 유지 ② 1인당 1억 원 한도

저축성 보험차익이 10년 이상 계약을 유지해야만 비과세가 되는 반면, 종신형 연금상품은 10년을 유지하지 않아도 비과세 받을 수 있는 것이 특징입니다.

보험 비과세는 각각 별도로 비과세 가능

월적립식 저축성보험 비과세 요건을 충족하지 못했더라도 일시납 저축성보험의 비과세 요건을 충족했다면 비과세가 가능합니다. 또한 종신형 연금조건을 충족하지 못했더라도, 일시납 및 저축성보험 비과세 요건을 충족한다면 비과세 받을 수 있습니다.

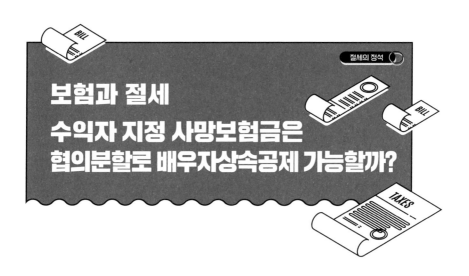

보험과 절세
수익자 지정 사망보험금은
협의분할로 배우자상속공제 가능할까?

피상속인인 아버지는 생전에 생명보험을 계약하면서 보험계약자와 피보험자를 피상속인으로 하고, 수익자를 아들로 지정했습니다. 아버지(피상속인)의 사망으로 상속이 개시되어 생명보험금은 지정된 수익자인 아들의 명의로 지급 예정입니다.

이때 피상속인의 배우자인 어머니가 지급 예정인 보험금을 공동상속인 간 협의분할 대상으로 보고 상속세 신고기한 이내에 배우자의 계좌에 전액 입금하는 경우, 해당 보험금을 배우자가 실제 상속받은 금액으로 보아 배우자상속공제를 적용받을 수 있다고 합니다. 정말 세금이 줄어들까요?

상속세를 줄일 수 있는 방법 중 하나가 바로 배우자상속공제를 활용하는 것입니다. 피상속인의 사망시점에 배우자가 상속받지 않더라도 살아있다면 최소 5억 원까지 공제해주며, 배우자가 실제로 받아간 금액이 있다면 그 금액을 법정상속지분을 한도로 공제받을 수 있기 때문에 최소 5억 원에서 최대 30억 원까지 상속세 없이 받을 수 있다고 이야기합니다. 이를 수식으로 표현하면 다음과 같습니다.

배우자상속공제 계산 방법

Max [Min (배우자 실제 상속분, 한도금액*, 30억 원), 5억 원]

* 한도금액 = ① 상속재산의 가액 × ② 배우자 법정 상속비율 −

③ 가산한 증여재산 중 배우자 증여재산 과세표준

사망보험금은 상속인의 고유재산

사망보험금은 사망을 원인으로 상속인이 받기 때문에 상속재산이라고 생각하는 사람이 많습니다. 하지만 대법원 판례를 보면 보험계약자가 피보험자의 상속인을 보험수익자로 해서 맺은 생명보험계약에 있어서 피보험자의 상속인은 피보험자의 사망이라는 보험사고가 발생한 때는 보험수익자의 지위에서 보험금을 청구할 수 있고, 이때 수익자가 상속인 중 특정인으로 지정되어 있다면 이는 '계약'에 의해 발생한 지정인의 고유재산이지 상속재산이 아니라고 판결합니다.

대법원 2020. 02. 06., 선고, 2017다215728, 판결

보험계약자가 피보험자의 상속인을 보험수익자로 하여 맺은 생명보험계약이나 상해보험계약에서 피보험자의 상속인은 피보험자의 사망이라는 보험사고가 발생한 때는 보험수익자의 지위에서 보험자에 대하여 보험금 지급을 청구할 수 있고, 이 권리는 보험계약의 효력으로 당연히 생기는 것으로서 상속재산이 아니라 상속인의 고유재산이다.

이때 보험수익자로 지정된 상속인 중 1인이 자신에게 귀속된 보험금 청구권을 포기하더라도 그 포기한 부분이 당연히 다른 상속인에게 귀속되지는 아니한다.

이런 판결을 근거로 이런 상황도 발생할 수 있습니다. 아버지가 은행에 빚을 많이 남기고 돌아가셔서 가정법원에 상속포기 신청을 했습니다. 추후 보험사를 통해서 아버지가 보험에 가입했고(계약자: 아버지, 피보험자: 아버지, 수익자: 아들), 사망보험금으로 5억 원이 지급될 예정이라고 연락이 왔습니다.

이미 상속포기를 했고, 아버지가 불입한 돈이기 때문에 못 받는 것은 아닐까 생각할 수 있습니다. 하지만 아버지의 사망이라는 법률원인으로 발생한 사망보험금의 경우 돈의 불입자가 아버지임에도 불구하고 사망이라는 사건 발생과 동시에 수익자인 아들의 고유재산이 됩니다. 따라서 상속포기와는 상관없이 수익자인 아들이 보험금을 수령할 수 있게 됩니다.

다만 「민법」상 상속재산으로 보지 않음에도 불구하고, 「상속세 및 증여세법」상 사망보험금 또한 상속재산에 포함되기 때문에 보험금을 수령한 아들은 상속세를 납부해야 합니다.

「상속세 및 증여세법」 제8조(상속재산으로 보는 보험금)

① 피상속인의 사망으로 인하여 받는 생명보험 또는 손해보험의 보험금으로서 피상속인이 보험계약자인 보험계약에 의하여 받는 것은 상속재산으로 본다.

② 보험계약자가 피상속인이 아닌 경우에도 피상속인이 실질적으로 보험료를 납부하였을 때는 피상속인을 보험계약자로 보아 제1항을 적용한다.

Q 특정인으로 지정된 사망보험금도 협의분할이 가능할까?

사망보험금은 원칙적으로 상속재산이 아니라 수익자의 고유재산이라고 이야기했습니다. 따라서 이는 민법에 따른 협의분할 대상이라고 할 수 없습니다. 처음 사례처럼 아들이 받은 사망보험금을 다른 상속인들과 협의분할에 의해 지정 수익자 외의 자가 분배받은 경우 증여세가 과세됩니다.

[제목] 수익자가 지정된 보험금의 상속시 협의분할 인정 여부

사전-2014-법령해석재산-20405(2015.07.13)

[요지] 보험계약자인 피상속인의 사망으로 인하여 수익자로 지정된

상속인(이하 "지정수익자"라 함)이 지급받는 생명보험금은 수익자의 고유재산에 해당하여 민법에 따른 협의분할 대상이 아니므로, 공동상속인 간의 자의적인 협의분할에 의하여 지정 수익자 외의 자가 분배받은 경우에는 증여세가 과세되는 것임

따라서 피상속인의 배우자에게 보험금을 이체하더라도 배우자 상속공제를 적용받는 것이 아니라, 증여세를 납부해야 하는 상황이 되어 더 많은 세금을 납부해야 할 수도 있습니다.

사망보험금은 유류분 반환청구대상일까?

유류분(遺留分)이란 상속재산 가운데, 상속을 받은 사람이 마음대로 처리하지 못하고 일정한 상속인을 위하여 법률상 반드시 남겨두어야 할 일정 부분을 말합니다(출처: 표준국어대사전). 「민법」은 유언을 통한 재산처분의 자유를 인정하고 있으므로 피상속인이 유언으로 타인이나 상속인 일부에게만 유증을 하면 상속인에게 상속재산이 이전되지 않을 수 있습니다.

그러나 상속재산처분의 자유를 무제한적으로 인정하게 되면 가족생활의 안정을 해치고, 피상속인 사망 후의 상속인의 생활보장이 침해됩니다. 이러한 불합리를 막고 상속인의 생활을 보장하기 위해 우리 「민법」은 유류분제도를 시행하고 있습니다.

◉ 유류분 권리자

유류분의 권리를 가지는 사람은 피상속인의 직계비속, 피상속인의 직계존속, 피상속인의 형제자매 또는 배우자인 상속인이며(「민법」제1112조), 태아 및 대습상속인도 유류분권이 있습니다(「민법」제1000조 제3항 및 제1118조). 그러나 상속을 포기한 사람은 상속인이 아니므로 유류분반환청구를 할 수 없습니다. 2024년 4월 25일, 헌법재판소는 형제자매에게 유류분을 규정한 부분이 피상속인, 수증자 및 수유자의 재산권을 침해한다는 이유로 단순위헌결정을 했습니다. 이 판결로 인해 형제자매는 유류분반환청구를 더 이상 할 수 없게 되었습니다(헌법불합치, 2020헌가4, 2024.04.25).

유류분 권리자의 유류분(「민법」 제1112조)

순서	유류분 권리자	유류분율
1	피상속인의 직계비속	법정상속분 × 1/2
2	피상속인의 직계존속	법정상속분 × 1/3

※ 피상속인의 배우자가 있는 경우에는 1순위 또는 2순위 유류분 권리자와 함께 유류분 권리를 갖게 되며, 그의 유류분율은 법정상속분의 1/2입니다.

◉ 유류분반환청구권

유류분 권리자가 피상속인의 증여 및 유증으로 인해 유류분에 부족이 생긴 때는 부족한 한도에서 재산의 반환을 청구할 수 있습니다(「민법」 제1115조 제1항).

이때 피상속인이 한 증여는 상속개시 전 1년 이내의 것이어야 하는 것이 원칙이나, 상속인에 대한 증여 또는 유류분이 침해되는 것을 알고 행한 증여는 기간의 제한 없이 해당됩니다(「민법」제1114조 및 대법원 1996. 09. 25. 선고 95다17885 판결).

📌 사망보험금의 유류분 산정

아버지, 어머니, 아들, 딸 이렇게 4인 가족이 있습니다. 아버지가 계약자(아버지), 피보험자(아버지), 수익자(아들)로 보험에 가입했고, 얼마 전 아버지의 갑작스런 사고로 사망보험금으로 아들에게 9억 원이 지급될 예정이라고 합니다. 아버지가 불입한 보험료가 3억 원 정도이고, 9억 원을 수령하는 셈입니다. 특정수익자로 지정되어 받는 사망보험금은 「민법」상 상속재산이 아니라, 고유재산에 해당되기 때문에 다른 상속인들에게 줄 경우 증여세가 발생할 수 있습니다. 그럼 유류분을 통해 다른 상속인들이 받아올 수 있을까요?

이 부분에 대해서 명확하게 나온 것은 없지만, 지금까지 다수가 특정수익자로 지정된 보험금도 유류분청구 대상이 될 수 있다고 이야기합니다. 유류분청구 대상이 되는 금액은 사망으로 인해 수령한 9억 원이 아니라, 피보험자(아버지)의 사망 직전 해약환급금 평가액이기 때문에, 해약환급금의 평가액이 작아 유류분 청구할 금액이 크지 않다고 통용되고 있습니다.

보험금의 수익자 지정을 한다면 유류분으로부터 어느 정도 방어하면서 특정한 사람에게 재산을 물려줄 수 있습니다.

보험과 절세
상속세 납부재원, 종신보험으로 준비하자

L씨는 30억 원짜리 상가건물과 20억 원짜리 아파트, 1억 원 정도의 예금을 갖고 있습니다. 최근 갑자기 친구가 암으로 사망했다는 소식을 들으며, 만일 자기에게 갑작스런 사고가 나면 어떻게 될까 생각해보았습니다. 상가임대수입으로 가족이 생활하는 데는 지장이 없을 듯하지만, 상속세가 50%라는 이야기에 놀랄 수밖에 없었습니다. 어떻게 상속세를 준비하는 것이 현명할까요?

거액의 부동산을 상속받는 상속인이 흔히 '정 세금 낼 돈이 없으면, 물려받은 주식이나 부동산을 팔면 되지.'라고 하는데, 이는 잘못된 생각입니다. 아직까지 우리나라 고액 자산가의 상속재산의 포트폴리오상 부동산 비중이 절반이 넘는 상황입니다. 상속세 부담으로

부동산을 처분하는 것은 현명한 방법이 아닙니다. 부동산 자체가 시장의 영향을 많이 받고, 현금화 자체가 쉽지 않으며(특히 수익형 부동산), 급매로 인한 예상치 못한 손해까지 볼 수 있습니다.

상속세 납부재원별 특징

❯ 현금

금융재산이라 하더라도 예금이나 채권, ELS 등에 투자한다면 중도해지 수수료, 매매 타이밍에 따른 손실 가능성이 있습니다.

❯ 대출

상속받은 부동산을 활용해 금융기관으로부터 상속세 납부재원을 대출받을 수 있는 장점이 있으나, 대출 가능 금액 평가를 위한 감정평가로 인해 상속세 부담이 증가할 가능성에 노출될 수 있습니다.

❯ 물납

국세청은 물납 부동산 가액을 시가가 아닌 기준시가로 계산하기 때문에 시가 대비 차액만큼 손실이 발생합니다. 또한 물납 신청한 자산이 모두 받아들여지지 않는다는 단점도 있습니다.

❯ 부동산 매도

세금납부 일정에 따라 급매에 따른 손실 발생 가능성이 크며, 일

부 부동산은 시장상황에 따라 매도가 정해진 기한 내에 불가능할 수
도 있습니다.

◈ 종신보험

종신보험은 어느 시점에 사망하더라도 약정한 보험금이 지급되
고, 주식이나 부동산처럼 다른 투자상품 대비 타이밍에 따른 손실
우려도 없다는 점에서 상속세 납부재원으로는 좋은 상품입니다. 또
한 보험계약 관계자를 어떻게 설정하느냐에 따라 사망보험금이 상
속재산에 포함되지 않을 수도 있습니다(계약자=수익자≠피보험자, 단
계약자는 보험료 납입 능력이 있는 실제 납입 주체여야 함).

종신보험 설계로 상속세 재원 마련

종신보험을 통한 상속세 재원 마련을 위한 가입방법은 크게 4가
지로 나누어볼 수 있습니다.

◈ 사례 1

보험료 불입자는 아버지이고 보험금 수익자로 자녀가 된다면,
아버지가 자녀에게 사망보험금을 상속한 것이 됩니다. 다만 이렇
게 발생한 사망보험금이 크지 않고, 다른 재산과 합산해도 일괄공제
5억 원(배우자가 살아있다면 배우자 공제 5억~30억 원) 이내의 금액이
라면 상속세 걱정을 할 필요는 없습니다.

◈ 사례 2

보험료 불입자는 어머니이고 보험금 수익자가 자녀가 된다면, 피보험자인 아버지의 사망에 따라 어머니가 자녀에게 생전에 증여한 것이 됩니다. 다만 성인인 자녀가 수령하는 보험금이 증여재산공제인 5천만 원 이하면 증여세 문제는 발생하지 않습니다.

◈ 사례 3

보험 계약자가 경제적 능력이 없는 자녀라면 세법에서는 보험료 불입을 아버지가 한 것으로 보기 때문에, 아버지의 사망으로 받는 사망보험금은 결국 상속재산에 포함됩니다. 다만 이렇게 발생한 사망보험금이 크지 않고, 다른 재산과 합산해도 일괄공제 5억 원(배우자가 살아있다면 배우자공제 5억~30억 원) 이내의 금액이라면 상속세 걱정을 할 필요는 없습니다.

◈ 사례 4

경제적 능력이 있는 자녀가 보험을 계약하고 자신의 소득으로 보험료를 납부한다면, 피보험자인 아버지의 사망에 따른 사망보험금은 자신이 불입한 돈을 받는 것이기 때문에 자녀가 사망보험금을 수령해도 「상속세 및 증여세법」상 아무런 문제가 발생하지 않습니다.

종신보험을 통한 상속세 재원 마련 사례

구분	계약자	피보험자	수익자	사망보험금
사례 1	아버지	아버지	자녀	상속세
사례 2	어머니	아버지	자녀	증여세
사례 3	경제적 능력 없는 자녀	아버지	경제적 능력 없는 자녀	상속세
사례 4	경제적 능력 있는 자녀	아버지	경제적 능력 있는 자녀	없음

결국 상속세 과세대상에 사망보험금이 포함되지 않으려면, 계약자와 수익자를 배우자나 자녀로 해야 합니다. 이때 계약자인 자녀나 배우자가 실제 보험료를 납부해야 합니다. 특히 자녀의 경우 직업이 없거나 급여에 비해서 지나치게 보험료를 많이 납부한다면 국세청에서 조사할 가능성이 큽니다. 조사과정에서 보험료를 아버지로부터 받아서 낸 사실이 밝혀진다면 아무리 계약자와 수익자가 자녀라고 해도 과세대상이 될 수 있습니다. 따라서 일정한 수입이 있는 자녀가 종신보험을 가입하거나 또는 부모로부터 임대수익이 나오는 부동산을 증여받은 후 해당 임대수익으로 종신보험의 보험료를 납부할 수 있게끔 사전증여전략을 수립하는 것이 좋습니다.

금융소득종합과세
종합과세대상자가 되면
정말 세금을 많이 낼까?

절세의 정석

　　사업가 J씨는 본인의 금융소득에 신경을 곤두세우고 있습니다.
금융소득이 2천만 원을 넘으면 세금폭탄을 맞는다는 이야기를 많이
들었기 때문입니다. 그래서 최대한 비과세 상품 등으로 투자를 했는
데, 갑자기 수익률이 높게 나온 ELS 때문에 한도가 넘었다고 울상입
니다. 주변에서는 금융소득종합과세 대상자가 되면 세무조사 대상
자가 되고 세금폭탄을 맞는다고 하는데, 사실일까요?

금융소득종합과세의 모든 것

❯ 금융소득종합과세

연간 이자소득과 배당소득의 합계액이 2천만 원을 초과하는 경우 금융소득을 근로소득, 사업소득 등 다른 종합소득과 합산해 종합소득세율(6~45%의 누진세율)로 소득세를 과세하는 것을 의미합니다. 다만 금융소득이 2천만 원을 초과하는 경우 종합과세됨으로 인해 세부담이 급격히 늘어나는 것을 방지하고자, 우리나라는 비교과세방식으로 산출세액을 계산합니다.

❯ 금융소득종합과세 계산방법(비교과세방식)

계산방법은 다음과 같습니다.

금융소득종합과세 산출세액 = Max [①, ②]

① 2천만 원×14%＋[종합소득과세표준 − 2천만 원] × 누진세율

② 금융소득×원천세율(14%, 25%)＋[종합소득과세표준 − 금융소득]
　 × 누진세율

산식에서 알 수 있듯이 금융소득이 2천만 원을 초과하면 종합과세가 되는 것이 맞지만, 실질적으로는 2천만 원 이하의 금융소득은 분리과세^{••}되는 것과 동일합니다.

금융소득종합과세로 인해 세부담이 커질까?

앞의 계산식에서 알 수 있듯이, 금융소득이 연 2천만 원을 초과하는 경우 금융소득 전체를 종합과세하지만, 2천만 원 초과에 따른 급격한 세부담을 방지하기 위해 비교산출세액을 적용합니다. 금융소득별로 한번 계산해보면 금융소득만 존재하며, 종합소득공제는 인적공제 150만 원 가정하여 금융소득별 세율을 적용합니다.

금융소득 3천만 원인 경우

금융소득종합과세 산출세액 = Max [①, ②] → 420만 원

① 2천만 원×14%+(3천만 원 − 2천만 원 − 150만 원) × 누진세율

[6%] = 331만 원

② 3천만 원×14% = 420만 원

금융소득 7천만 원인 경우

금융소득종합과세 산출세액 = Max [①, ②]

- 종합과세: 거주자 개인별로 세전 금융소득이 연 2천만 원 초과 시 다른 종합소득 금액과 합해 신고해야 합니다.
- •• 분리과세: 거주자 개인별로 이자·배당소득 세전 금액 합계액이 연 2천만 원 이하인 경우에는 14% 분리과세로 종결합니다.

① 2천만 원 × 14%+[7천만 원 − 2천만 원 − 150만 원] × 누진세율

  [24%] − 576만 원 = 868만 원

② 5천만 원×14% = 980만 원

금융소득 8,120만 원인 경우

금융소득종합과세 산출세액 = Max [①, ②]

① 2천만 원 × 14%+[8,120만 원 − 2천만 원 − 150만 원]×누진세율

  [24%] − 576만 원 = 11,368,000원

② 8,120만 원×14% = 11,368,000원

금융소득 1억 원인 경우

금융소득종합과세 산출세액 = Max [①, ②]

① 2천만 원×14%+[1억 원−2천만 원−150만 원]×누진세율[24%] −

  576만 원 = 1,588만 원

② 1억 원 × 14% = 1,400만 원

금융소득금액	3,000만 원	8,120만 원	1억 원
종합과세	331만 원	1,136.8만 원	1,588만 원
비교산출세액 [원천징수세액]	420만 원	1,136.8만 원	1,400만 원
Max [①, ②]	원천징수[14%]	종합과세=원천징수	종합과세(6~45%)

2024년 종합소득세율표

(단위: 원)

	과세표준	세율	비사업용	누진공제
소득세	~1,400만	6%	16%	–
	1,400만~	15%	25%	1,260,000
	5,000만~	24%	34%	5,760,000
	8,800만~	35%	45%	15,440,000
	1.5억~	38%	48%	19,940,000
	3억~	40%	50%	25,940,000
	5억~	42%	52%	35,940,000
	10억~	45%	55%	65,940,000

다른 소득이 없이 금융소득만 있다면 8,120만 원까지는 추가적인 납부세액이 발생하지 않기 때문에 금융소득종합과세대상자가 되더라도, 추가적인 세부담은 발생하지 않습니다.

금융소득 외 다른 소득이 있다면?

이번에는 금융소득이 2천만 원을 초과하면서 사업소득 금액이 추가로 발생하는 경우 계산해보도록 하겠습니다(종합소득공제는 150만 원을 가정).

사업소득 5천만 원, 금융소득 3천만 원인 경우

금융소득 종합과세 산출세액 = Max [①, ②]

① 2천만 원 × 14% + [8천만 원 − 2천만 원 − 150만 원] × <u>누진세율</u>

<u>[24%]</u> − <u>576만 원</u> = 1,108만 원

② 3천만 원 × 14% + [5천만 원 − 150만 원] × 누진세율[24%] −

576만 원 = 1,008만 원

사업소득 5천만 원, 금융소득 7천만 원인 경우

① 2천만 원 × 14% + [1억2천만 원 − 2천만 원 − 150만 원] × <u>누진세</u>

<u>율[35%]</u> − <u>1,544만 원</u> = 2,183.5만 원

② 7천만 원 × 14% + [5천만 원 − 150만 원] × 누진세율[24%] −

576만 원 = 1,568만 원

사업소득 5천만 원, 금융소득 1억 원인 경우

① 2천만 원 × 14% + [1억 5천만 원 − 2천만 원 − 150만 원] × <u>누진세</u>

<u>율[35%]</u> − <u>1,544만 원</u> = 3,233.5만 원

② 1억만 원 × 14% + [5천만 원 − 150만 원] × 누진세율[24%] − 576만

원 = 1,988만 원

결국 금융소득 외 다른 소득이 많다면 2천만 원을 초과하는 금융
소득에 대해 다른 소득과 합산해 종합소득세율(6~45%)의 세율이 적
용되어 세부담이 증가할 수 있습니다.

사업소득금액	5,000만 원		
금융소득금액	3,000만 원	7,000만 원	1억 원
종합소득금액	8,000만 원	1억 2천만 원	1억 5천만 원
① 종합과세금액	1,108만 원	2,138.5만 원	3,233.5만 원
② 비교산출세액 (원천징수세액)	1,008만 원	1,568만 원	1,988만 원
Max [①, ②]	1,108만 원	2,138.5만 원	3,233.5만 원
추가적인 세부담[① - ②]	100만 원	570.5만 원	1,245.5만 원

Q 금융소득종합과세대상자가 되면 세무조사대상으로 선정될까?

2000년대 초반까지만 하더라도 세무조사의 주요 대상은 해외여행이 잦은 자, 외제 승용차를 가진 자, 금융소득종합과세 대상자 등을 선정하기도 했습니다. 즉, 객관적인 기준보다는 주관적인 판단으로 소득이 있을 법한 납세자 중에서 대상을 선정했습니다. 그러나 2008년 이후로는 국세청에서도 전산을 통해 객관적인 자료에 의한 세무조사(PCI 분석)를 시행하고 있으며, 최근에는 금융정보분석원(FIU)으로부터 받은 자료에 의한 조사도 모두 전산에 의한 객관적인 수치에 따라 이루어집니다. 그러므로 금융소득종합과세대상자가 되었다는 사실만으로 세무조사가 이루어진다는 것은 과장된 이야기입니다.

금융소득종합과세 절세전략

❯ 이자, 배당소득이 들어오는 시기를 분산하자!

금융소득종합과세는 매년 1월 1일부터 12월 31일까지 발생한 금융소득을 합산해 2천만 원 초과 여부를 판단합니다. 따라서 특정한 해에 금융소득이 집중되지 않도록 매년 소득을 분산할 수 있는 전략이 필요합니다.

만기가 정해진 예금과 같은 금융상품은 이자소득이 발생하는 만기시점을 분산하고, 만기가 정해지지 않는 투자상품이나 보험상품의 경우 환매시점 또는 보험의 과세이연 전략을 활용해 이자 또는 배당소득이 발생하는 시기를 조정해 절세할 수 있습니다.

❯ 비과세, 분리과세 상품을 적극적으로 활용하자!

매년 세법 개정을 통해 비과세되거나 분리과세가 가능한 상품이 줄어들어 상당히 제한적이지만, 아직도 남아있는 상품들이 있습니다. 자신에게 맞는 금융상품을 선택해 절세할 수 있는 방법을 찾을 필요가 있습니다.

대표적인 상품으로는 다음과 같습니다.

① 10년 만기 저축성보험 보험차익 비과세(일시납 1억 원, 월 적립식 150만 원 한도)

② ISA(ISA 내 발생한 주식매매차익 비과세 및 이자배당과 같은 금융소득 발생 시 200만 원까지 비과세, 초과분은 9% 분리과세)

③ 연금저축계좌 및 IRP(연간 900만 원까지 세액공제가능 및 55세 이후 연금수령 시 5% 분리과세)

⊘ 소득구간이 낮은 가족명의로 증여하자!

소득세는 인별과세입니다. 양도세처럼 세대합산으로 계산하지 않기 때문에 합법적인 범위 내에서 자녀 명의, 배우자 명의로 금융자산을 분산해 투자하면 절세가 가능합니다. 만약 계속 수입이 증가해 매년 45%의 종합소득세율을 적용받는 사람이라면 배우자에게 6억 원, 성인 자녀에게 5천만 원, 미성년 자녀에게 2천만 원까지 세금 없이 증여가 가능합니다. 분산증여를 통해 45%(지방소득세 포함 49.5%) 납부해야 할 세금을 14%(지방소득세 포함 15.4%)의 이자소득세만 납부하면 되므로, 약 30%의 절세가 가능합니다.

증여재산공제액

배우자	10년간 6억 원
직계존비속	직계존속이 직계비속에게 증여한 경우 10년간 5천만 원 직계비속이 미성년자인 경우 2천만 원
그 밖의 친족*	10년간 1천만 원

* 배우자와 직계존비속을 제외한 6촌 이내의 혈족, 4촌 이내의 인척

금융소득종합과세대상자가 되면 건강보험료는?

건강보험료 피부양자 박탈 기준부터 확인해야 합니다. 다음 2가지 자격 요건 중 어느 하나라도 미충족시 피부양자 자격이 박탈됩니다.

건강보험료 피부양자 박탈 기준

자격요건	변경 전	변경 후(2022년 9월 이후)
소득요건: 부부 중 한 명이 소득요건 미충족시 부부 모두 박탈	종합소득 3,400만 원 이하	종합소득 2천만 원 이하 단, 사업소득이 있으면 소득금액 관계없이 박탈 (사업자등록 없으면 500만 원까지)
재산요건: 부부 중 한 명이 재산요건 미충족 시 한 명만 박탈	재산세 과표 5.4억 원 이하 또는 재산세 과표 5.4억~9억 원& 종합소득 1천만 원 이하	좌동

※ 금융소득이 1천만 원 초과 시 전액 반영
※ 재산세 과세표준은 주택의 경우 시가표준의 60%, 토지·건물은 시가표준의 70%를 기준으로 판단

❯ 금액별 피부양자 박탈에 따른 건강보험료 부과액

금융소득종합과세대상자가 됨에 따라 지역가입자로 전환되어 건강보험료가 부과된다고 가정할 때 금액별 건강보험료를 알아보도록 하겠습니다.

금융소득 3천만 원인 경우 → 연간 2,402,446원

3천만 원×7.09%/12개월=177,250원[장기요양보험료=건보료×

12.95%=22,953원]

금융소득 7천만 원인 경우 → 연간 5,605,708원

7천만 원×7.09%/12개월=413,583원[장기요양보험료=건보료×

12.95%=53,559원]

금융소득 1억 원인 경우 → 연간 8,008,155원

1억 원×7.09%/12개월 = 590,833원[장기요양보험료=건보료×12.95%

=76,512원]

추가적인 소득에 따른 건보료 계산이 궁금하시다면 국민건강보
험 공단 홈페이지(www.nhis.or.kr)에서 계산해볼 수 있습니다.

[Q] 건보료 때문에 혹은 지역가입자가 박탈될까봐 금융소득을 포기해야 할까?

소득보다 세금과 건보료의 합이 많다면 당연히 포기하는 것이
맞겠지만, 아무리 세금이 많더라도 수익금액을 초과할 수는 없
습니다. 금액별 세전수익에서 세금과 건보료를 공제한 후 최종
실현이익을 통해 우리는 합리적인 의사결정을 할 수 있습니다.

금융소득금액	3,000만 원	7,000만 원	1억 원
종합과세	420만 원	980만 원	1,642만 원
지역가입자 전환에 따른 건보료	240만 원	560만 원	800만 원
최종 실현이익	2,340만 원	5,460만 원	7,558만 원

Q 피부양자 자격박탈에 따른 건강보험료의 부과시기는 언제일까?

전년도 소득금액을 기초(재산은 매년 6월 1일 기준 재산세 과세 자료)로 매년 국세청에 신고된 소득자료(5월 말까지 신고, 성실신고대상자는 6월 말까지 신고)를 받아 보험료 산정 후, 그해(귀속년도의 다음년도) 11월부터 다음년도 10월까지 변경된 보험료로 부과됩니다. 예를 들어 2023년 발생한 이자소득이 2천만 원이 넘었고 현재 피부양자라면, 2024년 11월부터 지역가입자로 전환되어 건강보험료가 부과됩니다.

Q 금융소득종합과세대상자가 되면 국민연금 수령액이 감소할까?

국민연금은 농업, 임업, 어업, 근로, 사업(부동산 임대 포함) 소득만을 부과기준으로 하고 있습니다. 따라서 금융소득 발생 여부는 국민연금 부과에 영향을 미치지 않습니다.

노령연금은 가입기간이 10년 이상이면 65세(조기노령연금 60세) 이후부터 평생 동안 매월 지급받습니다. 다만 가입자의 월평균 소득이 기준소득(국민연금 전체 가입자의 3년간 월평균 소득, 2024년 기준 2,989,237원)을 초과하는 경우 5년간 노령연금 수령액이 감소합니다. 그럼에도 불구하고 노령연금 수령액에 영향을 미치는 기준소득으로는 근로소득, 사업소득(부동산임대소득 포함)만을 기준으로 하기 때문에 노령연금 수령액 또한 금융소득의 증가에 따른 영향은 받지 않습니다.

퇴직금 절세
똑같은 퇴직금! 다른 세율?
퇴직금을 활용한 절세법

평생을 일한 회사로부터 받는 퇴직금. 세금이 없으면 좋지만 퇴직금에도 퇴직소득세가 부과됩니다. 이때 똑 같은 퇴직금일지라도 일시에 받느냐, 퇴직연금을 가입해서 연금으로 수령하느냐, 어떻게 연금을 수령하느냐에 따라 세금이 달라질 수 있습니다.

연금 수령 시 30% 절세

퇴직 시 수령하는 퇴직금은 퇴직소득세를 납부해야 하며, 퇴직소득세는 금액과 근속연수에 따라 달라집니다. 대략적인 금액은 다음 표와 같습니다.

근속연수에 따른 퇴직소득

(단위: 원)

퇴직소득 근속연수	1억 원	3억 원	5억 원	10억 원
3년	세액: 1,599 세율: 15.99%	7,391 24.63%	13,599 27.19%	29,687 29.68%
5년	1,036 10.36%	6,391 21.30%	12,318 24.63%	28,028 28.02%
10년	426 4.26%	4,288 14.29%	9,780 19.56%	24,487 24.48%
15년	239 2.39%	2,843 9.47%	7,656 15.31%	21,678 21.67%
20년	123 1.23%	1,984 6.61%	5,838 11.67%	19,275 19.27%
25년	74 0.74%	1,360 4.53%	4,545 9.09%	17,039 17.03%
30년	26 0.26%	1,084 3.61%	3,557 7.11%	14,904 14.90%

　퇴직소득세는 근속연수가 길면 길수록 세금이 줄어듭니다. 같은 퇴직금 3억 원이라도 10년 근무했을 경우에는 4,288만 원을 납부해야 하지만 20년을 근무했다면 1,984만 원만 납부하면 됩니다.

　절세를 위해서 우리가 원하는 대로 근속연수를 정할 수 있으면 좋겠지만, 이는 어렵습니다. 그럼 어떻게 하면 퇴직소득세를 절세할 수 있을까요? 일시에 수령하지 않고, IRP계좌를 통해서 연금으로 수령하면 됩니다. 예를 들어 근속연수 15년, 퇴직금 3억 원인 경우 퇴직소득세는 2,843만 원입니다. 이를 퇴직연금에 가입해서 55세 이후에 10년 동안 연금으로 수령하면 퇴직소득세의 70%인 1,990만 원만 내면 됩니다. 즉, 10년간 수령함으로써 853만 원을 할인받는 효과입니다(2,843만 원의 30%).

또한 퇴직연금 수령기간이 10년을 초과하면 40%까지 절세가 가능합니다. 본래 퇴직연금은 10년 이상 수령할 경우 퇴직소득세의 30%를 할인해줍니다. 다만 퇴직금을 지급하는 회사의 퇴직연금 가입시점이 2013년 3월 1일 이전인 경우에는 5년 이상만 수령해도 퇴직소득세의 30%를 할인받을 수 있습니다(퇴직금 수령시점이 아닌 퇴직연금 가입시점이 중요). 그리고 퇴직연금을 10년을 초과해 수령 시 10년 초과시점부터는 퇴직소득세의 40%를 할인해줍니다.

퇴직연금의 또 다른 장점, 과세이연효과

일반적으로 은행에 예금을 맡기면 수익금액의 15.4%를 원천징수하고 지급합니다. 세후 수익금을 다시 예금에 투자할 경우 다시 그 수익금액의 15.4%를 원천징수하는 구조입니다. 다만 퇴직금을 IRP에 입금한다면 퇴직시점에 확정된 퇴직소득세를 원천징수하지 않은 세전소득이 IRP에 전액 입금되어, 세금을 포함한 퇴직금을 운용할 수 있습니다. 해당 퇴직소득세는 연금형태로 수령할 때 수령금액에 비례하여 납부하게 됩니다.

이렇게 세금을 퇴직시점이 아닌 연금수령시점까지 늦추는 효과를 과세이연효과라고 합니다. 따라서 퇴직금을 IRP로 입금해 55세 이후 연금형태로 수령한다면, 퇴직소득세뿐만 아니라 이를 운용하면서 발생한 금융소득 또한 연금수령시까지 과세이연이 가능합니다.

예를 들어 퇴직금이 5억 원이고 퇴직소득세가 5천만 원, 수익률은 연 2%로 가정했을 때, 일시로 수령할 경우와 IRP로 수령할 경우 얼마나 차이가 발생할까요? 다음 표를 보면 알 수 있듯이 IRP에 입금하는 경우 과세이연효과로 연간 약 239만 원을 추가로 운용할 수 있습니다.

일시 수령 vs. IRP 수령

구분	입출금 통장 수령	IRP 수령
퇴직금 입금금액	4.5억 원(세후)	5억 원(세전)(과세이연)
운용수익 원천징수	이자소득세 납부 (15.4%)	없음 (예금 만기 시 이자까지 재예치)
첫 1년 운용수익 비교	761.4만 원 4.5억 원(원금)×2% – 15.4%(이자소득세)	1,000만 원 5억 원(원금)×2%

Q 퇴직연금 운용소득도 퇴직소득으로 과세될까?

퇴직연금으로 운용해 발생한 금융소득의 경우 인출방식에 따라 세금이 달라집니다. 퇴직금 운용소득을 연금으로 수령한다면 이는 사적연금에 해당되어 3.3~5.5%의 저율의 연금소득세를 납부합니다. 이렇게 수령한 사적연금소득이 연간 1,500만 원을 초과한다면 종합과세로 신고하거나 16.5%의 분리과세로 신고할 수 있습니다. 다만 사망 등 부득이한 경우로 인출한다면 3.3~5.5%의 세금만 적용되며 1,500만 원을 초과하더라도 종합과세대상이 되지 않습니다. 반면, 퇴직금 운용소득을 연금 외로 수령한다면 기타소득으로 보아 16.5% 분리과세로 납세의무가 종결됩니다.

60세 H씨의 퇴직금은 5억 원, 퇴직소득세 5천만 원(10%), 퇴직연금 운용수익이 1억 원입니다. 연금으로 수령할 경우와 일시금으

연금수령 시 vs. 일시금 수령 시

재원	금액	연금수령 시 세금	일시금 수령 시 세금
퇴직금	5억 원	3,500만 원 (퇴직소득세 30% 감면)	5,000만 원
퇴직금 운용수익	1억 원	550만 원 (연금소득세 5.5% 적용)	1,650만 원 (기타소득세 16.5%)
합계	6억 원	4,050만 원	6,650만 원

로 수령할 경우 세금 차이는 얼마나 발생할까요? 다음 표와 같이 연금으로 수령 시 퇴직소득세 30% 감면 및 연금소득 저율분리과세(3.3~5.5%) 효과로 인해 약 2,600만 원 절세가 가능합니다.

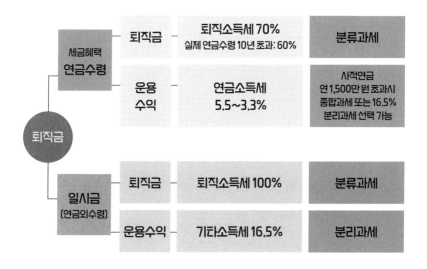

퇴직연금수령 절세전략

만일 퇴직금 수령 후 바로 쓸 곳이 있더라도 연금개시요건을 갖추었다면, 연금개시 후 인출했을 때 절세가 가능합니다. 퇴직금을 일시 수령 시에는 확정된 퇴직소득세를 전액 납부해야 하지만 1회차라도 수령 후 해지한다면 1회차 수령금액에 대한 퇴직소득세만큼은 30% 절세가 가능합니다.

연금수령 시 납부세액

[단위: 원]

구분	일시금 수령 시 [해지 시]	연금개시 후 해지	
		1회차 연금수령	잔액 해지
퇴직금	500,000,000	120,000,000	380,000,000
납부세액	50,000,000	8,400,000	38,000,000
실수령액	450,000,000	111,600,000	342,000,000
세율	10%	7%	10%

Q. 퇴직금을 당장 안 써도 퇴직소득세를 가장 줄일 수 있는 방법은 무엇일까?

퇴직연금은 10년 이상 수령할 경우 퇴직소득세의 30%를, 10년을 초과해 수령 시 10년 초과시점부터는 퇴직소득세의 40%를 할인해준다고 했습니다. 따라서 퇴직소득세를 최소화시키기 위해서는 30% 절세가 되는 연금 개시 후 최소 10년간은 최소금액으로 수령하고, 40% 절세가 되는 11년차 이후 연금수령 금액(퇴직금 재원)을 늘리면 그만큼 추가 절세가 가능합니다. 이때 중요한 건 매년 소액이라도 연금지급 이력이 있어야 10년 기간 인정을 받을 수 있다는 것입니다.

퇴직연금으로 10년간 나눠 받을 경우 퇴직소득세가 30% 감면되어 3,500만 원의 퇴직소득세를 납부해야 합니다. 하지만 지금처럼 10년간 연금수령액을 최소화시키면 3천만 원의 퇴직소득세만 납부하면 되기 때문에 약 500만 원 절세가 가능합니다.

10년 초과 시 퇴직소득세

(단위: 원)

연차	연금수령금액	퇴직소득세율	퇴직소득세	세후수령금액	절세금액
1	20,000	7%	1,400	18,600	600
2	20,000	7%	1,400	18,600	600
3	20,000	7%	1,400	18,600	600
4	20,000	7%	1,400	18,600	600
5	20,000	7%	1,400	18,600	600
6	20,000	7%	1,400	18,600	600
7	20,000	7%	1,400	18,600	600
8	20,000	7%	1,400	18,600	600
9	20,000	7%	1,400	18,600	600
10	20,000	7%	1,400	18,600	600
11	499,800,000	6%	29,988,000	469,812,000	19,992,000
합계	500,000,000		30,002,000	469,998,000	19,998,000

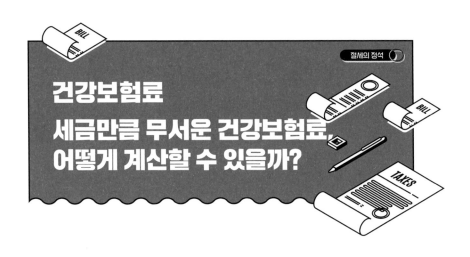

건강보험료
세금만큼 무서운 건강보험료, 어떻게 계산할 수 있을까?

세금만큼 많은 사람이 관심을 갖는 것이 바로 건강보험료입니다. 아프거나 큰일을 당했을 때는 유용하게 활용될 수 있지만, 젊은이나 건강하게 살고 있는 은퇴자의 경우 너무나도 아까운 돈으로 생각됩니다. 어떻게 하면 건강보험료를 줄일 수 있는지 고민하는 경우가 많습니다. 건강보험료는 어떠한 기준으로 부과되고 얼마나 나오는지 살펴보고자 합니다.

직장가입자의 건강보험료 산정방법

▶ 급여에 대한 건강보험료

직장가입자는 소득에만 건강보험료를 부과하기 때문에 매우 구조가 단순합니다. 또한 실제 월급을 받을 때 건강보험료를 먼저 떼고 남은 금액만 수령하기 때문에 매달 얼마의 건강보험료를 내고 있는지 모르는 경우가 많습니다. 직장인은 급여에 보험료율(건보료율 7.09%, 장기요양보험료율 0.9182%, 총 8.01%)을 곱해 산정한 금액만큼 건보료를 납부합니다.

다만 직장가입자는 회사가 50%를 부담하기 때문에 직장인은 실제 납부하는 건보료는 4%가 됩니다. 또한 급여가 아무리 많아도 상한선이 존재하기 때문에 무리하게 건보료가 부과되지는 않습니다. 예를 들어 보수가 400만 원이라고 가정하면 400만 원×8.01% = 320,400원이 되고, 50%만 부담하기 때문에 근로자가 납입해야 하는 건보료는 매월 160,200원입니다.

직장가입자 건강보험료 계산법(2024년)

건강보험료 = [보수월액*+소득월액**] × [건강보험료율(7.09%), 장기

요양보험료율(0.9182%)]

→ 근로자, 사용자 50%씩 부담, 단, 소득월액의 경우 근로자가 100%

부담

⊙ 급여 외 소득(소득월액)에 대한 건강보험료

직장가입자라도 보수(월급) 외 소득이 많다면 보험료 부담이 높아질 수 있습니다. 즉, 연간 2천만 원이 넘는 급여 외 소득에 대해 추가로 건강보험료가 발생하며, 사업·이자·배당·기타 소득은 100%, 연금과 근로소득은 50%를 기준으로 건강보험료를 부과합니다. 다만 현재는 사적연금에 대해서는 건강보험료를 별도로 부과하고 있지는 않습니다.

Q 보수 외 소득이 2천만 원에서 단 1만 원 초과되었다면 2,001만 원 전체에 대해 추가적인 건보료가 부과될까?

그렇지는 않습니다. 연 소득 2천만 원은 공제하고 2천만 원을 초과한 금액에 대해서만 추가 보험료를 부담하게 함으로써 과도한 건보료 부담을 방지하고 있습니다. 가령 직장가입자면서 보수 외 본인 명의의 부동산에서 임대소득이 2,001만 원 발생한 경

- 보수월액: 연간 급여를 근무 월수로 나눈 값

구분	상한액	하한액
월별 보험료	8,481,420원	19,780원
월별 보수월액	119,625,106원	279,266원

- •• 소득월액 = [(보수외소득 - 2천만 원) / 소득평가율]
  - 소득평가율: 사업, 이자, 배당, 기타소득(100%), 연금, 근로소득(50%)
  - 상한선(2024년 4,240,710원): 전전년도 직장 평균 보수월액보험료의 15배
  - 하한선(없음)

우 1만 원에 대해서만 약 66원의 보험료를 부과합니다(1만 원×
8.01%/12개월).

지역가입자의 건강보험료 산정방법

직장가입자는 소득의 8%(건강보험료＋장기요양보험료)만 부과하
고 이 중 50%를 회사가 내줍니다. 반면 지역가입자는 100% 본인이
내야 하며, 소득뿐만 아니라 재산에 대해서도 건강보험료를 부과합
니다. 그렇기 때문에 부동산을 많이 보유하고 있거나, 지역가입자인
세대주 외 세대원이 별도의 재산과 소득이 있다면 세대원 개개인의
건강보험료를 계산한 후 세대주에게 합산해 고지서를 발송하기 때
문에 생각보다 많은 건강보험료를 부담할 수 있습니다.

❯ 소득점수에 따른 부과기준

소득은 사업, 기타, 금융 소득을 100% 반영하되 근로, 연금 소득

소득금액	건강보험료
336만 원 이하	월별 보험료 하한액 19,780원
336만 원 초과 ~ 7억 1,776만 원 이하	[95.25911708 + [336만 원을 초과하는 소득 1만 원당 0.28350928점]] × 208.4원
7억 1,776만 원 초과	20,348.9점 × 208.4원 → 4,240,771원

은 50%만 반영합니다. 총소득이 336만 원 이하인 경우 보험료 하한 액인 1만 9,780원을 내고, 336만 원 초과분에 대해서는 합산점수에 점수당 금액을 기준으로 보험료를 산정합니다.

▶ 재산점수에 따른 부과기준

2023년까지는 4천만 원 이상의 차량의 경우 건보료를 부과하는 재산에 포함했지만, 2024년부터 제외되었습니다. 또한 지역가입자 의 재산에 대한 공제액을 기존의 5천만 원에서 1억 원으로 상향했습 니다. 재산에 대한 건보료는 기본적으로 재산세 과세대상만 기준이 된다고 생각하면 되고, 총 60등급으로 구분해 부과합니다.

지역가입자 재산점수 계산법

① 보유재산 과세표준합계액 - 기본공제 1억 원

② 보유재산 등급구간별 점수를 부과 × 점수당 208.4원

대상재산	과세표준(건보료 부과 재산금액)
주택	60%(단, 1주택자는 공시지가 3억 원 이하라면 43%, 3억~6억 원 이하라면 44%, 6억 원 초과라면 45%)
기타 부동산(건물, 토지)	70%
선박, 항공기	별도 재산세 부과 시가표준액
전세금	전세보증금 × 30%
월세	환산보증금 × 30%

*재산별 시가표준액(공시가격) × 적용비율 차등 적용

재산등급별 점수표(2024년 2월 기본공제 1억 원 적용)

등급	재산금액(만 원) 초과~이하	점수	등급	재산금액(만 원) 초과~이하	점수
1	450이하	22	31	38,800~43,200	757
2	450~900	44	32	43,200~48,100	785
3	900~1,350	66	33	48,100~53,600	812
4	1,350~1,800	97	34	53,600~59,700	841
5	1,800~2,250	122	35	59,700~66,500	881
6	2,250~2,700	146	36	66,500~74,000	921
7	2,700~3,150	171	37	74,000~82,400	961
8	3,150~3,600	195	38	82,400~91,800	1,001
9	3,600~4,050	219	39	91,800~103,000	1,041
10	4,050~4,500	244	40	103,000~114,000	1,091
11	4,500~5,020	268	41	114,000~127,000	1,141
12	5,020~5,590	294	42	127,000~142,000	1,191
13	5,590~6,220	320	43	142,000~158,000	1,241
14	6,220~6,930	344	44	158,000~186,000	1,291
15	6,930~7,710	365	45	186,000~196,000	1,341
16	7,710~8,690	386	46	196,000~218,000	1,391
17	8,690~9,570	312	47	218,000~242,000	1,451
18	9,570~10,800	439	48	242,000~270,000	1,511
19	10,800~11,900	465	49	270,000~300,000	1,571
20	11,900~13,300	490	50	300,000~330,000	1,641
21	13,300~14,800	516	51	330,000~363,000	1,711
22	14,800~16,400	535	52	363,000~399,300	1,781
23	16,400~18,300	559	53	399,300~439,230	1,851
24	18,300~20,400	586	54	439,230~483,153	1,921
25	20,400~22,700	611	55	483,153~531,468	1,991
26	22,700~25,300	637	56	531,468~584,615	2,061
27	25,300~28,100	659	57	584,615~643,077	2,131
28	28,100~31,300	681	58	643,077~707,385	2,201
29	31,300~34,900	706	59	707,385~778,124	2,281
30	34,900~38,800	731	60	778,124 초과	2,341

만 60세의 은퇴한 A씨, 경기도 30평형 공시지가 5억 원 아파트를 소유하고 있고, 국민연금 부부합산 월 200만 원, 상가 공시지가 3억 원 및 상가 월세 200만 원을 받고 있습니다. 이 경우 건보료는 얼마일까요?

① 소득금액(1년): 상가 월세 1,200만 원 + 국민연금의 50% 1,200만 원 = 종소득 2,400만 원

[95.25911708 + (2,400만 원−336만 원) × 0.28350928점] × 208.4원 = 141,800원

※ 간편계산법: (연간 이자, 배당, 사업, 연금 등 합산소득) × 7.09% / 12개월

② 재산금액: (주택 5억 원×44% + 상가 3억 원×70%)−1억 원 = 3.3억 원

706점 × 208.4원 = 147,130원

종 월 보험료: 288,930원

건강보험료 Q&A

Q 건강보험료를 직접 계산해볼 수도 있을까?

각자 소득과 재산이 다양하기 때문에 자신이 건보료를 얼마나 내는지 궁금하다면, 건강보험공단에서 모의계산을 할 수 있습니다. 소득과 재산을 입력하면 예상 보험료를 조회할 수 있습니다. 이때 소득은 연간소득금액을, 재산금액은 재산세 과세표준을 기준으로 입력해야 합니다.

소득금액(연소득 기준)

> 연금소득은 전년도에 지급받은 금액의 합계액을 입력
> - 보험료 산정시에는 입력하신 금액의 50%만 반영합니다.

사업소득 등 ⓘ 1,200 만원   연금소득 ⓘ 2,400 만원   근로소득 ⓘ   만원

분리과세 주택임대소득 ⓘ   만원

- 연금소득은 전년도 소득액에 대하여 해당 연도 1월부터 12월까지.
- 전년도 소득중 연금소득을 제외한 소득(이자·배당·사업·근로·기타소득)에 대해서는 해당연도 11월부터 다음해 10월까지 반영

건보료 책정 시 연금은 50%만 계산하지만, 모의계산기에는 전체금액을 입력해야 합니다.

재산금액(주택, 건물, 토지, 선박, 항공기 등 과세표준액 기준)   60등급

주택 22,000 만원   건물 21,000 만원   토지   만원

선박   만원   항공기   만원   전세(보증금)   만원

월세(보증금)   만원   월세   만원

재산금액은 재산세 과세표준(주택의 경우 공시가격의 44%, 건물은 공시가격의 70%) 계산한 값을 투입해야 합니다.

예상지역보험료(09월) 326,340원	
상세닫기	
① 소득월액보험료(사업·금융·연금·근로·기타소득)x건강보험료율	141,800원
② 재산(주택·건물·토지·전월세 등) 점수	706점
③ 재산보험료(②x208.4)	147,130원
④ 건강보험료(①+③)	288,930원
⑤ 장기요양보험료(④x0.9182%/7.09%, 2024년 기준)	37,410원
⑥ 지역보험료(④+⑤)	326,340원

Q 건강보험료를 경감받거나 면제받을 수도 있을까?

특별한 사정이 있는 경우 건강보험료를 줄일 수 있습니다. 만일 직장가입자가 국외에 근무하면 가입자 보험료의 50%(국내에 피부양자가 있는 경우)를 경감받고, 섬·벽지 근무자는 가입자 보험료의 50%, 군인은 가입자 보험료의 20%를 경감받을 수 있습니다. 휴직자는 가입자 보험료의 50%(육아휴직자는 보수월액보험료의 하한까지 경감), 임의계속가입자는 가입자 보험료의 50%를 경감받을 수 있습니다. 경감대상 종류가 중복될 경우 최대 경감률 50%(육아휴직자는 예외)까지 건강보험료를 줄일 수 있습니다.

지역가입자는 섬·벽지에 거주하면 보험료의 50%, 농어촌에 거주하면 보험료의 22%를 경감받고, 농어업인은 보험료의 28%를 지원받을 수 있습니다(농림축산식품부에서 국고 지원). 노인, 장애인, 한부모가족 세대 등은 보험료의 10~30%를 경감받는데, 세대경감 사유가 중복될 경우 유리한 경감률 하나만 적용받을 수 있습니다. 또한 재해를 받은 세대는 보험료의 30~50%를 경감 받고, 경감 종류가 중복될 경우 최대 50%까지 건강보험료를 줄일 수 있습니다.

만약 건강보험 가입자가 3개월 이상 국외체류자이고(다만 국외업무종사로 국외체류 시 해당 사실을 공단에 증빙한 경우 1개월 이상) 국내에 피부양자가 없는 경우, 보험료 면제를 받을 수 있습니다. 현역병 등으로 군 복무, 교도소 기타 이에 준하는 시설에 수용된 경우에도 보험료를 면제받을 수 있습니다.

건강보험료
건강보험료 피부양자
자격유지 및 절감법

퇴직을 앞두고 있는 S씨, 직장가입자인 자녀의 피부양자로 등재하고 싶습니다. 이자소득이 2천만 원만 넘지 않으면 가능한가요?

피부양자 자격 유지를 위한 요건

직장가입자의 피부양자가 되려는 사람은 아래의 소득요건과 재산요건을 모두 충족해야 합니다.

이때 소득요건 판단 시 주의해야 할 점이 있습니다.

먼저 이자와 배당 같은 금융소득입니다. 이자·배당 소득이 2천만 원 이하인 경우 종합소득세 분리과세 대상이지만, 건강보험료 피

소득요건과 재산요건

구분	현재
소득 요건	① 종합소득금액 2천만 원 이하 ② 2천만 원 미만이어도 사업소득이 있는 경우(사업자등록 X: 500만 원까지, 사업자등록 O: 0원)
재산 요건	① 재산세 과세표준 5.4억 원 이하 ② 재산세 과세표준 5.4억~9억 원 & 종합소득금액 1천만 원 이하

부양자 자격요건을 파악하는 경우에는 1천 만 원만 넘으면 모두 소득금액으로 포함합니다. 예를 들어 이자소득이 1,500만 원이고 연금소득이 600만 원이라면 종합소득금액은 600만 원이지만, 건강보험료 피부양자 자격유지를 위한 연간소득금액인 2천만 원을 넘기 때문에 피부양자 자격이 박탈됩니다.

두 번째로 연금소득입니다. 세법상 국민연금과 같은 공적연금의 경우 2001년 이전 불입분을 연금으로 받는 경우 세금이 없습니다. 2001년까지는 국민연금 불입액에 대해서 소득공제의 혜택이 없었기 때문입니다.

다만 2002년부터 국민연금 불입액에 대해서 소득공제의 혜택이 주어졌고, 그에 맞추어 국민연금을 수령할 때 소득세를 내도록 법이 개정되었습니다. 즉, 소득세를 미리 내고 국민연금을 불입하는 방식에서, 소득세 없이 국민연금을 불입했다가 나중에 국민연금을 받을 때 소득세를 내는 방식으로 변경된 것입니다. 그렇기 때문에 국민연

피부양자 소득요건

	금융소득		사업소득	근로소득	연금소득	기타소득	퇴직소득	양도소득
	이자소득	배당소득			공적 연금 / 사적 연금 제외			
보험료 산정 소득	1천만 원 초과 분리과세 소득		2천만 원 이하 분리과세 주택 임대소득		공적 연금, 사적 연금 제외			
소득평가 필요경비 공제	N/A	N/A	필요경비 공제			필요경비 공제		
소득평가	100%	100%	100%	100%	100%	100%		
보험료산정 소득평가기율[*]				50%	50%			

* 발제자 해석사례(2019.9.6) – 근로소득, 연금소득 요건은 100%로 판정, 보험료 산정 소득 평가기율은 50%

금 수령액 전부가 아니라 2002년 이후 불입액 부분을 산정해서 소득세 과세대상이 됩니다.

그럼에도 불구하고, 피부양자 자격유지를 위한 소득파악시 공적연금은 비과세 여부와 상관없이 100% 전액 포함이 됩니다. 다만 이로 인하여 지역가입자로 변경되어 건강보험료를 산정할 경우에는 50%의 소득만을 기준으로 계산합니다.

💬 피부양자 자격 유지를 위한 요건은 부부의 소득과 재산을 합산해 계산할까?

피부양자 자격유지를 위한 재산요건은 부부 각자의 재산을 따로 계산합니다. 따라서 부부 중 한 사람이 재산요건 초과로 피부양자 자격을 상실해도 다른 한 사람은 피부양자 자격이 유지됩니다. 재산요건으로 인해 남편은 피부양자 자격을 상실하고 아내는 피부양자 자격을 유지한다면, 남편이 보유한 재산과 소득에 대해서만 건강보험료가 부과되고, 아내의 재산과 소득에는 건강보험료가 부과되지 않습니다.

피부양자 자격유지를 위한 소득요건은 부부 각자의 소득(개별)으로 판단하되, 그 개별 판단에 따른 소득요건이 한 명이라도 충족하지 못한다면 부부 둘 다 탈락합니다. 따라서 둘 중 한 명이라도 소득요건 미충족으로 피부양자 자격이 상실된다면 부부 모두 피부양자 자격이 상실되므로, 부부의 모든 소득과 재산을 합산한 금액에 건강보험료가 부과됩니다. 지역가입자의 건강보험료는

세대 단위로 계산하기 때문입니다

예를 들어 부부공동명의(각 50%)로 주택 1채(시가 15억 원, 과표는 시가의 60%인 9억 원으로 가정)를 보유하고 있고, 남편은 국민연금으로 연 2,400만 원, 아내는 국민연금으로 연 1천만 원의 소득이 있다고 있다고 가정해보겠습니다.

재산요건을 보자면, 아파트 과세표준은 시가의 60%인 9억 원, 공동명의로 각각 4억 5천만 원이 됩니다. 피부양자 자격유지를 위한 재산요건은 변동이 없기 때문에 과세표준 5억 4천만 원 이하여서 여전히 유지가 가능합니다.

소득요건를 보자면, 연금소득에 대해 피부양자 자격유지 여부를 판단할 때는 30% 또는 50% 소득이 아니라 전체 소득을 기준으로 한다고 이야기했습니다. 따라서 남편의 경우 연 2천만 원이 넘기 때문에 피부양자 자격이 상실되며, 아내는 연 2천만 원이 안 되어 유지되어야 합니다. 하지만 피부양자로 되어 있던 부부 중 한 명이라도 소득요건 미충족으로 피부양자 자격이 상실되면, 다른 사람도 같이 피부양자 자격이 상실되기 때문에 이때는 두 분 모두 지역가입자로 전환됩니다.

건강보험료 줄이는 법

⟩ 금융소득 만기일을 분산 또는 가족에게 증여하기

예금의 만기일을 한 해에 집중되지 않도록 관리하거나, 월 이자

지급식 상품을 활용해 이자 수입을 매달 나누어서 받는 방법을 통해 피부양자 유지가 가능합니다. 해외주식이나 비상장주식에 투자 중이라면 주식매도를 한 번에 하지 말고, 해를 달리해서 분산하는 것도 좋은 방법이 될 수 있습니다. 투자상품을 통한 수익금액이 많다면 배우자나 자녀에게 증여를 통해 이자 및 배당소득을 분산하는 것도 좋은 방법입니다.

❯ 사적연금(연금저축, IRP) 활용하기

건강보험료를 산정할 때 국민연금과 같은 공적연금은 포함하지만 개인연금이나 퇴직연금과 같은 사적연금은 포함하지 않습니다. 즉, 연금저축계좌나 IRP 등과 같은 사적연금을 통해 불입한 금액과 발생한 소득에는 건강보험료를 부과하지 않기 때문에 적극적으로 활용하는 것이 좋습니다.

❯ 비과세 금융상품(ISA) 활용하기

건강보험료를 산정할 때 비과세 금융상품은 소득으로 합산하지 않고 있습니다. 따라서 비과세 금융상품을 활용하면 좋습니다. 10년 비과세 저축성보험이나 ISA(개인종합자산관리계좌)가 대표적인 상품이라 할 수 있습니다. ISA에서 발생한 이자와 배당소득은 최대 200만 원(서민형과 농어민형은 400만 원)까지 비과세가 되고, 200만 원 초과이익에 대해 9.9%의 분리과세를 적용합니다. 3년 의무가입 기간이 있지만 이를 지킬 수만 있다면 세금도, 건강보험료도 줄일 수 있는 좋은 상품입니다.

▶ 임의계속가입제도 활용하기

부동산과 별도의 투자소득이 많은 분이 퇴직하고 지역가입자로
전환되면서 건강보험료 부담이 급격하게 늘어나는 일이 발생하기도
합니다. 이런 경우 임의계속가입 신청을 하면 퇴직하고 3년 동안은
직장에 다닐 때 부담하던 수준의 건강보험료만 내면서 건강보험 혜
택을 누릴 수 있습니다. 임의계속가입자가 되기 위해서는 퇴직 직전
18개월간 직장가입자 자격을 1년 이상 유지했어야 하며, 여러 직장
을 다녔더라도 직장가입자로 건보료를 낸 기간이 1년 이상이면 임의
계속가입제도를 활용할 수 있습니다.

▶ 재취업제도 고려해보기

주택, 토지, 건물 등 부동산에 부과되는 재산보험료가 많이 나온
다면 재취업을 하는 것도 건강보험료를 줄이는 좋은 방법이 될 수 있
습니다. 직장가입자는 소득에만 보험료를 부과하고 재산에는 부과
하지 않기 때문입니다. 직장가입자라고 해서 꼭 큰 회사에 근무해야
하는 것은 아닙니다. 사업자 외에 월 60시간 이상 근로자가 한 명이
라도 있는 곳이라면 사업자 포함 모두 직장가입자가 될 수 있기 때문
입니다. 건강보험료를 줄이고자 취업하는 일은 쉽지 않겠지만, 자기
가 좋아하는 일을 할 수 있는 곳이 있다면 그곳을 활용해 삶의 보람
과 건보료 절감 2가지 효과를 누릴 수 있습니다.

주식 절세
우리사주를
활용한 절세법

　　우리사주란 근로자가 우리사주조합을 통해서 자신이 근무하는 회사의 주식을 취득·보유하는 것을 말합니다. 「근로복지기본법」 제 32조에 의하면 우리사주제도는 근로자로 하여금 우리사주조합을 통해 해당 우리사주조합이 설립된 주식회사의 주식을 취득 및 보유 하게 함으로써 근로자의 경제적·사회적 지위 향상과 노사협력 증진 을 도모함을 목적으로 한다고 이야기하고 있습니다. 우리사주는 잘 활용하면 절세와 자본수익을 동시에 누릴 수 있습니다.

조합에 출자할 때 세금

「근로복지기본법」에 따른 우리사주조합원이 우리사주를 취득하기 위해 우리사주조합에 출자하는 경우에는 해당연도의 출자금액과 400만 원(벤처기업 등의 우리사주조합원의 경우에는 1,500만 원)까지 해당연도의 근로소득 금액에서 공제해줍니다. 또한 회사나 회사의 주주가 조합에 돈을 출연하거나 자기주식을 출연해, 해당 주식을 조합원이 받은 경우에는 소득세를 부과하지 않습니다.

단, 회사가 조합에 출연해 주식을 주는 경우 직전연도 총급여액의 20%와 500만 원 중 큰 금액을 한도로 소득세를 부과하지 않습니다. 예를 들어 작년 총급여가 8천만 원이었고 이번에 회사로부터 받은 자사주의 매익가액이 2천만 원이라면, 8천만 원의 20%인 1,600만 원까지는 비과세되고 초과하는 400만 원은 급여를 받은 것으로 보아 근로소득세가 과세됩니다.

우리사주 관련 세금 이슈

◐ 우리사주 배당소득 비과세

우리사주로 보유한 주식에 대한 배당금은 비과세가 됩니다(단, 보유 기간 1년 미만 우리사주 인출 시 해당 인출 주식에 대한 배당금 또는 보유 자사주의 액면가액이 1,800만 원을 초과할 경우에는 과세함).

❯ 우리사주 인출 시 세금이슈

소득공제를 받은 우리사주를 인출할 경우 다음의 인출금액이 근로소득 과세표준에 합산됩니다.

인출금 = min(인출주식의 매입가, 인출일 전 한달 평균 종가) × 과세율

보유 기간	과세율
보유 기간 2년 미만	100%
보유 기간 2년 이상 4년 미만	50%(50% 비과세)
보유 기간 4년 이상	25%(75% 비과세)

※ 중소기업의 주식으로 6년 이상 보유하는 경우 100% 비과세

퇴사하거나 퇴사 후 우리사주조합으로부터 받은 인출금은 기타소득이 아닌 근로소득으로 과세됩니다.

주식 양도 시 이슈

우리사주를 인출하면 개인 주식계좌로 들어옵니다. 해당 주식이 상장주식이라면 대주주(50억 원)가 아닌 이상 양도차익에 대한 양도세는 발생하지 않습니다. 다만 상장주식을 장외에서 거래하거나 해당 주식이 중소기업 비상장주식일 경우 양도차익에 대해 양도소득세를 신고·납부해야 합니다. 하지만 해당 조합원이 퇴직을 원인으

로 인출해 다음의 요건을 모두 갖춘 주식을 양도하는 경우 양도차익 3천만 원까지 양도소득세를 내지 않을 수 있습니다.

① 우리사주조합원이 우리사주를 우리사주조합을 통해 취득한 후 1년 이상 보유할 것

② 우리사주조합원이 보유하고 있는 우리사주가 양도일 현재 증권금융회사에 1년 이상 예탁된 것일 것

③ 우리사주조합원이 보유하고 있는 우리사주의 액면가액 합계액이 1,800만 원 이하일 것

주식 절세
스톡옵션을 받았다면
꼭 알아야 하는 절세법

스톡옵션(주식매수선택권)이란 기업의 임직원이 일정 기간이 지난 후 회사의 주식을 미리 정해둔 가격으로 살 수 있는 권리를 말합니다. 예를 들어 비상장기업의 대표가 액면가 5천 원에 스톡옵션 10만 주를 10명의 직원에게 나눠주기로 결정했다고 가정해보겠습니다. 몇 년 후 회사가 상장되어 기업가치가 3만 원의 공모가격을 확정했습니다. 이때 스톡옵션을 부여받은 임직원이 이를 행사한다면, 3만 원 상당의 주식을 5천 원으로 구입할 수 있게 됩니다. 즉, 직원 1명당 5천만 원의 자본금으로 3억 원의 주식을 보유하게 됩니다.

이런 이유로 스톡옵션은 일정의 임직원 포상제도 또는 직원들의 사기진작을 위해 활용되지만, 받자마자 무조건 행사할 수 있는 것은 아닙니다. 스톡옵션이 결의된 주주총회일로부터 최소 2년 이상 근무해야 스톡옵션을 행사할 수 있습니다. 지금부터 스톡옵션에 대해 알아보도록 하겠습니다.

스톡옵션은 언제 세금을 낼까?

스톡옵션은 언제 행사하느냐에 따라 세금이 달라집니다.

● 재직 중 행사 시

재직 중 스톡옵션을 행사할 경우 행사이익(행사일 시가 - 실제 매수가)을 근로소득으로 보아 과세합니다. 따라서 재직 중에는 기존에 받던 연봉에 스톡옵션의 이익까지 더해지기 때문에 행사이익이 크면 클수록 세부담이 커지게 됩니다. 예를 들어 스톡옵션 행사이익이 1주당 5천 원짜리 1만 주를 행사했고 연봉이 1억 원이라면, 스톡옵션 행사이익 5천만 원에 대해 35%의 세율을 적용받게 됩니다(소득공제 등은 고려하지 않음).

● 퇴사 후 행사 시

퇴사자의 경우 기타소득으로 20%를 원천징수하며, 기타소득금액이 300만 원 이하인 경우 분리과세, 300만 원 초과 시 다음 해 5월 종합소득세 신고를 해야합니다.

스톡옵션 행사시 세금

구분	소득	발생이익	세금납부방식	최종 정산
재직 중 행사	근로 소득	행사이익 (행사시 시가 - 실제 매수가격)	다음달 10일까지 행사 이익에 대한 세금을 급여에서 원천징수	연말 정산
퇴사 후 행사	기타 소득		행사이익의 22%를 퇴사자에게서 받아서 납부	분리과세 또는 종합과세

❯ 스톡옵션 매도에 따른 세금

스톡옵션을 행사하게 되면 증권계좌로 주식이 입고됩니다. 이후 행사일 시가와 매도가액의 차이인 주식양도차익에 대해 양도소득세와 증권거래세(0.08~0.43%) 납세의무가 발생합니다. 다만 상장주식의 경우 대주주가 아닌 이상 현재는 양도세 납세의무가 발생하지 않

비상장주식 양도소득세

구분		세율
중소기업	소액주주	10%
	대주주	20%(과세표준 3억 원 초과분은 25%)
중소기업 외	소액주주	20%
	대주주로 1년 이상 보유	20%(과세표준 3억 원 초과분은 25%)
	대주주로 1년 미만 보유	30%

으며, 비상장주식의 경우 중소기업 여부 및 대주주˙ 여부, 그리고 보유 기간에 따라 10~30%의 양도소득세율이 적용됩니다.

사례

근로소득 과세표준: 1억 원

[중소기업 외 비상장법인의 소액주주 가정]

스톡옵션: 5,000원[행사가격] × 10,000주 = 50,000,000 원

주가변동: 2020.01.01[부여시점]: @5,000원

2023.12.31[행사시점]: @10,000원

2024.12.31[양도 시점]: @30,000원

• 대주주 요건

대주주 구분	~2016. 03.31.	2016. 04.01.~	2017. 01.01.~	2018. 04.01.~	2020. 04.01.~	2024. 01.11.~
비상장 주식	지분 2% 또는 보유액 50억 원 이상		지분 4% 또는 보유액 25억 원 이상	지분 4% 또는 보유액 15억 원 이상	지분 4% 또는 보유액 10억 원 이상 [벤처기업 40억 원 이상]	
코스피	지분 2% 또는 보유액 50억 원 이상		지분 1% 또는 보유액 25억 원 이상	지분 1% 또는 보유액 10억 원 이상	지분 1% 또는 보유액 50억 원 이상	
코스닥	지분 4% 또는 보유액 40억 원 이상		지분 2% 또는 보유액 20억 원 이상	지분 2% 또는 보유액 10억 원 이상	지분 2% 또는 보유액 50억 원 이상	
코넥스	지분 4% 또는 보유액 10억 원 이상				지분 4% 또는 보유액 50억 원 이상	

양도세 및 소득세

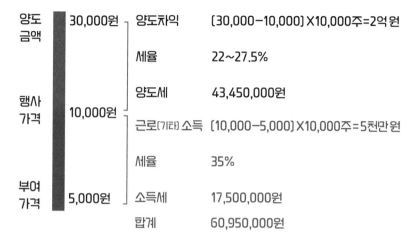

양도금액	30,000원	양도차익	[30,000-10,000]X10,000주=2억 원
		세율	22~27.5%
		양도세	43,450,000원
행사가격	10,000원	근로(기타)소득	[10,000-5,000]X10,000주=5천만 원
		세율	35%
부여가격	5,000원	소득세	17,500,000원
		합계	60,950,000원

스톡옵션 절세방법

스톡옵션 부여 당시 회사가 벤처기업 인증을 받은 회사라면 3가지 혜택을 볼 수 있습니다.

① 비과세 특례

벤처기업의 임원 또는 종업원(자회사 임직원 포함)이 2024년 12월 31일 이전에 「벤처기업 육성에 관한 특별 조치법」에 따라 부여받은 스톡옵션을 행사해 얻는 이익 중 연간 2억 원 이내의 금액은 비과세를 해줍니다. 다만 소득세를 과세하지 않는 벤처기업의 스톡옵션 행사이익은 벤처기업별 총누적금액 5억 원을 초과하지 못하며, 벤처기업은 비상장법인이거나 코넥스 상장법인만 해당됩니다.

⊘ ② 납부 특례

벤처기업 스톡옵션 행사이익에 대해서는 소득세를 원천징수하지 않습니다. 또한 행사이익에 대한 종합소득세를 신고하되, 5년 동안 1/5씩 균등분할 납부할 수 있으며, 이를 위해서는 행사일 다음 달 5일까지 회사에 특례적용대상명세서를 제출해야 합니다.

사례 | 주식매수선택권 2017.01.01 부여 → 2018.05.01 행사(소득세 500만 원)

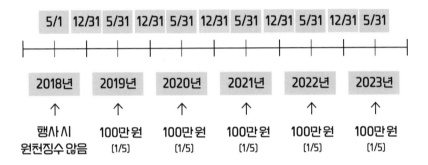

⊘ ③ 과세이연 특례

「조세특례제한법 시행령」이 정한 일정 요건을 갖춘 스톡옵션*의 경우 행사이익을 종합소득세로 납부하지 않고 저율의 양도소득세로 일괄납부할 수 있어 절세가 가능합니다. 이를 위해선 행사일 전날까지 스톡옵션 전용계좌**를 개설하고 특례적용신청서를 작성하여 제출해야 합니다.

구분	일반 주식회사	상장회사 (유가증권, 코스닥, 코넥스)	비상장 벤처기업
임직원 세제 혜택 (조특법)	없음	· 비과세특례(16조의2) 코넥스 상장 벤처기업에 비과세 특례 적용	특례 · 비과세특례(16조의2) 행사이익 연간 2억 원 이내 소득세 비과세 단, 비과세 누적 한도는 벤처기업별 최대 5억 원
			특례 · 납부특례(16조의3) 행사이익에 대한 소득세 5년 분할 납부 가능
		· 납부특례(16조의3) 상장 벤처기업도 소득세 5년 분할 납부 가능	특례 · 과세특례(16조의4) 적격스톡옵션* 행사이익에 대해 소득세로 과세하지 않고, 매도 시점에 양도소득세로 납부 선택 가능 *3년간 행사가액의 합계 5억 원 이하

- 스톡옵션 행사일로부터 역산해 2년이 되는 날이 속하는 과세기간부터 해당 행사일이 속하는 과세기간까지 전체 행사가액의 합계가 5억 원 이하여야 하고("조세특례제한법」 제16조의4 제1항 제2호), 부여받은 스톡옵션을 모두 행사하는 경우 해당 법인의 발행주식 총수의 100분의 10을 초과해 보유하게 되거나 지배주주 등에 해당되는 자이어서는 안 됩니다("조세특례제한법」 제16조의4 제1항 제1호 및 동법 시행령 제14조의4 제1항 참조).

•• 스톡옵션 행사한 직원이 본인 명의로 만든 증권계좌로, 해당 계좌에서는 오직 스톡옵션 으로 취득한 주식만 거래해야 하므로 '스톡옵션 전용 계좌'라고 부릅니다.

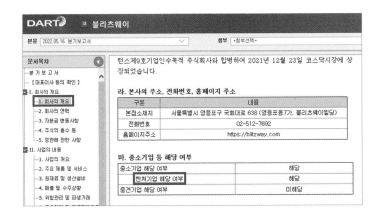 내가 다니는 회사의 벤처기업 여부는 어디서 확인할 수 있을까?

금융감독원 전자공시시스템인 DART에서 확인이 가능합니다.

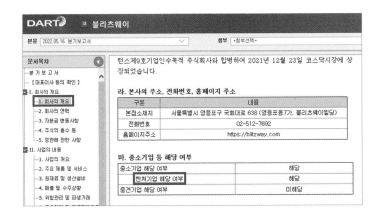

Ⓠ 만일 스톡옵션 행사 당시 벤처기업이 아니라면 벤처기업 세금혜택을 받을 수 없을까?

주식매수선택권 행사시점에 벤처기업이 아니게 된 경우 조특법§16의2·3·4의 과세특례 적용여부(서면-2021-법령해석소득-3480(법령해석과-3032))

'벤처기업육성에 관한 특별조치법」제2조 제1항에 따른 벤처기업(이하 '벤처기업')으로부터 주식매수선택권을 부여받았으나 이를 행사할 때 그 주식매수선택권의 부여법인이 벤처기업에 해당하지 않게 되었다 하더라도, '조세특례제한법」제16조의2, 제16조의3, 제16조의4에 규정된 각각의 요건을 충족한 경우라면 해당 특례를 적용받을 수 있는 것입니다.

해외주식 절세
해외주식 보상을 받았다면
반드시 알아야 하는 절세법

애플코리아, 구글코리아 등 글로벌 기업에 근무하는 임직원의 경우 주식보상제도를 통해 해당 기업의 주식을 받기도 합니다. 임직원을 위한 주식보상제도는 앞서 설명한 스톡옵션뿐만 아니라 RSU(제한조건부주식), ESPP(종업원주식구입제도)가 있으며, 조금씩 차이가 있습니다. 해외에서 주식을 취득할 경우 해외주식 행사에 따른 국외 근로소득세, 해외주식 양도에 따른 양도소득세 및 해외금융계좌신고 의무 등 국내 스톡옵션보다는 확인해야 할 사항이 더 많습니다.

해외주식 취득·매도·신고 시점

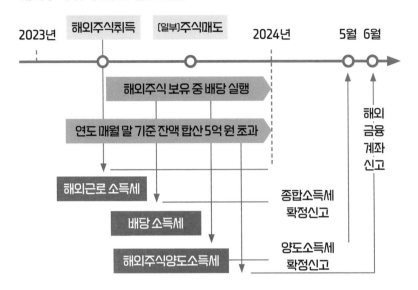

해외주식보상제도의 종류

주식보상제도란 임직원의 성과 달성, 근속 등 근로에 대한 대가를 현금이 아닌 주식으로 보상하는 제도로, 다음의 3가지로 나누어 살펴볼 수 있습니다. 스톡옵션은 조건 충족 시 행사가격으로 정해진 수량의 주식을 매수할 수 있는 권리를 말합니다. RSU(Restricted Stock Option)란 회사가 제시한 조건(=성과 달성)을 충족할 경우 무상으로 주식을 지급받는 권리를 말하며, ESPP(Employee Stock Purchase Program)의 경우 특정 시점에 시가보다 저가로(적게는 10%에서 많게는 20%) 주식을 매입할 수 있는 권리를 뜻합니다.

주식보상제도의 종류

구분	STOCK OPTION	RSU	ESPP
의미	조건 충족 시 정해진 행사가격으로 정해진 수량의 주식을 매수할 수 있는 권리	회사가 제시한 조건을 충족할 경우 무상으로 주식을 지급받는 권리	특정시점에 시가보다 저렴하게 (10~20%) 주식을 매수할 수 있는 권리
주식 취득 방식	유상	무상	유상
주식 취득 시기	부여시점 → 귀속시점 → 행사시점 = 주식 보유	부여시점 → 귀속시점 = 주식 보유	부여시점 → 참여시점 (Participation) → 매수시점 (Purchase) = 주식보유

* 부여(Grant): 회사가 이사회, 주주총회 등의 필요한 내부승인 절차를 거쳐 스톡옵션 등을 대상 임직원에게 부여하는 단계입니다. 이때 스톡옵션 등과 관련된 조건, 가격, 수량, 기간 등이 정해지게 됩니다. 예를 들어 스톡옵션은 조건이 충족되지 않으면 취소될 수도 있어 부여되었다고 해서 소득이 발생했다고 보지는 않습니다.

* 귀속(Vesting): 스톡옵션 등을 부여받은 임직원이 조건을 충족함으로써 권리가 확정·귀속되는 단계입니다. RSU 귀속 시점에는 주식의 소유권이 임직원에게 확정적으로 귀속되는 것이므로 근로소득이 발생한 것으로 봅니다.

* 행사(Exercise): 스톡옵션을 부여받은 임직원이 조건을 충족해 옵션을 행사할 수 있는 권리가 확정된 후 실제로 권리를 행사하는 단계입니다. 임직원은 행사가격에 수량을 곱한 금액만큼의 대금을 회사에 지급하고, 회사는 해당 주식의 소유권을 임직원에게 이전해야 합니다. 따라서 스톡옵션은 실제 행사시점에 근로소득이 발생한 것으로 봅니다.

해외주식보상제도 관련 세금 이슈

● 국외근로소득

주식보상제도를 통해 주식을 시가보다 저렴하게 취득하거나 무상으로 취득했다면 그 금액만큼 근로소득으로 보아야 합니다. 스톡옵션의 경우 행사시점에, RUS의 경우 귀속시점에, ESPP의 경우 매수시점에 근로소득이 발생한 것으로 봅니다. 이렇게 국외에서 발생한 근로소득은 국내에서 원천징수되지 않았으므로 별도로 종합소득세 신고를 해야 합니다. 신고방법은 납세조합을 통해 신고하는 방법과 다음해 5월 종합소득세 신고기간에 자진신고 및 납부하는 방법 2가지가 있습니다.

① **납세조합을 통해 신고 및 납부:** 국세청에서 승인받은 납세조합에 가입 후 납세조합을 통해 신고하는 방법이 있습니다. 납세조합을 통해 신고한다면 한국법인으로부터 받는 급여와 해외법인 등으로부터 받는 급여를 합산해 연말정산 시에 반영 가능합니다. 소득이 발생한 달의 다음 달 10일까지 납세조합을 통해 소득을 신고하면 납부세액의 5%를 공제받을 수도 있습니다(연간 100만 원 한도).

② **종합소득세로 신고 및 납부:** 소득이 발생한 다음 해 종합소득세 신고기간인 5월 중에 신고 및 납부하는 방법입니다. 국외근로소득

외에 다른 소득이 있다면 이를 합산해 종합소득세 확정신고를 하면 됩니다.

이 2가지 방법으로 국외근로소득을 신고하지 않을 경우 무신고 가산세(종합소득 산출세액의 20%) 또는 과소신고 가산세(미신고 소득분 산출세액의 10%)와 납부지연 가산세(하루마다 0.022%씩 연 8.03%)가 부과됩니다.

🅢 해외주식 배당소득

해외주식의 배당소득을 받을 경우 해외에서 배당금 지급 시 해당 자국세법 또는 조세조약상 제한세율로 원천징수가 됩니다. 만약 현지세율이 국내세율보다 낮은 상황에서 국내 증권사를 통해 지급 시 국내세율(14%)보다 덜 낸 세금에 대해 추가로 원천징수를 합니다. 해당 배당소득을 포함한 금융소득이 2천만 원을 넘는 경우 다른 소득과 합산해 종합과세되며, 해외에서 원천징수된 금액은 외국납부세액공제를 해주어 이중과세를 방지하고 있습니다.

하지만 해외계좌를 개설해 해외계좌로 배당금이 들어와 국내에서 원천징수가 되지 않은 해외주식의 배당소득은 금융소득 2천만 원 초과 여부와 상관없이 다른 소득과 합산해 종합소득세 신고 및 납부 의무가 발생합니다. 따라서 다른 소득이 많아 높은 종합소득세율을 적용받는다면 국내 증권사를 통해 배당을 받는 것이 유리할 수 있습니다.

◈ 해외주식 양도소득세

해외주식을 처분해 양도소득이 발생할 경우 다음 해 5월에 해외주식 양도소득세 신고 및 납부 의무가 발생합니다. 양도소득을 계산하기 위한 취득가는 스톡옵션은 행사시점의 시가, RSU는 귀속시점의 시가, ESPP는 매수시점의 시가가 됩니다. 이렇게 계산한 해외주식 매매차익이 250만 원을 초과하는 경우에는 해외주식 양도소득세가 발생하게 됩니다.

해외주식 양도소득세 계산

양도소득세 = (양도차익 − 250만 원) × 22%

※ 원화 환산 시 취득일·양도일 기준환율 적용
※ 취득 시기 불분명한 경우 선입선출법 적용 원칙

해외주식을 해외에서 매각하고 해외 금융기관에 예금 거래를 한다면 외국환은행에 해외예금 신고를 해야 합니다(세법상 해외금융계좌신고와 별개).

해외예금 보고 관련

구분	보고대상	보고기한
해외예금 입금보고서	해외에서 건당 미화 1만불 초과 입금	입금일부터 30일 이내
해외예금 잔액보고서	연간입금액 또는 연말 잔액이 10만불 초과 하는 경우	다음연도 첫째달 말일까지

Q 해외주식보유금액이 5억 원을 넘으면 어떻게 될까?

보유주식의 평가액이 5억 원을 초과하는 경우 해외금융계좌 신고대상이 됩니다. 거주자 또는 내국법인이 매월 말일 중 하루라도 보유한 해외금융계좌 잔액의 합이 5억 원을 초과하는 경우 다음연도 6월에 해외금융계좌 정보를 신고해야 합니다. 자세한 내용은 '해외금융계좌신고제도'의 내용을 참고하기 바랍니다.

Q 한미조세조약 및 W-8BEN이란?

W-8BEN이란 본인이 한국 세법상 '한국 거주자'이며 미국 세법상 '미국 비거주자'이기 때문에 한국과 미국이 체결한 한미조세조약의 내용을 적용받는다는 내용의 IRS 양식을 의미합니다. W-8BEN 서류를 주식 원천징수의무자인 미국 증권사에 제출했는지 여부에 따라 미국에서의 원천징수 세율이 달라집니다. W-8BEN은 서류 제출 시 제출연도 말일부터 3년간 유효합니다.

W-8BEN 제출 vs. 미제출

구분	배당소득	양도소득
제출	미국에서 15% 원천징수	미국에서 비과세
미제출	미국에서 30% 원천징수	미국에서 30% 원천징수

해외주식보상에 대한 절세방안

› 양도손익통산을 통한 절세

다른 해외주식 및 국내주식과 양도차익과 양도차손 통산이 가능합니다. 양도차익과 손익통산 시 실현손실금액의 22%만큼 양도소득세 절감효과가 발생합니다. 하지만 국내주식의 모든 양도차손익을 통산할 수 있는 것은 아닙니다. 과세대상인 비상장주식 매도, 상장주식의 장외매도, 국내 상장주식 대주주의 양도차손익에 대해서만 해외주식 양도차손익과 통산이 가능합니다.

구분	상장주식	비상장주식
대주주	O	O
소액주주	X	O
장외거래	O	-

› 증여 후 양도를 통한 절세

배우자 또는 자녀에게 증여해 수증자의 취득가액을 높인 후 양도하면 양도차익을 줄일 수 있습니다. 증여 시 증여재산가액은 전후 2개월 종가평균액을 적용하며, 증여재산공제(배우자 6억 원, 직계존비속 5천만 원, 미성년 자녀 2천만 원)를 활용해 비과세 구간 또는 저율의 증여세를 활용하면 양도세를 절세할 수 있습니다.

예를 들어 1만 원에 해외주식 5천 주를 구입했고, 해당 주식이 10만 원이 되었습니다. 해외주식 양도에 따른 세금을 9,845만 원을 납부해야 하지만 배우자에게 증여 후 양도한다면 배우자에겐 10년간 6억 원까지 증여세가 없기 때문에 증여세도 발생하지 않습니다. 주식의 경우 현재는 이월과세 규정을 적용받지 않기 때문에 증여 취득가액을 인정받아, 양도 시 취득가와 양도가가 동일하거나 양도차익을 줄일 수 있어 절세가 가능합니다.

다만 2024년 세법 개정안에 주식도 이월과세 적용대상 자산으로 포함될 예정이므로, 해외 주식에서 이익이 발생했다면 2024년이 지나기 전에 배우자 및 직계존비속에게 증여해야 절세가 가능합니다.

양도소득세 이월과세 적용대상 자산 확대

(7) 양도소득세 이월과세 적용대상 자산 확대(소득법 §97의2)	
현 행	**개 정 안**
□ **양도소득세 이월과세*** **적용대상 자산** * 배우자·직계존비속으로부터 증여받은 자산을 양도하는 경우, 증여자의 취득가액을 기준으로 양도차익 계산	□ **적용대상 자산 추가**
○ 양도일 전 **10년 이내** 증여받은 **토지, 건물, 부동산취득권** 등	○ (좌 동)
<추 가>	○ 양도일 전 **1년 이내** 증여받은 **주식등**

〈개정이유〉 조세회피 방지

〈적용시기〉 '25.1.1. 이후 증여받는 분부터 적용

해외주식 증여 시 증여가액(수증자의 취득가격 계산법)

해외주식을 증여받으면 증여일의 전후 2개월(총 4개월) 동안의 종가 평균액이 수증자의 취득가액이 됩니다. 그 이후 주식을 받은 수증자가 주식을 양도하고, 양도가액이 증여일의 전후 3개월 평균 가액보다 높을 경우에만 양도소득세가 과세됩니다.

예를 들어 2022년 1만 원에 해외주식 5천 주를 구입해 2024년 10만 원에 직접 양도하는 것과 2024년 배우자에게 증여 후 양도(증여 후 양도차익 발생하지 않는다고 가정)했을 때를 계산해보면 다음 페이지의 그림과 같습니다.

해외주식 직접 양도 시

2022.01.05 취득가액 1만 원(5천 주)	**2022.04.25** 양도가액 10만 원(5천 주)

구분	금액
양도가액	10만 원 × 5,000주
취득가액	1만 원 × 5,000주
양도차익	9만 원 × 5,000주
양도소득세 계산	(9만 원 × 5,000주 −250만 원) × 22%
양도소득세	9,845만 원

해외주식 증여 후 양도 시

2022.01.05 취득가액 1만 원(5천 주)	**2024.02.25** 배우자에게 증여(5천 주)	**2024.02.25** 양도가액 10만 원(5천 주)

구분	금액
양도가액	10만 원 × 5,000주
취득가액	10만 원 × 5,000주
양도차익	없음
양도소득세	없음
증여세	10년간 6억 원까지 배우자 증여재산공제 가능

상속·증여 절세의 정석

상속·증여
상속 vs. 증여,
무엇이 같고 무엇이 다를까?

세율은 동일하다

우리나라의 상속과 증여의 세율은 최소 10%에서 최대 50%까지로 동일합니다. 따라서 30억 원이 넘는 재산에 대해서는 상속이 되었든, 증여가 되었든 절반을 세금으로 낼 수밖에 없는 구조입니다.

상속과 증여 세율

과세표준	세율	누진공제액
1억 원 이하	10%	
1억 원 초과~5억 원 이하	20%	1천만 원
5억 원 초과~10억 원 이하	30%	6천만 원
10억 원 초과~30억 원 이하	40%	1.6억 원
30억 원 초과	50%	4.6억 원

죽어서 납부하는 상속세와 살아서 납부하는 증여세의 세율이 동일하다면, 왜 굳이 사전에 증여하는 것이 절세일까요? 그 이유는 상속과 증여의 과세방식의 차이에 있습니다.

과세방식이 다르다

상속은 피상속인, 즉 돌아가신 분이 상속개시 당시 보유하고 있던 모든 재산(부동산, 현금, 주식, 자동차 등)을 합해 세금을 부과하는 방식인 유산과세형입니다. 반면 증여는 수증자, 즉 재산을 물려받은 사람이 받은 재산가액을 기준으로 세율을 적용하는 유산취득세로 세금이 결정됩니다. 그렇기 때문에 상속과 증여의 세율이 동일함에도 불구하고 세부담의 차이가 발생합니다.

100억 원 자산가인 A씨에게 100명의 자녀가 있다고 가정하겠습

과세방식

상속세	증여세
유산세 과세방식 사망일 당시 보유한 전체 재산 + 생전증여재산가액 (상속인 10년, 상속인 외의 자 5년)	유산취득세 과세방식 증여 재산 + 10년 내 기증여재산가액

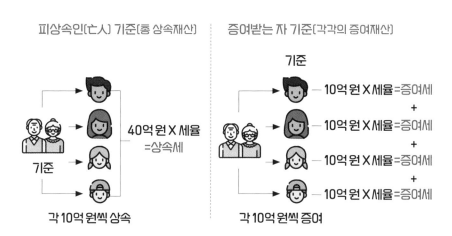

피상속인(亡人) 기준(총 상속재산)

기준

40억 원 X 세율
=상속세

각 10억 원씩 상속

증여받는 자 기준(각각의 증여재산)

기준

10억 원 X 세율=증여세
+
10억 원 X 세율=증여세
+
10억 원 X 세율=증여세
+
10억 원 X 세율=증여세

각 10억 원씩 증여

니다. 100억 원을 상속으로 물려줄 때와 생전에 100명의 자녀에게 1억 원씩 물려줄 때(증여 후 10년 생존 가정) 세금 차이는 얼마나 발생할까요? 쉬운 이해를 위해 상속 및 증여재산공제는 고려하지 않겠습니다.

1명에게 1억 원 증여 시 → 1억 원×10%＝1천만 원 → 100명 증여 시
10억 원(10% 세율)

100억 원 상속 발생 시 → 100억 원×50%−4.6억 원＝45.4억 원
(50% 세율)

사전증여 없이 상속이 개시된다면 50%의 상속세를 내야 하지만, 상속 개시 10년 이전에 자녀들에게 1억 원씩 증여를 했다면 10%의 증여세를 각각의 자녀가 부담하면 됩니다. 수치로 보았을 때 사전증여를 하지 않았을 때와 비교해보면 약 35억 원의 세금이 절세되는 것을 알 수 있습니다.

다만 사전증여를 한다고 해서 무조건 절세가 되지는 않습니다. 이런 세부담의 차이를 활용해 상속세 회피하는 것을 막고자 상속 이전 10년 내에 자녀나 배우자에게 증여한 재산을 모두 상속재산에 합산하도록 규정하고 있기 때문입니다. 따라서 고령이거나 건강이 좋지 않은 상황에서 증여 후 바로 상속이 일어난다면 절세효과를 기대할 수 없습니다.

공제액이 다르다

상속세는 모든 재산을 합쳐서 계산하기 때문에 비교적 높은 세금이 나올 가능성이 많아 증여보다 많은 금액을 공제해줍니다.

증여의 경우 10년에 5천만 원(미성년자는 10년에 2천만 원)까지만 줄 수 있는 반면, 상속의 경우 일괄공제 5억 원, 배우자가 살아있다면 배우자상속공제 최소 5억 원을 추가로 받을 수 있습니다. 따라서

공제액

상속세	증여세
[상속공제 종합한도]	
일괄공제: 5억 원	배우자: 6억 원
배우자상속공제: 5억~30억 원	직계존비속: 5천만 원
금융재산공제: 최대 2억 원	(미성년자 2천만 원)
동거주택공제: 최대 6억 원	기타친족: 1천만 원

배우자가 살아있고 상속재산이 10억 원을 넘지 않는다면, 증여보다는 상속이 유리할 수 있습니다.

만일 자녀에게 사전증여를 했다면 5천만 원만 공제되고 초과분에 대해서는 증여세를 납부하게 됩니다. 이렇게 미리 납부한 증여세는 상속시점에 계산한 상속세보다 큰 경우에도 돌려주지 않습니다. 또한 사전증여를 한 재산은 상속공제의 한도를 차감시키기 때문에 상속공제 금액이 작아져서 자칫 안 내도 될 상속세를 내야 하는 상황이 발생할 수 있습니다.

예를 들어 10억 원 상당의 토지가 전 재산이었던 아버지가 배우자와 상의 끝에 상속세 절세 목적으로 사형제에게 25%씩 증여하고, 4년 후 상속이 개시되었다고 가정해보겠습니다. 사전증여를 하지 않았다면 일괄공제 5억 원과 배우자공제 5억 원을 합산해 총 10억 원의 상속공제가 적용되기 때문에 납부할 상속세가 없습니다. 하지만 지금처럼 사전증여를 한다면 상속세 과세가액 10억 원에서 사전증여재산(증여재산공제 차감 금액) 8억 원을 뺀 2억 원만 상속공제를 적용받을 수 있기 때문에 불필요한 상속세를 납부하게 될 수 있습니다.

상속공제 관련 자세한 내용은 『합법적으로 덜 내는 상속증여 절세법』(이환주·김재현 지음, 2024) '세금 없이 얼마까지 상속받을 수 있을까' 편을 참고해주세요.

상속에는 연대납세의무

수증자가 세법상 거주자인 경우 증여세 납세의무자는 수증자, 즉 받는 사람입니다. 따라서 증여세를 증여자인 부모 또는 조부모가 대신 납부한다면 이 재산 또한 증여로 보아 납부해야 할 증여세가 많아집니다.

반면 상속세는 상속인과 수유자(유증에 의해 재산을 받는 사람)가 상속재산 중 각자가 받았거나 받을 재산의 비율에 따라 상속세를 납부해야 하고, 각자가 받았거나 받을 재산을 한도로 연대해 납부할 의무가 있습니다. 즉, 연대납세의무자로서 각자가 받았거나 받을 상속재산의 한도 내에서 다른 상속인이 납부해야 할 상속세를 대신 납부하더라도 추가적으로 증여세가 부과되지 않습니다(재산세과-454, 2011.9.27).

따라서 상속재산이 부동산과 금융자산이 있을 경우 배우자는 금융재산을 상속받고, 나머지 자녀들이 아파트 등 부동산을 나누어 상

2억 원 증여할 경우 수증자가 직접 증여세 납부 시 vs. 증여자가 증여세 대신 납부 시 세금 차이

(단위: 원)

구분	수증가 직접 납부하는 경우	증여자가 증여세 대납하는 경우
증여재산가액	200,000,000	200,000,000
+ 증여세대납액		24,069,479
− 증여재산공제	50,000,000	50,000,000
= 증여세 과세표준	150,000,000	174,069,479
× 세율	20%	20%
− 누진공제액	10,000,000	10,000,000
= 산출세액	20,000,000	24,813,896
− 신고세액공제(3%)	600,000	744,417
= 차감납부세액	19,400,000	24,069,479

계산구조

{[[증여재산가액 + 증여세대납액(A) − 증여재산공제] × 증여세율]
− 누진공제} × (1 − 0.03) = 증여세대납액(A)

{[(200,000,000 + 증여세대납액(A) − 50,000,000] × 20%]
− 10,000,000} × (1 − 0.03) =
증여세대납액(A) → 증여세대납액(A = 24,069,479)

속받아, 배우자가 상속받은 금융재산으로 상속세를 납부한다면 자녀들은 상속세 부담없이 아버지의 재산을 온전히 물려받을 수 있습니다.

연부연납은 증여 5년간, 상속 10년간

대한민국 자산가분들의 자산 중 상당수가 부동산에 편중되어 있는 경우가 많습니다. 사전증여로 미리 상속재산을 줄이지 않았다면, 상속받는 자녀 입장에서도 납부해야 할 상속세가 상당히 부담스러울 수밖에 없습니다. 증여세 또는 상속세 납부세액이 많을 때 활용할 수 있는 것이 바로 연부연납제도입니다.

● 증여세 연부연납 신청요건

납부할 세액이 2천만 원을 초과하고, 다음의 요건을 충족할 경우 납부금액을 5년 이내에서 납세자가 신청한 기간에 걸쳐 납부할 수 있습니다.

- 각 회분의 분납세액이 1천만 원을 초과해야 함
- 연납한 세액에 대해 이자(연부연납가산금)을 부담(2024년 현재 3.5%)
- 연납할 상속세 본세와 이자의 합계액의 120% 상당의 담보 제공

❯ 상속세 연부연납 신청요건

납부할 세액이 2천만 원을 초과하고, 다음의 요건을 충족할 경우 납부금액을 10년 이내에서 납세자가 신청한 기간에 걸쳐 납부할 수 있습니다.

- 각 회분의 분납세액이 1천만 원을 초과해야 함
- 연납한 세액에 대해 이자(연부연납가산금)을 부담(2024년 현재 3.5%)
- 연납할 상속세 본세와 이자의 합계액의 120% 상당의 담보 제공

❯ 2024년 세법 개정안: 상속·증여세 개정 내용

상속세 및 증여세 최고세율을 40%(30억 이상 50% 구간 삭제 예정)로 인하, 최저세율 과세표준 구간을 2억 원으로 인상하는 것으로 개정(안)이 아래와 같이 발표되었습니다.

① 상속세 및 증여세 최고세율 및 과세표준 조정(상증법 §26)

현 행		개 정 안	
☐ 상속세 및 증여세 세율 및 과세표준		☐ 최고세율 인하 및 하위 과세표준 조정	
과세표준	세율	과세표준	세율
1억원 이하	10%	2억원 이하	10%
1억원 초과 5억원 이하	20%	2억원 초과 5억원 이하	20%
5억원 초과 10억원 이하	30%	5억원 초과 10억원 이하	30%
10억원 초과 30억원 이하	40%	10억원 초과	40%
30억원 초과	50%		

〈개정이유〉 상속·증여세 부담 완화

〈적용시기〉 '25.1.1. 이후 상속이 개시되거나 증여받는 분부터 적용

과세 표준	세율	누진공제액
2억 원 이하	10%	-
5억 원 이하	20%	2천만 원
10억 원 이하	30%	7천만 원
30억 원 이하	40%	1억 7천만 원

이로 인하여 간편법 계산식인 누진공제액이 1천만 원 상향될 예정입니다.

증여를 계획했다면 세법 개정과 관계없이 증여하면 됩니다. 다만 최저세율구간만 하고 싶다면 1억 원은 지금, 추가 1억 원은 조금 더 기다렸다가 내년에 증여해야 1천만 원의 세금을 줄일 수 있습니다.

본 개정(안) 내용은 2024년 12월 국회 통과 시 확정됩니다.

선산 상속
조상님만 잘 모셔도
세금이 절약된다

부동산과 금융재산으로 20억 원 가량을 가지고 있는 J씨는 나중에 낼 상속세를 절세하기 위해 미리 사전증여를 하려고 합니다. 딸에게는 평택에 있는 임야를 주려 하고, 아들에게는 일산에 있는 선산을 주려고 생각 중입니다. 세금을 절약할 수 있는 방법이 있을까요?

선산은 증여보다는 상속

선산이란 금양임야와 묘토를 의미하는데, 그 뜻을 살펴보면 다음과 같습니다.

▶ 금양임야

금양임야란 묘지를 보호하기 위해 벌목을 금지하고 나무를 기르는 묘지 주변의 임야로써 다음과 같은 요건을 충족해야 합니다.

① 피상속인 제사를 모시고 있던 선조의 분묘(무덤) 주변의 임야
② 제사를 주재하는 자에게 상속
③ 제사를 주재하는 상속인(공동으로 제사를 주재하는 경우에는 그 공동상속인 전체)을 기준으로 9,900m²(약 3천 평)까지만 비과세

▶ 묘토

묘토는 묘지와 인접한 거리에 있는 농지로서 제사를 모시기 위한 재원으로 사용하는 농지를 말합니다. 다음과 같은 요건을 충족해야 합니다.

① 피상속인이 제사를 모시고 있던 선조의 묘제(산소에서 지내는 제사)용 재원으로 사용하는 농지
② 제사를 주재하는 자에게 상속
③ 제사를 주재하는 상속인을 기준으로 1,980m²(약 600평)까지만 비과세

❯ 족보와 제구도 세금혜택

일가의 역사를 표시하고 가계의 연속을 실증하기 위한 책자인 족보와 조상의 제사에 사용되는 도구인 제구에 대해도 재산가액의 합계액 1천만 원을 한도로 상속세 과세대상에서 제외해줍니다.

❯ 비과세한도

선산이 있는 집안의 종손이 상속을 받을 때 상속세 비과세 요건을 갖춘 금양임야 및 묘토에 해당되는 상속재산이 있는 경우가 많이 있습니다. 다만 금양임야와 묘토인 농지의 재산가액의 합계액이 2억 원을 초과하는 경우 2억 원까지만 비과세를 해줍니다.

상속세 비과세 = min [ⓐ 금양임야 + 묘토, ⓑ 2억 원] + 족보와 제구
[1천만 원 한도]

금양임야란 선조의 분묘가 있는 묘지 주변의 임야이므로 피상속인의 분묘가 있으면 그 주변의 임야를 금양임야라고 할 수 있지 않을까 착각하는 경우도 있습니다. 하지만 피상속인의 분묘만 있는 임야에 대해서는 상속세가 비과세되는 금양임야로 보지 않으니 주의해야 합니다.

국심2000중0396 [2000.10.19]
청구인들은 쟁점임야는 피상속인의 장남 등이 상속받은 금양임야

이므로 과세가액에서 공제해야 한다고 주장하면서 분묘 사진 등을 제시하고 있으나, 쟁점임야는 피상속인이 1989년 2월 취득한 토지로 처분청 조사에 의하면 피상속인의 분묘만이 있을 뿐 선조의 묘는 존재하지 아니하는 것으로 확인되고 있어, 이는 제사를 주재하는 자가 승계받은 금양임야라기보다는 상속재산에 포함해야 하는 단순한 '임야'라고 해야 할 것이어서 청구인 주장은 이유 없다고 판단해 심판청구를 기각했다.

Q. '제사를 주재하는 자'가 상속을 받지 않아도 비과세가 가능할까?

'제사를 주재하는 자'는 호주승계인이 아닌 실제로 제사를 주재하는 자를 의미합니다. 상속세 비과세를 받기 위해서는 제사를 주재하는 자가 반드시 선산을 상속받아야 합니다. 예를 들어 선조의 분묘가 있는 선산을 차남이 상속받고, 실제 선조의 제사는 장남이 주재한다면 이때의 금양임야는 더 이상 비과세 대상이 아닌 일반상속재산이 되어 상속세를 납부해야 합니다.

제사주재자는 우선적으로 공동상속인들 사이에 협의로 정하는 것이며, 협의가 이루어지지 않는 경우에는 망인의 장남(장남이 이미 사망한 경우에는 장손자)이 제사주재자가 되고, 공동상속인들 중에 아들이 없는 경우에는 망인의 장녀가 제사주재자가 됩니다(대법 2008.11.20. 선고 2007다27670).

ⓠ 상속인이 자경하지 않는 토지도 묘토로 볼 수 있을까?

제사 관련 비용을 처리하기 위한 토지로서 제사를 주재하는 자에게 상속되는 토지는 '묘토'로서 과세가액에 산입하지 않으며, 자경 여부를 불문하고 비과세 대상 자산으로 인정해줍니다(국심2000중846). 또한 금양임야에 연접한 과수원에서 얻은 수확물로 분묘의 관리 비용이나 제사의 비용을 조달한 것으로 확인된다면, 이 또한 비과세 상속재산인 묘토로 볼 수 있습니다(조심2008중4113).

따라서 사례의 경우에는 아들에게 주려고 했던 일산의 선산은 상속이 일어난 후에 제사를 주재할 아들이 상속받는 것으로 재산을 분할한다면, 상속세 부담 없이 넘겨줄 수 있는 재산이므로 사전증여를 할 필요가 없습니다. 만일 해당 선산을 생전에 증여한다면 비과세가 되지 않으니 주의해야 합니다. 또한 선산의 상속으로 비과세를 받은 후 수용, 양도되더라도 당초 적용받은 비과세에는 영향을 주지 않습니다.

상속공제
상속 전 지출한 장례비 등은
상속공제 가능할까?

　상속과 관련된 세금 이야기를 시작할 때 가장 먼저 나오는 질문 중 하나는 바로 장례비 사용에 대한 공제 여부입니다. 모두가 생각하는 것보다 장례비에 들어가는 비용도 많고, 또 최근 봉안시설이나 자연장지에 대한 비용 또한 추가로 들어가는 경우도 있습니다. 이와 관련해 우리가 꼭 기억해야 하는 세무지식이 어떤 것이 있을지 한 번 살펴보겠습니다.

장례비 공제

　장례비 공제는 피상속인이 유고한 후 장례를 치르면서 발생한 비용들을 상속세 신고 시 상속공제항목에 포함해 상속재산에서 공제해주는 것을 의미합니다. 따라서 장례비용 또한 일정부분 상속세를 줄이는 효과가 발생하게 됩니다.

하지만 그렇다고 무한대로 공제를 해준다면 빈부격차에 따른 형평성의 문제가 발생할 수 있습니다. 따라서 세법에서는 다음과 같이 장례비용 공제한도를 두고 있습니다.

장례비 공제(①+②)
① 피상속인의 사망일부터 장례일까지 장례에 직접 소요된 금액으로 장례비가
  - 500만 원 미만 시 → 500만 원,
  - 500만 원 초과 시 → MIN(장례비용 증빙액, 1천만 원)
② 봉안시설사용금액 → MIN(봉안시설비용 증빙액, 500만 원)

▶ 상속 전 지출한 장례비는 상속공제 가능할까?

보통 고령으로 사망하는 경우 대부분 병원에 장기간 치료를 받다 돌아가십니다. 그리고 의사로부터 소견을 계속 받다가 임종이 멀지 않은 경우 상속인들은 장례와 관련해 준비하기도 합니다. 이때 상속 전 지출한 장례비용이 있다면 상속세 계산 시 공제가 가능할까요?

'상속세 및 증여세법 시행령」 제9조 공과금 및 장례비용

② 법 제14조 제1항제2호의 규정에 의한 장례비용은 다음 각호의 구분에 의한 금액을 합한 금액으로 한다.

1. 피상속인의 사망일부터 장례일까지 장례에 직접 소요된 금액 (봉안시설 또는 자연장지(自然葬地)의 사용에 소요된 금액을 제외한다). 이 경우 그 금액이 500만 원 미만인 경우에는 500만 원으로 하고 그 금액이 1천만 원을 초과하는 경우에는 1천만 원으로 한다.

2. 봉안시설 또는 자연장지의 사용에 소요된 금액. 이 경우 그 금액이 500만 원을 초과하는 경우에는 500만 원으로 한다.

즉, "피상속인의 사망일로부터 장례일까지 장례에 직접 소용된 금액"이라고 명확하게 나와 있습니다. 따라서 장례일 전에 사용한 금액은 공제받을 수 없습니다.

그럼 칠칠재나 49재 비용을 장례일 전에 지출했다면 장례비 공제로 인정받을 수 있을까요? 과세관청은 이러한 의식은 사망일 이후에 행하는 의식으로 이에 따른 비용은 선급금 성격이고, 실제 귀속시기는 장례일 이후이므로 장례비의 범위에 포함되지 않는다고 판결하고 있습니다(심사상속2002-0004).

장례비 공제 Q&A

[Q] 상조회사 불입금은 장례비용으로 공제받을 수 있을까?

대기업에 다닌다면 장례 관련 물품들을 지원받기도 하지만 그렇지 못한 사람들은 이를 대비하기 위해 상조회사에 미리 가입해 준비하기도 합니다. TV에서 광고도 흔히 볼 수 있죠. 그럼 상조회사에 불입한 장례비용은 피상속인의 사망 전에 지출된 비용이기 때문에 장례비용으로 인정받을 수 없는 것일까요?

상조회사 불입금의 장례비용 해당 여부[서면-2017-상속증여-2772]
사망일 이전에 상조회사에 불입된 불입금액으로 피상속인의 사망일부터 장례일까지 장례에 직접 소요된 경우에는 장례비용에 포함되는 것이나, 그 불입금액이 장례에 직접 소요된 것인지는 여부는 상조회사와의 계약관계, 중도해지 여부, 실제 장례에 제공된 물품·서비스 내역 등을 확인해 판단할 사항입니다.

상속일 전에 지출된 비용이더라도 장례에 직접적으로 소요된 상조회사 불입금은 장례비용으로 인정받을 수 있다고 해석하고 있습니다.

Q 외국에서 장례비를 지출했을 때 공제를 받을 수 있을까?

해외 여행을 국내 여행처럼 다니는 시대가 되었습니다. 해외에서 여행 중 사망하는 경우 어쩔 수 없이 해외에서 병원비와 장례 비용을 지출할 수밖에 없습니다. 다음의 사례처럼 해외에서 발생한 장례비를 인정받을 수 있을지 알아보겠습니다.

· 거주자가 외국여행 중 사망해 사망 후 병원비와 장례비용 등을 외국에서 지출했음
· 지출기간은 사망 후 7일 이내이며, 지출비용의 상세내역은 운구비 (외국 내에서의 운구비), 입관비, 유골항아리 비용 등임
· 그 후 국내에서 장례절차를 치렀으며, 지출된 비용 모두 장례에 소요된 비용으로 관련증빙과 영수증을 갖추고 있음

장례비 공제는 세법상 거주자가 사망한 경우로서 사망일부터 장례일까지 소요된 비용 및 봉안시설 사용에 소요된 비용의 합계액입니다. 따라서 국내에서의 지출뿐만 아니라, 국외에서의 지출도 장례비용으로 인정되어 상속재산가액에서 차감할 수 있다고 해석하고 있습니다.

외국에서 지출된 장례비용의 공제 여부(재산세과-292)
장례비용공제는 거주자가 사망한 경우로서 사망일부터 장례일까지 소요된 비용 및 봉안시설 사용에 소요된 비용의 합계임

Q 자연장(수목장)에 소요된 비용도 장례비용으로 인정받을 수 있을까?

최근에는 미리 가족과 함께 안치될 납골당 혹은 수목장을 고민하는 사람들이 많아졌습니다. 화장 비율이 90%에 달하면서 납골당에 이어 자연으로 돌아가는 자연장에 대한 관심도 커졌습니다. 고인을 '흙(자연)'으로 돌려보낸다'는 의미인 자연장이나 수목장은 공원이나 정원과 같은 느낌을 주죠. 이렇게 자연장에 소요된 비용 역시 「상속세 및 증여세법 시행령」상 장례비용으로 인정받을 수 있습니다.

자연장에 소요된 비용의 장례비용 해당 여부(재산세과-420)
'장사 등에 관한 법률」 제2조 제3호에 따른 <u>자연장에 소요된 비용은</u> <u>'상속세 및 증여세법 시행령」 제9조 제2항 제2호의 규정을 적용받을</u> <u>수 있는</u> 것입니다.

Q 묘지구입비는 장례비용일까?

「상속세법 시행령」 제9조 제2항 제1호의 '장례에 직접 소요된 금액'에는 시신의 발굴 및 안치에 직접 소요된 비용과 묘지구입비(공원묘지 사용료를 포함한다), 비석, 상석 등 장례에 직접 소요된 비용을 포함한다."라고 이야기하고 있습니다. 즉, 공원묘지를 포함한 묘지구입비, 비석, 시신의 발굴 등에 소요된 비용 모두 장례비용으로 인정받을 수 있게 합리적으로 개정되었습니다.

유언대용신탁
소중한 내 재산, 자녀들이
싸우지 않게 하기 위해선?

    우리 모두는 부자를 꿈꿉니다. 그리고 그렇게 힘들게 일군 재산으로 내 자식만큼은 나처럼 살지 않기를 희망합니다. 열심히 모은 재산에 대한 세금을 줄이기 위해 다양한 절세 컨설팅을 진행합니다. 하지만 이 재산 때문에 자녀들 간의 다툼이 생긴다면 그게 무슨 의미가 있을까요? 세금을 줄이는 것만큼 가족간의 화합을 유지하는 것도 중요합니다. 이를 위해 신탁제도를 적극 활용해야 하는 시대가 되었습니다.

258　돈은 불리고 세금은 줄이는 절세의 정석

신탁의 유래

신탁제도의 도입은 십자군 전쟁으로 거슬러 올라갑니다. 중세 유럽 십자군 전쟁 때 전쟁에 나가는 성인남자가 자신이 보유한 재산을 믿을 만한 사람에게 맡긴 후, 전쟁에서 살아 돌아오면 다시 재산을 되돌려 받고 만약에 자신이 사망하면 어린 자녀가 성년이 되면 재산을 주는 제도에서 시작됐다고 합니다.

예를 들어보겠습니다. 80세 할아버지가 병세가 악화되어 몸을 움직이기 어려워지자 부모를 잃고 혼자 남은 어린 손자가 걱정스럽습니다. 자신이 죽은 뒤 아직 자립능력이 없는 손자에게 재산을 물려줘야 하는데, 욕심 많은 조카가 자신의 재산을 빼앗지 않을까 걱정됩니다.

그래서 평소 신뢰하던 집사에게 자신이 살아 있는 동안 자신과 손자의 생활비, 병원비를 책임지게 하고, 자신이 죽은 후에는 손자가 성인이 될 때까지 재산을 관리하도록 부탁하고자 합니다. 바로 신탁이 필요한 상황입니다.

신탁은 말 그대로 믿고 맡긴다는 뜻입니다. 금전, 부동산, 주식 등 자신이 가진 재산을 믿을 만한 사람이나 금융기관에 맡긴 후 생전에는 자신이 원하는 대로 재산을 관리·운용을 하고, 사후에는 원하는 사람이나 기관에 상속해줄 수 있는 제도입니다.

여기서 위탁자는 재산을 맡기는 사람, 수탁자는 재산을 맡아서

신탁제도의 구조

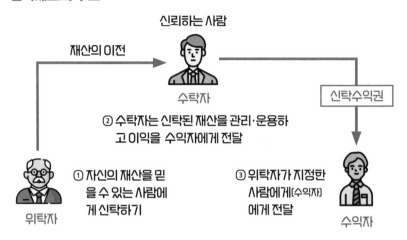

신뢰하는 사람

재산의 이전

수탁자

신탁수익권

② 수탁자는 신탁된 재산을 관리·운용하고 이익을 수익자에게 전달

① 자신의 재산을 믿을 수 있는 사람에게 신탁하기

③ 위탁자가 지정한 사람에게(수익자)에게 전달

위탁자

수익자

관리해주는 사람 또는 기관, 수익자는 재산을 맡긴 위탁자의 사망 등으로 인해 재산을 물려받는 사람을 의미합니다.

유언장 대신 신탁?

유언장과 신탁은 비슷하면서도 차이점이 있습니다. 이때 유언장과 비교되는 신탁계약을 유언대용신탁('유언을 대신하는 신탁계약'이라고 이해하면 됩니다)이라고 하는데, 그 차이점을 하나씩 살펴보겠습니다.

❯ 절차가 간결하다

유언장의 공증은 상속인이 아닌 증인 2명이 필요합니다. 이 과정에서 보증인에게 개인 재산 내역이 밝혀지는 것은 유언장 작성 시 가장 껄끄러운 부분 중 하나입니다. 만약 유언 내용을 변경하고 싶다면 똑같은 과정을 반복해야 합니다. 이에 반해 신탁계약은 공증 절차가 필요 없고, 수탁자인 금융기관과의 신탁계약을 하면 바로 그 자체가 유언장의 효력을 발휘하게 됩니다.

예를 들어 평소 운용하던 예금을 신탁하면서 자녀를 사후 수익자로 지정하면 그 자체가 유언장이 된다는 의미입니다. 또 신탁은 계약을 통해 내 돈이 나의 노후를 위해 쓰이다가 남는 경우 상속하라는 재산 관리의 기능이 있습니다. 노후보장뿐 아니라 미성년 자녀 또는 손자녀가 일정한 나이가 될 때까지 안전한 재산 관리도 할 수 있어 재무적 후견 역할도 할 수 있습니다.

◎ 수익자 연속신탁이 가능하다

신탁을 활용하면 수익자 연속신탁이 가능합니다. 예를 들어 유언장의 경우 '본인 사후에 아들에게 재산을 상속하며, 아들이 사망할 경우 손주에게 상속한다'는 취지의 연속 유증은 불가능합니다.

왜 이런 걱정을 할까요? 보통 자녀가 결혼하면 배우자와 손주가 생깁니다. 유언장 등을 통해 내 자녀에게 물려주려고 하는데, 예기치 못하게 자녀가 먼저 죽게 된 경우 자녀에게 돌아갈 예정인 내 재산은 자녀의 배우자와 손주에게 상속권이 생기게 되죠. 이때 죽은 자녀의 배우자가 모든 재산을 갖을 수 있는 위험이 발생하게 됩니다. 만일 내 자녀에게 전재산을 준다는 유언장을 썼다면, 그리고 자녀가 죽었다면 다시 유언장을 작성해야 하는 번거로움이 생기는 것입니다.

하지만 신탁은 아들을 제1수익권자로, 손주를 제2수익권자로 지정해, 제1수익권자가 사망한 경우 자동적으로 제2수익권자인 손주에게 자산이 이전되는 것이 가능합니다. 이를 수익자 연속신탁이라고 합니다.

● 집행 및 변경이 간단하다

피상속인의 사망으로 피상속인 명의의 예금을 찾기 위해서는 유언장이 있다고 은행에서 예금을 내어주지는 않습니다. 은행과 같은 금융기관은 상속인 전원이 참석하거나 위임장 등을 통해 전원의 의사표시가 있는 객관적인 증빙자료가 아니면 절대로 상속예금을 내어줄 수 없습니다. 설명 유언장이 진실한 유언장이라 하더라도, 그게 최종 유언장이라는 것을 은행에서는 알 수 없기 때문에, 자칫 잘못해 발생할 수 있는 리스크를 떠안을 수 없기 때문입니다.

반면 신탁의 가장 중요한 역할 중 하나는 바로 집행입니다. 본인이 신탁계약에 정해놓은 대로 금융기관이 상속집행자 역할을 하기 때문에 상속인들과 협의하는 과정에서 발생하는 갈등을 최소화할 수 있습니다.

또한 유언장을 작성한 후 유언장의 내용을 바꾸려면 다시 유언장을 작성해야 합니다. 보증인도 다시 구해야 하고 별도의 공증비용이 발생할 수 있습니다. 하지만 금융기관을 통해 신탁을 활용하면 별도 비용 없이 단순한 변경계약을 통해 유언의 내용을 변경할 수 있습니다.

유언장 vs. 유언대용신탁

구분	유언장	유언대용신탁
형식	보증인 2인 등 심리적 부담감 높음	금융기관 계약서 작성 부담감이 낮음
방식	자필증서, 녹음, 공정증서, 비밀증서, 구수증서 각 방식마다 엄격한 요건 미중족 시 무효	특별한 방식 없음 의사합치만 있으면 유효
수증자 지정	한 세대 수증자 지정 가능 수증자 선 사망 경우 상속문제 해결 불가	여러 세대 걸친 수증자 지정 가능 수증자 선 사망에 따른 문제 해결
유언 집행	집행 시 유언서의 효력, 유언집행자의 문제 등 분쟁 발생 가능성 상대적으로 높음 금전 집행 어려움	집행 시 신탁계약서에 따라 신속한 집행 가능 금전도 즉시 집행 가능
내용변경	신규 유언장 작성	변경 계약
효력발생	신분상 내용 + 재산상	재산상 내용에 한 함

법인 상속
법인에게 재산을 주는 경우
상속세가 발생할까?

평소 자선사업에 관심이 많은 K씨, 3년 전 나눔 복지법인(공익법인)을 설립해 운영하고 있었습니다. 최근 건강이 악화되어, 법무법인을 통해 유언장(공정증서)을 작성하려고 합니다. 재산의 50%는 나눔 복지법인에 주고, 20%는 배우자, 나머지 30%는 자녀가 운영 중인 회사에 주려고 합니다. 이 경우에 세금관계는 어떻게 될까요?

공익법인이 상속받는 경우

세법에서는 나눔 복지법인과 같은 세법상 공익법인에게 상속이나 증여의 형태로 재산을 출연하는 경우 과세대상에서 제외해줍니다. 이때 재산을 출연한다는 건 출연할 재산의 소유권을 공익법인에 이전하는 걸 말합니다. 따라서 재산 출연 의사만 표시하고 이행하지 않으면 인정되지 않고, 상속세 과세표준 신고 기한까지 공익법인에 재산 소유권이 이전되어야 합니다. 상속세 신고기한 이내에 상속재산을 매각하고 매각대금을 출연한 경우에도 인정합니다.

하지만 해당 법인이 세법상에 공익법인에 해당하지 않는 비영리법인(제3자)이라면 전체 상속세액 중 비영리법인이 받은 재산에 대한 비율대로 상속세를 납부해야 합니다.

세법상 공익법인은 「법인세법」상 비영리법인으로서 「상속세법 시행령」제12조 각 호에 열거된 공익사업을 영위하는 법인을 말합니다. 「상증세법」상 공익법인은 불특정다수의 이익(공익)을 사업목적으로 하는 법인 등을 말합니다.

「상속세 및 증여세법」상 공익법인

1. 종교의 보급 기타 교화에 현저히 기여하는 사업

2. 「초·중등교육법」 및 「고등교육법」에 의한 학교, 「유아교육법」에 따른 유치원을 설립·경영하는 사업

3. 「사회복지사업법」의 규정에 의한 사회복지법인이 운영하는 사업

4. 「의료법」에 따른 의료법인이 운영하는 사업

5. 「법인세법」 제24조 제2항 제1호에 해당하는 기부금을 받는 자가 해당 기부금으로 운영하는 사업

6. 「법인세법 시행령」 제39조 제1항 제1호 각 목에 따른 공익법인 등

및 「소득세법 시행령」 제80조 제1항 제5호에 따른 공익단체가 운영하는 고유목적사업. 단, 회원의 친목 또는 이익을 증진시키거나 영리를 목적으로 대가를 수수하는 등 공익성이 있다고 보기 어려운 고유목적사업은 제외한다.

7. 「법인세법 시행령」 제39조 제1항 제2호 다목에 해당하는 기부금을 받는 자가 해당 기부금으로 운영하는 사업. 단, 회원의 친목 또는 이익을 증진시키거나 영리를 목적으로 대가를 수수하는 등 공익성이 있다고 보기 어려운 고유목적사업은 제외한다.

▶ 공익법인 기부 시 주의할 점

좋은 뜻으로 공익법인에 기부했더라도 세법에서 인정하지 않는 공익법인이라면 세금이 추징되어 실제 취지와 다른 결과를 가져올 수 있습니다. 대표적으로 인정받지 못한 케이스로는 다음의 3가지를 생각해볼 수 있습니다.

① 해외대학(미국 하버드대학 등), 개인이 운영하는 아동복지시설, 납골당 등에 기부할 경우
② 출연비율을 초과해 기부할 경우
③ 출연받은 재산을 3년 내 공익목적에 사용하지 못한 경우

자세한 내용은 『합법적으로 덜 내는 상속증여 절세법』 '세금폭탄으로 돌아올 수 있는 기부' 편을 참고하면 됩니다.

영리법인이 상속받는 경우

현행 「상속세법」상 상속인과 수유자(사망으로 효력이 발생하는 증여에 의해 재산을 취득하는 자를 포함) 그리고 비영리법인은 상속세 납세의무가 발생합니다.

하지만 수유자가 영리법인일 경우에는 상속세가 아닌 법인세를 부과됩니다. 2014년 세법 개정으로, 상속세가 아닌 법인세를 부과받는 영리법인의 주주가 상속인 또는 그 직계비속이 있는 경우에는 영리법인의 주주에게 그 이익이 최종적으로 귀속되는 것으로 봅니다. 따라서 다음의 계산에 의해 산정된 금액을 추가로 상속세를 부과하고 있습니다.

영리법인이 받았거나 받을 상속재산에 대한 상속세 상당액
－[영리법인이 받았거나 받을 상속재산 × 10/100]
× 상속인과 그 직계비속의 주식 또는 출자지분의 비율

결국 영리법인에 유증해 내 재산을 법인에 넘긴다 하더라도 상속인이나 직계비속이 해당법인의 주주로 포함되어 있다면 그 지분에 상당하는 상속세를 납부할 의무가 생깁니다.

❯ 개인과 영리법인 상속, 무엇이 유리할까?

100억 원의 상속재산을 개인이 받을 경우와 가족법인이 상속받을 경우, 무엇이 유리할까요?

회장님이 모든 재산을 개인에게 줄 때와 법인에 줄 때

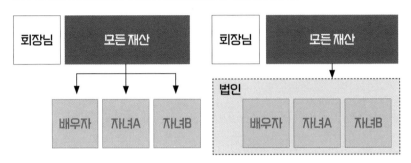

상속세율: 10~50%

· 최고세율: 50%
· 과세표준 30억 원 초과 시부터 50% 세율

법인세율: 9~24%

· 최고세율: 24%
· 과세표준 3천억 원 초과 시부터 24% 세율

① 개인이 상속받을 경우(총 공제액 12억 원 가정) 38.2억 원

일괄공제 5억, 배우자 공제 5억, 금융재산상속공제 2억으로 상속세는 총 38.2억 원({(100억 원 − 12억 원) × 50% − 4.6억 원 } × 0.97)이 됩니다.

② 법인이 상속받을 경우 47억 원

가) 법인세 100억 원 × 19% − 2천만 원 = 18.8억 원

나) 상속세 {38.2억 원 − (100억 원 × 10/100)} × 100% = 28.2억 원

이중과세를 방지하기 위해 일정부분을 공제해주지만, 19%의 법인세를 낸 것과는 달리 10%만 적용해 제외하기 때문에 법인과 법인의 주주가 납부하는 상속세를 모두 합치면 개인으로 상속세를 낼 때보다 더 많은 세금을 낼 수 있습니다.

◉ 신탁을 활용한 절세법

영리법인이 상속세를 내는 경우는 수유자가 영리법인으로서 그 법인의 주주가 상속인과 직계비속인 경우라고 열거하고 있습니다. 그럼 사위 또는 며느리 명의로 법인을 설립한 후 해당 법인에 상속재산을 넘긴다면 어떻게 될까요? 법인세는 동일하게 19억 8천만 원을 납부하겠지만, 상속세는 납부의무가 발생하지 않을 것입니다.

다만 사위와 며느리는 이혼하면 남이 될 수 있는 사이이기 때문에 큰 재산을 이렇게 주기를 결정하기 쉽지 않아 보입니다. 이 경우 신탁을 활용하면 위험을 분산할 수 있습니다. 이렇게 상속함과 동시에 해당 주식의 처분제한을 걸거나, 2차 수익자를 지정함으로써 종국에는 손자녀에게 넘어갈 수 있게 하는 장치를 마련한다면 좋은 절세 플랜이 될 수도 있습니다.

취득세 절세
상속이 발생할 경우
취득세 절세방안

절세의 정석

상속주택의 취득세율

돌아가신 부모님의 주택을 물려받으면 상속주택이라고 말합니다. 취득 원인이 일반적으로 사고파는 거래가 아닌 증여인 경우 4%의 별도 세율을 적용받습니다. 다만 취득 원인이 예측 가능한 증여가 아닌 상속의 경우 3.16%로 증여보다 조금 더 낮은 세율을 적용받습니다.

그런데 이런 상속의 경우 양도세뿐만 아니라 취득세도 절세할 수 있는 방안이 있습니다. 바로 무주택자인 상속인이 취득하는 경우

주택 증여 및 상속 시 취득세율

구분		취득세	농특세*	지방교육세	합계
증여 (수증인)	85m² 이하 주택	3.5%	-	0.3%	3.8%
	일반	3.5%	0.2%	0.3%	4%
상속 (상속인)	무주택자**	0.8%	-	0.16%	0.96%
	유주택자	2.8%	0.2%	0.16%	3.16%

* 주택 전용면적 85m² 이하는 농어촌특별세가 비과세됨

** 무주택자는 면적 상관없이 농어촌특별세가 비과세됨

입니다. 이때 취득세 2.8%에서 중과기준세율인 2%를 제외한 0.8%가 취득세율이 되고 이에 지방교육세 20%(0.8%×20%)를 포함해 0.96%의 세율이 적용됩니다.

이때 무주택 여부 판단이 중요합니다. 주택을 여러 사람이 공동으로 소유하는 경우 소수지분자도 1주택을 소유하는 것으로 보며, 만일 주택의 건물은 제3자가 보유하고 부속토지만을 소유하더라도 주택을 소유하는 것으로 봅니다.

'지방세법 시행령」 제29조 1가구 1주택의 범위

② 제1항을 적용할 때 1주택을 여러 사람이 공동으로 소유하는 경우에도 공동소유자 각각 1주택을 소유하는 것으로 보고, 주택의 부속토지만을 소유하는 경우에도 주택을 소유하는 것으로 본다.

상속주택 취득세 Q&A

Q 상속인이 여러명이고, 지분으로 나눠 갖는다면 상속으로 인한 취득세율은 어떻게 적용할까?

세법에서는 1주택을 여러 사람이 공동으로 소유하는 경우에는 지분이 가장 큰 상속인을 그 주택의 소유자로 봅니다. 즉, 「지방세법」상 상속인이 1세대 1주택에 해당되는 경우 취득세 특례세율을 적용하며, 공동상속의 경우에는 지분이 가장 큰 자가 특례세율 적용 대상자면 전체 주택에 대해서도 특례세율 적용이 가능합니다.

만일 지분이 가장 큰 상속인이 2명 이상이라면 그 주택에 거주하는 사람, 나이가 많은 사람 순으로 상속주택의 소유자를 판단합니다.

상속주택에 대한 취득세 감면 적용 요건(「지방세법 시행령」 제29조(1가구 1주택의 범위))

① 상속인과 주민등록에 함께 기재되어 있는 가족으로 구성된 1가구(배우자, 미혼인 30세 미만 직계비속은 주민등록표에 기재되어 있지 않더라도 같은 가구로 봄)가 국내에 1개의 주택을 소유하는 경우를 말한다.

③ 제1항 및 제2항을 적용할 때 1주택을 여러 사람이 공동으로 상속받는 경우에는 지분이 가장 큰 상속인을 그 주택의 소유자로 본

<u>다.</u> 이 경우 지분이 가장 큰 상속인이 두 명 이상일 때는 지분이 가장 큰 상속인 중 다음 각 호의 순서에 따라 그 주택의 소유자를 판정한다.

　1. 그 주택에 거주하는 사람

　2. 나이가 가장 많은 사람

상속인들이 비슷한 지분으로 취득할 예정이라면, 무주택자가 1% 정도만 높게 받아도 3.16%가 아닌 0.96%로 모든 상속인의 취득세 절세가 가능합니다. 만약 주택을 상속받는 자녀가 2명이고, 형은 1주택자, 동생은 무주택자라고 가정해보겠습니다.

상속주택을 형 50%, 동생 50%로 분할하면, 동일한 지분을 보유하는 사람이 2인 이상이므로 나이가 더 많은 형을 상속주택의 소유자로 봅니다. 형은 이미 1주택을 보유하고 있으므로 취득세 특례세율이 적용되지 않고, 형과 동생은 전체 주택에 대해 3.16%를 취득세로 납부해야 합니다.

그러나 상속주택을 형 49%, 동생 51%로 분할하면, 동생이 상속주택의 소유자가 됩니다. 동생은 무주택자이기 때문에 취득세 특례세율이 적용되고, 형과 동생은 전체 주택에 대해 0.96%를 취득세로 납부합니다.

Q 유증으로 손자가 상속을 받을 경우, 취득세율은 어떻게 될까?

최근 들어 자녀들에게뿐만 아니라 손자녀에게 상속하는 경우도 많아졌습니다. 이럴 경우 취득세율을 알아보겠습니다.

「지방세법」 제7조 제7항에 따르면 상속의 정의를 "피상속인이 상속인에게 한 유증 및 포괄유증과 신탁재산의 상속을 포함한다."라고 규정하고 있습니다. 이 말은 바꾸어 생각해보면 "상속인이 아닌 자에게 유증하거나 신탁한 재산은 상속으로 보지 아니한다."라는 것입니다.

누구에게 유증(유언공정증서)을 하는지에 따라서 상속과 증여로 취득원인이 바뀌고 세율 또한 달라집니다. 그렇기 때문에 상속인지 증여인지 판단 후 유증 취득세 신고를 해야 합니다. 상속인에게 유증했을 때와 상속인 외 다른 사람에게 유증했을 때를 비교해서 표로 정리해보겠습니다.

표에서처럼 유증을 누구에게 하느냐에 따라 세율이 모두 달라지고 취득세 신고 기한도 크게 차이 납니다. 특히 취득세 중과규정으로 인해 13.4%의 취득세를 납부해야 할 수 있으니, 의사결정 시 충분히 고려하기를 바랍니다.

상속인에게 유증 시: 상속으로 판단 → 상속 취득세 신고

구분	포괄유증
취득인	배우자 및 직계비속인 1순위 상속자들에게 유증을 한다면 상속으로 판단
지방세법	상속취득
주택 취득세율	상속 취득세율(2.8%) 부가세 포함 시 2.96~3.16% (단, 무주택자가 상속받을 경우 0.96%)
취득세 신고기한	상속개시일이 속하는 달의 말일부터 6개월 (만일 상속인 중 재외국민 포함시 9개월)

상속인 외의 자에게 유증 시: 증여로 판단 → 증여 취득세 신고

구분	포괄유증
취득인	손자, 손녀, 며느리, 사위 등 1순위 상속자외의 자에게 유증을 한다면 증여로 판단
지방세법	증여취득
주택 취득세율	증여 취득세율(3.5%) 다주택자의 경우 최대 13.4% 적용
취득세 신고기한	사망일로부터 60일

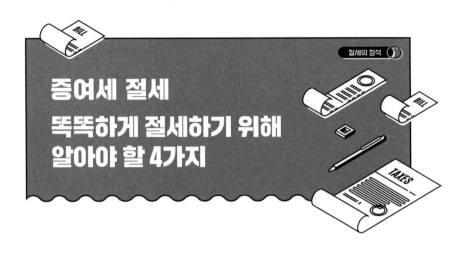

증여세 절세
똑똑하게 절세하기 위해 알아야 할 4가지

우리나라의 상속과 증여세율은 최소 10%부터 최대 50%입니다. 그럼에도 불구하고 상속과 증여의 차이를 잘 활용하면 많게는 수억 원의 세금을 줄일 수 있습니다. 오래전부터 자산가들은 이 방법으로 세금을 줄여 자녀 세대에게 부의 이전을 실천해왔습니다. 상속·증여세를 줄이기 위한 절세방법에는 어떤 것이 있을까요?

자산가라면 상속 전에 미리 증여하라

상속세는 유산세 방식을, 증여세는 유산취득세 방식을 취하고 있습니다. 유산세란 피상속인 전체 재산에 대해 과세하는 방법이고, 유산취득세란 수증자가 수령하는 각자의 증여재산에 대해 과세하는 방법입니다. 이런 과세방법의 차이로 상속보다 사전증여가 유리한 상황이 발생합니다. 즉, 한 사람이 가지고 있는 재산(아파트, 상가, 토지, 현금 등)을 모두 합한 재산 전체를 기준으로 세금을 내는 것보다 자녀와 배우자 등에게 재산을 분배하면 세율을 낮출 수 있기 때문입니다.

사례를 들어 설명하겠습니다. 60억 원 자산가인 80세 A씨. 현재 재산으로 상속세를 계산해보니 약 22억 원 정도의 상속세를 내야 합니다. 3명의 자녀에게 10년 전에 증여했다면 얼마나 세금이 줄어들까요?

⊙ 증여 없이 상속 시

60억 원에 대한 상속세는 약 22억 원입니다. 이때 장례비 공제, 배우자 공제, 금융재산 상속공제 등은 없다고 가정했습니다.

60억 원에 대한 상속세 계산 (단위: 원)

구분	계산내역
종상속재산가액	6,000,000,000
공과금·장례비·채무	-
상속세과세가액	6,000,000,000
일괄공제	500,000,000
배우자상속공제	-
금융재산상속공제	-
동거주택상속공제	-
과세표준	5,500,000,000
산출세액	2,290,000,000
신고세액공제	68,700,000
상속세	2,221,300,000

● 증여 후 상속 시

10년 전 3명의 자녀에게 10억 원씩 증여했고, 남은재산이 30억 원일 경우 계산해보겠습니다.

10억 원에 대한 증여세 계산

(단위: 원)

구분	계산내역
증여재산가액	1,000,000,000
증여세과세액	1,000,000,000
증여재산공제	50,000,000
과세표준	9,500,000,000
산출세액	225,000,000
합계	225,000,000
신고세액공제	6,750,000
증여세	218,250,000

30억 원에 대한 상속세 계산

(단위: 원)

구분	계산내역
종상속재산가액	3,000,000,000
공과금·장례비·채무	-
상속세과세가액	3,000,000,000
일괄공제	500,000,000
배우자상속공제	-
금융재산상속공제	-
동거주택상속공제	-
과세표준	2,500,000,000
산출세액	840,000,000
신고세액공제	25,200,000
상속세	814,800,000

3명의 증여세는 합해 약 6억 5천만 원, 30억 원에 대한 상속세는 8억 1천만 원으로 총 14억 6천 원입니다.

사전증여 없이 상속이 개시된다면 30억 원이 넘는 재산에 대해

50%의 상속세를 내야 하지만, 상속개시 10년 이전에 자녀들에게 10억 원씩 증여했다면 30%의 증여세인 2억 2천만 원 정도만 각각의 자녀가 부담하면 됩니다. 또한 증여로 인해 상속재산이 줄어 실제 상속이 개시되더라도 사전증여를 하지 않았을 때와 비교해보면 약 7억 4천만 원의 세금이 절세되는 것을 알 수 있습니다.

다만 사전증여를 한다고 무조건 절세되는 것은 아닙니다. 상속세 회피를 막기 위해 상속 이전 10년 내에 자녀나 배우자에게 증여한 재산을 모두 상속재산에 합산하도록 규정하고 있기 때문입니다. 따라서 고령이거나 건강이 좋지 않은 상황에서 증여 후 바로 상속이 일어난다면 절세효과를 기대할 수 없습니다.

1. 빠르면 빠를수록 좋다

증여세도 상속세와 마찬가지로 증여일로부터 10년 이전에 증여한 재산이 있다면 기증여재산을 합산해 증여세를 계산합니다. 10%의 세율구간을 활용해 매년 1억 원씩 증여한다고 해서 매년 증여세 1천만 원을 내고 끝나는 것이 아니라, 작년에 1억 원, 올해 1억 원을 증여했다면 합산해 총 2억 원에 대해서 20%의 세율을 적용해 계산한 금액에 작년에 낸 증여세 만큼을 공제해주는 구조입니다. 따라서 10년 단위로 증여계획을 세워야 절세가 가능합니다. 80세에 30억 원을 한 번 증여하는 경우와 60세부터 10년 단위로 10억 원씩 증여한 경우 세부담 차이가 얼마나 발생하는지 살펴보겠습니다.

증여 방법에 따른 절세효과

구분	1회 증여	10년 단위로 3회 증여		
	80세에 30억 원	60세에 10억 원	70세에 10억 원	80세에 10억 원
증여세	① 9.9억 원	② 2.18억 원	2.18억 원	2.18억 원
총 세부담		6.5억 원		
절세효과		3.4억 원 절세		

① {(30억 원 − 5,000만 원) X 40% − 1.6억 원} X 0.97 = 9 .89억 원
② {(10억 원 − 5,000만 원) X 30% − 0.6억 원} X 0.97 = 2.18억 원

2. 분산할수록 세금이 줄어든다

증여세는 재산을 받는 자, 즉 수증자를 기준으로 세금을 계산합니다. 따라서 같은 재산을 증여하더라도 증여받는 사람의 수를 늘리면 세율이 낮아질 수 있는 구조입니다. 또한 증여가 발생하면 인별로 직계존비속(성인) 5천만 원, 미성년자 2천만 원, 배우자 6억 원, 기타친족 1천만 원의 증여재산공제를 적용받을 수 있습니다.

예를 들어 결혼한 아들에게 12억 원의 재산을 증여하고 싶다면, 아들뿐만 아니라 며느리와 손자까지 포함해 증여한다면 세금이 줄어듭니다. 아들이 단독으로 12억 원을 받으면 40%의 증여세를 납부해야 하지만, 3명으로 분산하면 20%의 증여세율이 적용되어 세율

분산증여에 따른 절세효과

(단위: 원)

구분	단독증여 (아들)	분산증여			계
		아들	며느리	손자	
증여재산	1,200,000,000	400,000,000	400,000,000	400,000,000	1,200,000,000
(-)증여재산공제	50,000,000	50,000,000	10,000,000	20,000,000	
(=)과세표준	1,150,000,000	350,000,000	390,000,000	380,000,000	
(X)세율	40%	20%	20%	20%	
(=)산출세액	300,000,000	60,000,000	68,000,000	66,000,000	
(+)세대생략할증액	–	–	–	19,800,000	
(-)신고세액공제	9,000,000	1,800,000	2,040,000	2,574,000	
(=)납부세액	291,000,000	58,200,000	65,960,000	83,226,000	207,386,000

83,614,000

을 낮추는 효과가 있습니다. 그뿐만 아니라 인별로 적용되는 증여재산공제도 여러 번 활용할 수 있습니다. 한번 비교해보겠습니다. 아들에게 12억 원을 줄 경우와 아들 며느리 손자에게 각각 4억 원씩 줄 경우 앞 페이지의 표와 같습니다.

3. 가치가 상승할 자산을 증여하라

증여에 대해 가장 많이 묻는 질문 중 하나가 바로 "어떤 자산을 증여하는 것이 좋을까요?"입니다. 그에 대한 답은 가치가 상승할 것으로 예상되는 자산을 증여해야 한다는 것입니다. 현재 가치가 똑같은 자산이라도 앞으로 가치가 높아지는 자산이라면 추후 증여 시 높은 가치로 증여해야 하기 때문에 증여세 부담이 커집니다. 상속세를 절세하는 측면에서도 가치가 상승할 자산을 증여하기에 좋습니다.

또한 앞서 살펴본 것처럼 자녀에게 증여한 후 10년 내에 다시 상속이 발생하면 증여재산을 합산해 상속세를 계산합니다. 이때 상속세에 합산하는 금액은 상속개시 시점의 증여재산의 재산가액이 아니라 사전증여한 시점의 저평가된 재산가액입니다. 그렇기 때문에 추후 상속이 발생했을 때 가치가 높아졌더라도 가치가 낮을 때 증여한 가액만 과세됩니다. 따라서 앞으로 가치가 상승할 것으로 예상되는 자산이라면 현재 증여세가 부담된다고 하더라도 적극적으로 증여를 고려해야 합니다.

자산 가치별 절세효과

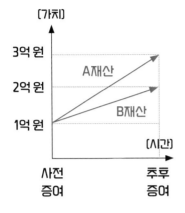

구분		A재산	B재산
추후 증여	증여가액	3억 원	2억 원
	증여세	3,880만 원	1,940만 원
사전 증여	증여가액	1억 원	6.5억 원
	증여세	485만 원	485만 원
절세효과		3,395만 원	1,455만 원

4. 대출과 함께 증여하면 절세된다

증여는 무상으로 재산을 이전받는 것을 의미합니다. 증여세는 수증자, 즉 받는 사람에게 납부 의무가 있습니다. 현금 증여의 경우 받은 현금으로 증여세를 내면 문제가 없지만, 부동산 증여의 경우 소득이 없거나 적으면 증여세를 낼 재원이 부족하기 때문에 좋은 부동산을 증여하기 어려운 경우가 있습니다. 이럴 때 활용할 수 있는 것이 '부담부증여'입니다. 부동산을 증여받는 사람이 재산뿐만 아니라, 전세보증금이나 대출금을 같이 인수받는 것을 부담부증여라고 합니다. 결국 부담부증여는 증여받는 사람이 빚도 떠안게 되는 형태인데, 수증자는 자산에서 채무를 제외한 부분에 대한 증여세만 납부하면 되기 때문에 증여세 부담을 덜 수 있습니다.

또한 증여자(부모)는 기본적으로 재산이 있기 때문에 양도세 납부에 대한 부담이 자녀 세대보다 적을 뿐만 아니라, 순수증여 시 납부하는 증여세 총액보다 양도세와 증여세를 합한 금액이 더 적어지는 경우도 발생할 수 있습니다. 다만 다주택자 중과세율을 적용받는 주택이라면 양도세 중과세율 적용으로 더 많은 세금을 납부할 수 있기 때문에 세무전문가를 통해 시뮬레이션을 해보는 것이 좋습니다.

순수증여와 부담부증여 계산

증여대상 부동산의 평가금액: 8억 원
취득가액(취득세 등 부대비용 포함): 2억 원
보유 기간: 15년
대출금액: 4억 원

(단위: 원)

구분	순수증여	부담부증여		
		증여세	양도소득세	
증여재산가액	800,000,000	800,000,000	양도가액	400,000,000
채무액	0	400,000,000	취득가액	100,000,000
증여재산공제	50,000,000	50,000,000	공제 등*	92,500,000
과세표준	750,000,000	350,000,000	과세표준	207,500,000
산출세액	165,000,000	60,000,000	양도소득세	59,450,000
납부세액	160,050,000	58,200,000	총납부세액	65,395,000

* 장기보유특별공제 30%, 양도소득기본공제 250만 원

상속세 절세
사위, 며느리 등
상속세 절세를 위한 증여

사위, 며느리에게 증여한다면?

일반적으로 10년간 동일인에게 증여받은 재산은 합산해 증여세를 계산합니다. 또한 세법에서는 부부를 동일인으로 보아 실제 주는 사람이 다르더라도 한 사람이 준 것으로 계산해 증여세를 부과하는 것이 원칙입니다. 따라서 어머니와 아버지가 따로 증여하더라도 결국은 한 사람이 증여한 것과 동일한 효과를 보기 때문에 큰 의미가 없습니다.

하지만 사위나 며느리에게 증여할 때는 다릅니다. 부부가 함께 사위나 며느리에게 증여하면 동일인으로 보지 않습니다. 여기에서 우리는 절세할 수 있는 포인트가 하나 생깁니다.

> **질의회신(상속증여세과-00446, 2016.04.26)**
> 해당 증여일 전 10년 이내에 동일인(증여자가 직계존속인 경우에는 그 직계존속의 배우자 포함)으로부터 받은 증여재산가액이 1천만 원 이상인 경우에는 그 가액을 증여세 과세가액에 가산해야 하지만 <u>장인과 장모는 동일인에 해당하지 않으므로 합산해 과세하지 않음</u>

만일 10년 내 5억 5천만 원의 기증여가 있는 상황에서 각자의 자녀에게 2억 원을 추가로 증여할 경우 증여세는 30% 세율을 적용받아 6천만 원씩 납부해야 합니다. 즉, 아들 부부는 그들의 부모로부터 2억 원씩 증여를 받지만 6천만 원의 세금을 내고 나면, 세후 자본금은 각각 1억 4천만 원으로 1억 2천만 원이 추가로 필요한 상황이 됩니다.

하지만 장인, 장모, 시아버지, 시어머니로부터 각각 1억 원씩 받는다면 어떨까요? 부부가 주는 것이지만, 1천만 원의 증여재산공제를 고려하지 않더라도 각각 1억 원의 10%인 1천만 원씩 총 4천만 원의 증여세만 납부하면 됩니다. 아들 부부에게 오는 돈 4억 원은 변함이 없지만, 교차증여 활용 여부에 따라 1억 2천만 원의 세금을 낼 수도 있고, 4천만 원의 세금만 낼 수도 있는 것입니다.

4억 원
(증여세 4천 원)

2억 원
(증여세 2천만 원)

2억 원
(증여세 2천만 원)

증여 후 5년만 지나면 상속재산에서 제외

일반적으로 상속인인 아들, 딸에게 증여했다면 증여일로부터 10년을 건강하게 더 살아야 상속세가 줄어듭니다. 상속인에게 증여한 재산은 증여일로부터 10년 이내 상속이 발생하게 되면 상속재산에 합산하는 세법상 규정 때문입니다.

다만 이 경우에도 상속인 외의 자인 사위나 며느리를 활용하면 절세가 가능합니다. 상속인에게 증여한 재산은 증여 후 10년 내 상속이 개시되면 합산하지만, 상속인 외의 자에게 증여한 재산은 5년만 지나면 상속재산에서 제외되기 때문입니다. 80세를 넘어서 증여를 고려한다면 상속인 외의 자인 사위, 며느리(손자, 손녀 포함)에게 증여하는 것을 적극적으로 검토해볼 필요가 있습니다.

또한 사전증여의 장점은 증여 후 5년 또는 10년 내 상속이 발생

・합산하는 증여재산가액은 증여일 현재의 가액으로 함
・합산되는 증여재산에 대한 증여세액은 상속세 산출세액에서 공제함

해 합산되더라도, 부동산의 경우 상속 시점의 가액이 아닌 조금이라도 저평가된 시점, 즉 증여 시점의 가액으로 합산된다는 것도 꼭 함께 기억하기 바랍니다.

증여 후 1년만 지나면 유류분 대상에서 제외

유류분이란 상속인들이 각자가 받아야 할 최소한의 상속재산을 받지 못했을 때 자신의 재산권을 청구할 수 있는 권리입니다.

제1008조 특별수익자의 상속분

공동상속인 중에 피상속인으로부터 재산의 증여 또는 유증을 받은 자가 있는 경우에 그 수증재산이 자기의 상속분에 달하지 못한 때는 그 부족한 부분의 한도에서 상속분이 있다.

제1114조 산입될 증여

증여는 상속개시 전의 1년간에 행한 것에 한해 제1113조(유류분의 산정)의 규정에 의해 그 가액을 산정한다. 당사자 쌍방이 유류분권리자에 손해를 가할 것을 알고 증여를 한 때는 1년 전에 한 것도 같다.

일반적으로 상속재산에 대한 법정지분은 배우자는 1.5, 자녀는 1로 정하고 있습니다. 예를 들어 상속재산이 35억 원이고, 배우자와 자녀 2명이 상속을 받는다고 가정하면, 배우자는 15억 원(35×1.5/3.5), 자녀는 각각 10억 원(30×1/3.5)으로 상속재산을 가져가는 것이 일반적이라고 합니다. 다만 이는 법정상속지분을 의미할 뿐, 꼭 이대로 가져가야 한다는 것은 아닙니다. 상속인 간에 협의된다면 특정인이 더 많이 가져간다고 문제가 되지는 않습니다.

하지만 물려줄 재산이 많으면 많을수록 안타깝게도 상속인 간의 다툼이 발생할 확률은 높아집니다. 이와 관련해 조금 더 생각해보면 이는 결국 상속인 중 누군가 사전에 더 많은 재산을 가져갔거나 하는 문제에서 시작됩니다.

예를 들어 형이 사전에 10억 원짜리 부동산을 증여받았는데, 해당 부동산의 가격이 올라 40억 원이 되었습니다. 그런데 남겨진 재산이 20억 원입니다. 형제 둘만 남은 상황에서 20억 원을 반반씩 가져간다고 하면 당연히 동생 입장에서는 납득되지 않을 것입니다. 그래서 생긴 내용이 유류분 반환청구소송입니다. 사전증여재산을 포함해 상속인이 받아가야 할 법정지분의 50%를 받지 못한다면 공동상속인에게 유류분 반환청구소송을 할 수 있습니다. 그리고 여기에 세법과 다른 중요한 규정이 2가지나 숨어 있습니다.

세법과 유류분의 차이점

1. 유류분은 사전증여기간에 관계없이 모두 합산

세법에서는 상속인에게 사전증여재산이 있는 경우 증여 후 10년이 지나면 상속재산에서 제외되지만, 유류분을 이야기할 때는 기간에 상관없이 공동상속인에게 증여한 모든 재산을 포함합니다.

2. 유류분은 사망 시점의 가액으로 상속재산을 재평가

세법에서는 증여 후 10년 내 유고 시 사망 시점의 가격이 아닌 저평가된 증여 시점의 가액을 합산합니다. 하지만 유류분에서는 사전증여 시점의 가액이 낮더라도 해당 재산의 사망 시점의 현재가치로 재평가해 상속재산을 구하게 됩니다. 증여받은 부동산을 팔고, 그 현금을 다 썼다면 부동산을 팔고 남은 현금에 물가상승률을 계산해 사망 시점의 현재가치로 재산을 평가하게 됩니다.

사례를 살펴보면 사전증여재산을 포함해 총 상속재산은 60억 원이 되고, 각자의 법정상속재산은 30억 원이 됩니다. 그리고 그 재산의 절반인 15억 원을 못 가져갈 경우 다른 상속인에게 유류분 반환청구소송을 진행할 수 있게 됩니다.

만일 이 재산을 사위나 며느리에게 증여했다면 어떨까요? 사위나 며느리는 상속인이 아닙니다. 상속인이 아닌 제3자에게 증여한 재산은 증여 후 1년만 지나면 유류분 반환청구대상에서 제외됩니다. 만약 내가 특정자녀에게 조금이라도 더 물려주고 싶은 생각이 있다면, 그리고 자식 간의 다툼을 원치 않는다면 해당 자녀의 배우자에게 일정 부분 증여하는 것도 하나의 방법이 될 수 있습니다.

> 대법원 2022. 08. 11. 선고 2020다247428 판결 (유류분반환)
> 공동상속인이 아닌 제3자에 대한 증여는 원칙적으로 상속개시 전의 1년간에 행한 것에 한해 유류분반환청구를 할 수 있고, 다만 당사자 쌍방이 증여 당시에 유류분권리자에 손해를 가할 것을 알고 증여를 한 때는 상속개시 1년 전에 한 것에 대해도 유류분반환청구가 허용된다(민법 제1114조 참조). 증여 당시 법정상속분의 2분의 1을 유류분으로 갖는 배우자나 직계비속이 공동상속인으로서 유류분권리자가 되리라고 예상할 수 있는 경우에, 제3자에 대한 증여가 유류분권리자에게 손해를 가할 것을 알고 행해진 것이라고 보기 위해서는, 당사자 쌍방이 증여 당시 증여재산의 가액이 증여하고 남은 재산의 가액을 초과한다는 점을 알았던 사정뿐만 아니라, 장래 상속개시일에 이르기까지 피상속인의 재산이 증가하지 않으리라는 점까지 예견하고 증여를 행한 사정이 인정되어야 하고, 이러한 당사자 쌍방의 가해의 인식은 증여 당시를 기준으로 판단해야 하는데, 그 증명책임은 유류분반환청구권을 행사하는 상속인에게 있다.

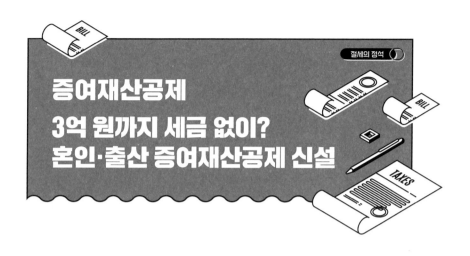

증여재산공제
3억 원까지 세금 없이?
혼인·출산 증여재산공제 신설

이번 가을에 결혼을 하려는 J씨는 부모님이 보유하고 있는 오래된 빌라를 증여받아 신혼집으로 사용하려고 합니다. 이 경우, 혼인·출산 증여재산공제를 활용할 수 있을까요? 지금부터 한번 알아보도록 하겠습니다.

신설된 혼인·출산 증여재산공제

통계청이 발표한 '2023년 혼인·이혼 통계'에 따르면 2023년 혼인 건수는 19만 4천 건으로, 이는 10년 전의 60%에도 못미치는 수준입니다. 결혼인구가 줄어들면 자연스럽게 출생률도 낮아집니다.

2023년 10월 출생아 수는 1만 8,904명으로 전년대비 약 8% 감소했고, 2019년 대비 26% 하락한 수치입니다. 이에 정부는 혼인 및 저출산 문제를 해결하기 위해 혼인 또는 출산에 따른 증여재산공제를 2024년부터 새롭게 도입했습니다.

신설되는 공제는 1억 원입니다. 기존의 성년 직계비속 5천만 원 공제에 신설 1억 원을 더하면, 총 1억 5천만 원까지는 증여세 부담이 없습니다. 다시 말해 혼인한 부부가 양가의 직계존속으로부터 각각 증여받으면, 총 3억 원까지 세금 없이 증여받을 수 있습니다.

🔵 혼인 증여재산 공제

거주자인 직계비속이 혼인 전후 2년 이내에 직계존속으로부터 증여받으면 1억 원의 증여재산공제가 가능합니다. 이는 세법상 거주자만 해당되므로, 수증자가 비거주자라면 공제받을 수 없습니다. 이때 직계존속에는 부모뿐만 아니라 조부모도 포함되며, 세법상 혼인일은 결혼식 날이 아닌 혼인신고일을 의미합니다. 또한 초혼뿐만 아니라 재혼의 경우에도 동일하게 1억 원까지 혼인 증여재산공제가 가능합니다.

다만 혼인 전에 증여받았음에도 증여일로부터 2년 이내에 혼인하지 않는다면 증여일로부터 2년이 되는 날이 속하는 달의 말일로부터 3개월이 되는 날까지 수정신고 또는 기한후신고를 해야 합니다. 이 경우 가산세는 면제되지만 납부지연에 따른 이자상당액은 부과됩니다.

● 출산 증여재산공제

거주자가 자녀의 출생일로부터 2년 이내에 직계존속으로부터 증여를 받는 경우 1억 원을 증여세 과세가액에서 공제할 수 있습니다. 미혼 출산의 경우도 혜택을 받을 수 있으며, 입양의 경우도 동일하게 혜택을 받을 수 있습니다. 이때 출생일이란 출생신고일, 입양신고일을 의미합니다. 출산 증여재산 공제는 태어난 손자 또는 증손자에게 증여하는 것이 아닌, 출산을 한 자녀 또는 손자에게 증여해야 공제가 가능합니다.

혼인·출산 증여재산공제는 각각 1억 원씩이 아니라 통합해 1억 원을 한도로 공제됩니다. 또한 이 규정은 2024년 1월 1일 이후 증여 분부터 적용되기 때문에, 이미 결혼식은 했지만 혼인신고를 하지 않았거나, 작년에 혼인신고를 했거나 출산을 한 경우에도

혼인·출산 증여재산공제 제도

구분	내용
증여자	직계존속
수증자	거주자
증여일	혼인신고일 전후 2년 이내 또는 출생일·입양신고일 후 2년 이내
한도	수증자 1인당 통합 1억 원
증여재산	증여추정 및 증여의제 등에 해당하는 경우를 제외한 모든 재산

혼인·출산 증여재산공제 가능기간 예시

상황	가능기간
2023.04.01. 혼인신고한 경우	2024.01.01.부터 2025.04.01.까지
2025.06.01. 혼인신고 예정인 경우	2024.01.01.부터 2027.06.01.까지
2023.04.01. 자녀 출생한 경우	2024.01.01.부터 2025.04.01.까지
2024.06.01. 자녀 출생한 경우	2024.06.01.부터 2026.06.01.까지

2024년에 증여를 한다면 공제받을 수 있습니다. 따라서 양가에서 각각 자신의 자녀에게 결혼 또는 출산에 따른 증여를 한다면 최대 2억 원까지, 만약 최근 10년 내 증여한 적이 없다면, 최대 3억 원까지 공제됩니다.

혼인·출산 증여재산공제 Q&A

Q 혼인·출산 증여재산공제는 초혼이나 첫째 아이 출산 시에만 적용될까?

출산 증여재산공제는 자녀의 출생 순서와 무관하게 적용되므로, 둘째 출생일부터 2년 이내에 재산을 증여받으면 출산 증여재산공제가 적용됩니다. 다만 혼인 증여재산공제와는 다르게 출생일·입양신고일 전에 증여받으면 적용되지 않으므로 증여 계획이 있다면 자녀의 출생일·입양신고일 이후에 증여받아야 합니다.

또한 혼인 증여재산공제는 초혼, 재혼 여부와는 무관하게 적용되며, 미혼인 상태에서 자녀를 출산하거나 입양하더라도 출산 증여재산공제를 적용받을 수 있습니다.

Q 혼인·출산 증여재산공제도 10년 단위로 1억 원씩 받을 수 있을까?

일반적인 증여재산공제는 10년 한도로 가능합니다. 즉, 성인이라면 10년 단위로 5천만 원까지 여러 번 받을 수 있습니다. 다만 혼인·출산 증여재산공제는 수증자 기준으로 평생 받을 수 있는 한도가 1억 원입니다.

사례	전체 1억 원 한도				공제 가능 여부
	혼인공제: 1억 원 한도		출산공제: 1억 원 한도		
	초혼	재혼	첫째	둘째	
1	-	-	7천만 원	3천만 원	가능
2	7천만 원	3천만 원	-	-	가능
3	7천만 원	-	3천만 원	-	가능
4	-	1억 원	-	-	가능
5	-	-	-	1억 원	가능

Q 혼인·출산 증여재산공제로 받을 수 있는 재산은 현금 뿐일까?

혼인·출산 증여재산공제는 현금, 부동산, 주식 등 증여재산의 형식을 제한하지 않으며, 증여 자금도 자유롭게 사용할 수 있습니다. 따라서 현금을 증여받아 전세보증금을 지급하거나 부동산을 구입하는 자금으로 사용 또는 빌린 돈을 상환하는 데 사용해도 증여재산공제 적용이 가능합니다. 다만 다음의 경우에는 혼인·출산 증여재산공제가 적용되지 않습니다.

혼인·출산 증여재산공제가 적용되지 않는 주요 증여재산

- 보험을 이용한 증여행위
- 저가 또는 고가 매매에 따라 얻은 이익
- 채무 면제 또는 변제를 받아 얻은 이익
- 부동산을 무상으로 사용해 얻은 이익
- 금전을 무이자 또는 저리로 대출받아 얻은 이익
- 재산을 자력으로 취득한 것으로 보기 어려운 자가 취득 자금을 증여받아 얻은 이익
- 재산의 실제소유자와 명의자가 다를 때 명의자에게 증여한 것으로 보는 것

Q 부모님께 빌리고 면제받은 돈을 혼인 증여재산공제 적용이 가능할까?

채권자(빌려준자)로부터 채무 면제를 받으면 채무자(빌린 자)는 면제받은 채무액에 대해 증여세를 내게 됩니다. 채무자가 채무 면제로 얻은 증여이익은 혼인·출산 증여재산공제가 적용되는 증여재산이 아니므로, 2023년에 부모님에게 빌린 돈을 2024년에 면제받기로 약정하더라도 혼인 증여재산공제가 적용되지 않습니다. 다만 채무를 면제받는 것이 아닌 현금을 증여받은 후 채무를 상환하는 경우에 현금을 증여받는 것에 대해서는 혼인 증여재산공제 적용이 가능합니다.

가족법인
가족법인을 활용한
절세법

    수익형 부동산인 상가를 구입할 경우 개인공동사업자명의로 할 수도 있고, 법인명의로 구입할 수도 있습니다. 최근 가족법인을 설립해 법인명의로 부동산을 구입하고자 하는 문의가 많아지고 있습니다. 어떤 사람들이 가족법인 설립을 고려할까요? 가족법인에는 어떤 장점이 있어서 관심을 많이 갖는지, 그리고 주의해야 할 사항은 없는지 살펴보도록 하겠습니다.

가족법인의 장점

◉ 자금출처확보 용이

부, 모, 아들, 딸(자녀는 모두 성인) 4인으로 구성된 가족이 50억 원 상가를 구입한다고 가정해보겠습니다. 향후 미래가치가 유망해서 자녀의 지분을 더 많이 설정하고 싶습니다(지분율: 부와 모 각각 20%, 아들·딸 각각 30%). 지분율이 정해졌다면 각자 자기 지분에 해당하는 자금출처를 확보해야 합니다. 대출을 20억 원 받는다고 했을 때, 개인명의로 투자할 경우 자녀들은 각각 30%의 지분에 해당하는 9억 원의 자금이 필요합니다.

9억 원을 부모로부터 증여받으면 해결될까요? 9억 원에 대한 증여세는 약 1억 9천만 원입니다. 증여세는 수증자가 내야 하기 때문에 더 많은 자금을 증여받아야 하고 더 많은 세금을 납부해야만 합니다.

하지만 가족법인을 활용하면 전체 상가구입자금이 아닌 주식에 대한 자금출처만 준비하면 되기 때문에 부담이 많이 줄어듭니다. 예를 들어 자본금 1억 원짜리 법인을 만든다면, 자녀는 30% 지분에 해당하는 3천만 원의 자본금만 마련하면 되고, 성인인 자녀에게 5천만 원까지는 세금 없이 줄 수 있기 때문에 개인명의일 때보다 자금출처 확보가 용이합니다.

법인의 구성

- 자본금: 1억 원
- 주주의 구성: 부모: 40%
  - 자녀 A: 30%
  - 자녀 B: 30%
- 대출금액: 20억 원(이자: 5.7%)
- 대표자 가수금: 29억 원

❯ 종합소득세와 건강보험료 절세 가능

맞벌이 부부이고 고소득자라면 개인명의로 상가 구입 시 상가의 임대소득을 각각 본인의 다른 소득과 합산해야 하기 때문에 세부담이 증가합니다. 부부 모두 소득세 최고세율구간이라면 49.5%를 세금으로 납부해야 하며, 이렇게 소득이 많아진다면 건강보험료 납부금액도 증가하죠. 하지만 법인 명의로 구입하는 경우 상가임대소득은 법인의 소득이 됩니다. 법인으로부터 개인이 급여나 배당을 받지 않는 한 개인의 추가 소득은 발생하지 않기 때문에 건강보험료는 추가로 발생하지 않습니다.

❯ 개인의 소득시기 조절 가능

개인 공동명의사업자로 상가를 구입하는 경우 매년 발생하는 임대소득에 대한 소득세를 피해갈 수 없습니다. 다만 법인에 쌓인 상가임대수익금은 배당이라는 절차를 통해 개인에게 귀속되기 때문에, 주주가 원하는 시기에 배당함으로써 개인의 소득세 조절이 가능합니다. 맞벌이 부부가 현재 고소득자라면 법인의 배당금을 은퇴 후로 이월시켜 종합소득세 절세도 가능할 수 있습니다.

가족법인 활용법

◉ 대표이사의 가수금 활용 가능

가족법인의 최대 장점은 소득이 없거나 미미한 자녀를 주주로 구성할 수 있다는 점과 대표이사(주로 부모)의 가수금을 활용할 수 있다는 것입니다. 개인이 특수관계에 있는 법인에게 금전을 빌린다면 원칙적으로 법인도 특수관계에 있는 개인에게 4.6%의 이자를 지급해야 합니다.

다만 무상 또는 적정 이자율보다 낮은 이자율로 대여하는 경우, 법인 입장에서는 지급하지 않은 이자만큼 법인세를 납부하게 때문에 세법적으로 문제는 없지만 주주 입장에서는 이야기가 다릅니다. 특수관계에 있는 법인의 주주는 다음의 금액을 증여받은 것으로 보아 증여세 과세 문제가 발생합니다.

증여재산가액 = 대여금액×(4.6%−실제 이자율) × (1−법인세율) × 주식비율

이때 무조건 증여로 보는 것이 아니라 이렇게 계산해 법인의 각각 주주가 얻은 이익이 연간 1억 원 이상이 되는 경우에만 증여로 보

아 과세하게 되어 있습니다. 따라서 법인에게 대출금 20억 원을 제외한 29억 원을 무이자로 빌려주더라도 자녀들이 받는 이익이 연간 1억 원 이상이 되지 않기 때문에 증여에 해당하지 않습니다.

⊙ 자녀의 합법적인 자금출처마련 용이

앞에서 설명한 바와 같이 가족법인을 활용하면 자녀들은 자본금 3천만 원으로 50억 원 상가의 30% 지분을 소유할 수 있고, 이에 따른 배당이나 상가양도에 따른 시세차익을 지분율만큼 누릴 수 있게 됩니다. 예를 들어 50억 원에 구입한 상가를 60억 원에 양도했다고 가정해보겠습니다. 양도차익은 10억 원, 법인세로 약 1억 7천만 원을 납부하고 나면 법인의 순이익은 8억 3천만 원이 되며, 법인 주주의 지분율대로 자녀가 배당을 받는다면 약 2억 5천만 원의 (세전) 배당소득이 발생하게 됩니다. 이렇게 자본금 3천만 원으로 얻은 2억 5천만 원의 소득은 추후 자녀가 합법적으로 활용할 수 있는 자금이 됩니다.

가족법인 활용시 주의해야 할 점

가족법인 설립 후 가수금 활용 시 주의해야 할 사항이 하나 있습니다. 최근 피상속인이 특수관계법인에 금전을 무상대여 후 5년 내 상속이 개시되었을 때, 해당 법인을 상속인이 아닌 자에게 사전증여한 것으로 보아 과세하는 사례가 나오고 있습니다.

또한 가족기업을 둘러싼 편법증여 이슈는 계속적으로 발생하고 있으며, 이로 인해 세무조사를 받는다는 기사 또한 쉽게 접할 수 있습니다. 특히 유명 연예인이나 유튜브 크리에이터 등 고소득자들 중 일부가 가족법인을 활용한 편법증여 및 탈세 문제로 사회적인 물의를 일으키기도 하는 만큼, 가족법인을 고려한다면 세무전문가와 전반적인 세금 검토를 해보고 실행해야 합니다.

> 피상속인이 특수관계법인에 금전을 무상대여한 것과 관련해 위 무상대출에 따른 증여이익을 피상속인이 상속인이 아닌 자에게 사전증여한 것으로 보고 상속재산가액에 가산한 처분의 당부
>
> --
>
> 「상증법」 제43조 제1항은 하나의 증여에 대해 둘 이상 동시에 적용되는 경우에는 그중 이익이 가장 많게 계산되는 것 하나만을 적용하도록 규정하고 있고 「상증법」 제13조 제1항 제2호는 상속인이 아닌 자의 범위를 한정하고 있지 않고 영리법인을 제외한다는 취지를 규정하고 있지 않은 점 등에 비추어 금전무상대여이익을 사전증여재산으로 보아 합산한 처분은 잘못이 없음(조심2022서2030, 2022.09.07)

부동산 증여
부모님 집에 거주하려면
이 정도는 알아두자

다주택자의 경우 결혼하는 자녀에게 집 한 채를 증여하고 싶지만 여전히 높은 증여세와 취득세로 인해 부담스러울 수밖에 없습니다. 특히 사회초년생은 소득이 많지 않아 더더욱 부동산을 증여하기가 쉽지 않습니다. 이런 상황에서 손주까지 태어나고, 손주들은 좋은 환경에서 공부시키기 위해 강남의 부동산에 자녀세 대가 무상으로 또는 적은 임대료 계약을 체결하고 거주하고자 하는 필요가 생깁니다. 이때 부모님 집에 무상으로 살아도 아무런 문제가 없을까요? 아니라면 최소한의 임대료만 드리고 싶은데, 얼마 정도 드려야 문제가 없을까요?

부동산을 무상으로 사용할 경우

현행 세법에서는 타인의 부동산을 무상으로 사용함에 따라 이익을 얻는 경우 무상 사용을 개시한 날을 증여일로 봅니다. 그리고 부동산 무상사용이익에 대해 무상 사용자에게 증여세를 과세하도록 규정하고 있습니다. 세법에서 이야기하는 증여로 보는 이익은 과연 얼마일까요?

세법에서는 해당 거래와 유사한 상황에서 불특정다수인 간 통상적으로 거래되는 임대료를 적정 임대료로 보고 있습니다. 다만 이 금액이 불분명한 경우 부동산가액의 2%를 적정 임대료로 규정하고 있습니다. 이렇게 설정한 적정 임대료를 지급하지 않는다면 해당 임대료만큼 증여받은 것으로 볼 수 있습니다. 이를 바탕으로 부동산무상사용이익이 5년간 1억 원 이상일 경우 증여로 보아 과세한다고 되어 있습니다. 이때 무상사용에 따른 이익은 다음의 산식으로 계산을 합니다.

부동산무상사용이익 = 부동산가액 × 2% × 3.79079

※ 3.79079는 5년간의 부동산무상사용이익을 현재가치로 할인하는 연금현가계수를 의미

여기서 말하는 부동산가액이란 「상증법」상 평가액을 따라가게 되어 있습니다. 즉, 시가가 있음에도 불구하고 공시지가로 증여세를

부동산 금액별 증여세 과세 여부

구분	부동산가액 10억원	부동산가액 13억원	부동산가액 16억원
연간 적정임대료	20,000,000원	26,000,000원	32,000,000원
무상사용이익	75,815,800원	98,560,540원	121,305,280원
증여세 과세여부	과세 제외	과세 제외	과세

계산하면 안 됩니다. 기본적인 평가원칙은 시가가 있다면 시가로, 없다면 세법에서 정하는 여러 보충적 평가방법을 활용합니다.

부동산 금액별로 증여 여부를 판단해보면 위의 표와 같습니다. 결국 13억 2천만 원을 초과하지 않으면 증여세 이슈가 없다는 것을 알 수 있습니다.

즉, 무상으로 거주하는 부모님의 집값이 13억 원 이하이거나 주택 소유자인 부모님과 함께 거주한다면 그 집이 13억 원이 넘는 고가주택이더라도 부동산 무상사용이익 규모에 상관없이 증여세가 발생하지 않습니다.

부동산을 유상으로 사용할 경우

그렇다면 부모님의 집이기 때문에 적은 임대료만 지급하고 살아도 될까요? 원칙은 제3자와 거래할 때랑 동일한 임대료를 받지 않는다면 적게 임대료를 지급한 만큼 증여받은 것으로 볼 수 있습니다. 다만 적정 임대료와 실제 지급한 임대료의 차이가 적정 임대료의 30% 미만인 경우 증여세가 과세되지 않습니다.

예를 들어보겠습니다. 시가 20억 원짜리 부모님 소유 아파트를 자녀가 월 200만 원에 임차를 주고 있었습니다. 이 경우 제3자 간 임대료를 확인할 수 없다면 「상증법」상 적정임대료는 연간 4천만 원이 됩니다(20억 원×2%). 따라서 실제 지급한 연 2,400만 원과의 차액 1,600만 원은 적정 임대료의 30%(1,200만 원)을 넘기 때문에 증여세가 과세될 수 있습니다.

그럼 얼마의 임대료를 지급해야 문제가 없을까요? 월 250만 원의 임대료를 준다면 적정임대료와의 차액이 1천만 원이 되고, 이는 적정임대료의 30%인 1,200만 원 이내이기 때문에 증여세 이슈에서 벗어날 수 있습니다.

부동산 가격별로 제3자와의 거래가 없다고 가정했을 경우 증여세 이슈가 없을 수 있는 금액을 알아보면 다음 표와 같습니다.

부동산 금액별 증여세 과세 여부

구분	부동산가액 10억 원	부동산가액 13억 원	부동산가액 16억 원
연간 적정임대료	2,000만 원	2,600만 원	3,200만 원
적정임대료의 30%	600만 원	780만 원	960만 원
연간 지급임대료	1,400만 원 이상	1,820만 원 이상	2,240만 원 이상
최소 월지급임대료	월 117만 원	월 152만 원	월 187만 원

　공인중개사를 통하지 않고, 직거래한 부동산 거래에 대한 고강도의 세무조사를 실시한다는 기사를 쉽게 접할 수 있습니다. 그만큼 특수관계인 사이에서 거래할 때는 여러 가지를 주의해야 한다는 것입니다. 특히 가족간 부동산을 양도, 증여하는 경우뿐만 아니라 무상 또는 저가로 사용할 경우에도 증여세 문제가 발생할 수 있습니다. 사전에 철저한 준비를 통해 세무적으로 불이익을 받지 않도록 해야 합니다.

미술품 세금
미술품 투자를 원한다면
반드시 세금을 알아야 한다

　한국미술 시장 규모도 코로나19 이전 5천억 원에서 현재 1조 원 대로 급성장했습니다. 과거 미술품이라고 하면 재벌가에서만 구입 해 활용하는 재테크 수단이었다면, 지금은 MZ세대들도 대거 참여 하면서 '미술품은 비싸다', '있는 자들의 취미생활'이라는 선입견이 깨졌습니다.

　2017년 레오나르도 다빈치의 작품이 미술품 경매 사상 최고가 에 낙찰되었습니다. 바로 예수의 초상화인 '살바토르 문디'라는 작 품으로, 한때 다빈치가 아닌 그의 제자가 그렸다고 알려져 단돈 7만 원에 거래된 적이 있습니다. 그런데 2000년 초 다빈치의 진품으로 밝혀지고, 그로부터 17년이 지나 미국 뉴욕 크리스티 경매에서 4억

5천만 달러(환율 1,300원 적용 시 한화 약 5,850억 원)에 낙찰된 것입니다.

만일 이 작품을 우리나라 사람이 7만 원에 구입해 5,850억 원에 판매한다면 세금이 어떻게 될까요? 이 경우 10년 보유 여부에 따라 세금이 달라집니다. 구입 후 10년 이내 판매한다면 257억 4천만 원의 세금을 납부해야 하지만, 구입 후 10년이 지나서 판매한다면 128억 7천만 원으로 세금이 절반 이상 줄어듭니다. 이런 세금조차 내고 싶지 않다면 박물관 또는 미술관에 양도하면 됩니다.

폭발적으로 커가는 우리나라의 미술품 시장, 투자만큼이나 중요한 것이 역시 세금입니다. 미술품을 취득할 때부터 어떤 세금과 연관이 있는지, 법인과 개인으로 구입할 때의 차이점은 무엇인지, 같은 금액으로 판매하지만 왜 세금이 달라지는지 살펴보겠습니다.

미술품 취득 및 보유 시 부과되는 세금

미술품을 취득하는 방법은 2가지가 있습니다. 하나는 돈 주고 사는 유상취득이고, 또 다른 방법은 부모님 등으로부터 증여받거나 상속으로 물려받는 무상취득입니다.

일반적으로 부동산을 취득할 때는 매매취득, 증여(상속)취득 등 그 원인과 상관없이 취득세를 내야 합니다. 그리고 지금처럼 다주택자가 추가로 주택을 취득하거나 조정대상지역의 일정 규모 이상의 주택을 증여받는 경우 중과세율을 적용받을 수도 있습니다.

부동산을 보유하는 기간에는 재산세와 종부세 등 보유세도 내야 합니다.

반면 미술품을 취득할 때는 유상취득이든 무상취득이든 상관없이 별도의 취득세가 부과되지 않고, 보유세도 없다는 점은 미술품 투자의 장점입니다. 개인이 미술품을 유상으로 취득하려면 옥션 등을 통해 거래되거나 경매되는 가격으로 구입하면 됩니다.

그럼 상속이나 증여 등의 방법으로 무상으로 받는 경우에는 어떤 세금이 부과될까요? 생전에 증여받으면 증여세, 부모님 등의 사망으로 물려받으면 상속세가 부과되며, 미술품의 경우도 동일합니다. 상속이나 증여의 경우 세법에서는 시가가 있다면 시가로, 시가가 없다면 세법에서 정해놓은 보충적 평가방법을 적용합니다.

이때 시가란 상속일 전후 6개월, 증여일 전 6개월 후 3개월 이내 특수관계자가 아닌 자와 거래한 매매사례가격 등을 의미합니다. 그러나 미술품은 시가가 존재하기 쉽지 않습니다. 따라서 보통은 보충적 평가방법을 활용하는데, 보충적 평가방법이란 2인 이상의 전문가가 감정한 가액의 평균액을 의미합니다. 다만 그 가액이 국세청장이 위촉한 3인 이상의 전문가로 구성된 감정평가심의회에서 감정한 가액에 미달하는 경우 감정가액으로 합니다(「상증령」 제52조).

만일 법인이 미술품을 구입한다면 어떻게 될까요? 일반적으로 미술품은 사업과 관계없는 '업무무관자산'으로 보아 미술품 구입비용을 비용처리할 수 없습니다. 다만 다음의 요건을 모두 충족하는 경우에는 전액 비용으로 인정받을 수 있습니다.

① 장식, 환경미화 등의 목적으로 사무실, 복도 등 여러 사람이 볼 수 있는 공간에 항상 전시하는 미술품
② 취득한 날이 속하는 사업연도의 비용으로 계상할 경우
③ 취득가액이 거래단위별로 1천만 원 이하인 경우

따라서 법인 대표가 개인적으로 소장하거나 별도의 전시공간에 전시를 하지 않는다면 그 가액이 1천만 원 이하라 하더라도 비용으로 처리할 수 없습니다.

개인사업자가 미술품을 구입한다면 이 또한 법인처럼 비용으로 인정받을 수 있을까요? 「소득세법」은 철저히 열거주의를 취하고 있습니다. 즉, 법에 열거된 항목에 대해서만 세금을 부과하고 비용으로 인정해줍니다. 현재의 「소득세법」상에서 개인사업자가 미술품을 전시용으로, 그리고 취득가액이 1천만 원 이하의 작품을 구입하더라도 비용처리해준다는 규정이 없기 때문에 개인사업자의 경우에는 비용처리가 불가합니다.

미술품 양도 시 부과되는 세금

미술품을 보유하고 있다 양도시 시세차익이 발생했다면, 어떤 세금을 낼까요? 2013년 1월 1일부터 개인이 소장한 미술품을 판매

함으로 발생한 양도차익에 대해 기타소득으로 과세하고 있습니다. 다만 개인이 소장한 미술품을 판매한다 하더라도 계속·반복성이 있다면 사업소득으로 볼 수 있는 개연성이 있었지만, 2021년 세법개정을 통해 21년 이후 개인이 양도하는 미술품은 계속·반복성 여부와 상관없이 항상 '기타소득'으로 과세하도록 소득구분 기준을 명확화 했습니다.

그럼에도 불구하고, 미술품 거래를 위해 사업장 등 물적시설을 갖추거나 사업자등록을 한 경우에는 사업소득으로 과세를 합니다.

➤ 세법상 과세대상 미술품

세금이 부과되는 미술품이란 회화, 데생, 파스텔(손으로 그린 것으로 한정하며, 도안과 장식한 가공품은 제외)및 콜라주, 오리지널 판화·인쇄화 및 석판화, 그리고 100년이 넘은 골동품으로서, 최소 양도가액이 6천만 원 이상인 경우를 말합니다.

➤ 미술품을 팔아도 세금이 없는 경우가 있다?

상가를 취득해서 2년간 2억 원의 시세차익을 남겼다면 얼마의 세금을 낼까요? 38%의 세율을 적용받아 약 6천만 원의 양도소득세를 내야합니다. 하지만 미술품의 경우는 다릅니다. 만일 생존하는 국내작가의 작품을 구입해서 2억 원의 시세차익을 냈다면 내야 할 세금이 없습니다. 「소득세법」에서는 비과세대상 소득을 열거하고 있는데, 미술품과 관련된 비과세 대상은 아래와 같습니다.

비과세대상 미술품

① 개당·점당 또는 조(2개 이상이 함께 사용되는 물품으로서 통상 짝을 이루어 거래되는 것)당 양도가액이 6천만 원 미만인 작품

② 양도일 현재 생존해 있는 국내 원작자의 작품(양도금액 불문)

③ 「문화재보호법」에 따라 국가지정문화재로 지정된 서화·골동품의 양도로 발생하는 소득

④ 서화·골동품을 박물관 또는 미술관에 양도함으로써 발생하는 소득

따라서 소장하고 있는 작품의 작가가 생존한 국내 원작자라면 수억, 수십억 원에 달하는 차익을 얻는다 하더라도 세금이 부과되지 않지만, 해외 원작자의 작품은 생존해 있다하더라도 세금이 부과된다고 할 수 있습니다. 또한 법인이 구입한 미술품의 경우에는 작가의 생존여부 및 가액과 상관없이 해당 자산을 양도함으로 발생하는 차익에 대해 법인세법에서는 예외규정이 없으므로 법인세가 과세된다는 점도 함께 기억해야 합니다.

▶ 미술품 양도 시 기타소득세 계산방법

미술품 등의 양도에 따른 세금은 기타소득으로 분리과세 대상입니다. 일반적으로 기타소득이 연간 300만 원을 초과할 경우 다른 소득과 합산해 종합과세되지만, 미술품은 무조건 분리과세 대상이기에 소득금액의 규모에 영향을 받지 않습니다.

미술품을 판매함에 따라 발생하는 기타소득은 양도가액 1억 원까지는 90%를 필요경비로 인정하고, 1억 원 초과 금액에 대해서는 양도가액의 80%(단, 보유 기간이 10년 이상인 경우 90%)를 필요경비로 인정해주어, 사실상 양도가액의 10% 또는 20%에 대해서만 과세가 됩니다. 다만 이러한 경우라 할지라도 실제 소요된 비용이 위 계산된 필요경비보다 크다면 실제 발생한 금액만큼 필요경비로 인정받을 수 있기 때문에, 미술품 투자로 손실이 발생했거나 실제 발생한 필요경비가 위 방식으로 계산한 금액보다 더 큰 경우에는 실제 발생한 금액을 필요경비로 사용할 수 있습니다.

앞서 살바토르 문디의 작품의 경우에도 10년 보유 여부에 따른 세부담의 차이가 발생한 이유도 바로 이 필요경비 때문입니다. 10년 미만 보유시 1억 원까지는 90%, 1억 원 초과분에 대해서는 80%의 필요경비를 차감한 기타소득금액에 22%(지방소득세 포함)을 적용하면 257억 4천만 원이지만, 10년 이상 보유할 경우 전체 양도가액의

미술품 필요경비

기준금액	필요경비율
양도가액 1억 원 이하	90%
양도가액 1억 원 초과	1억 원까지 90%
	1억 원 초과분 80%
보유 기간 10년 이상	90%

90%를 필요경비로 인정해 양도가액의 10%인 585억 원의 22%인 128억 7천만 원이 납부해야 할 세금이 됩니다.

미술품은 15년만 지나면 세금으로부터 자유로울까?

일반적으로 상속, 증여세 신고를 하지 않은 경우 국세청에서 세금을 부과, 징수할 수 있는 기간(이를 제척기간이라 함)은 15년입니다. 따라서 증여세 신고하지 않고 15년만 무사히 지나면 증여세로부터 자유로울 수 있습니다.

하지만 미술품의 경우는 조금 다릅니다. 등기·등록 또는 명의개서가 필요하지 않은 유가증권, 서화, 골동품 등 50억 원을 초과하는 상속 또는 증여재산을 상속인이나 수증자가 취득한 경우에는 해당

국세부과 제척기간

구분		제척기간
일반적인 세목	사기 기타 부정한 행위	10년
	무신고 시	7년
	기타	5년
상속세와 증여세	사기 기타 부정한 행위 무신고 시	15년
	기타	10년

상속 또는 증여가 있음을 안 날로부터 1년 이내에 상속세 및 증여세를 부과할 수 있어, 실질적으로는 제척기간은 없다고 할 수 있습니다. 특히 신고없이 증여 또는 상속 받은 미술품을 처분한 대금으로 부동산을 구입할 경우 자금조달계획서 또는 자금출저 소명시 적발될 수 있으니 주의해야 합니다.

이런 것도 세금이 있을까?

故 백남준 작가의 비디오 아트 작품을 구입했고, 해당 작품을 6천만 원이 넘는 가격으로 양도시 기타소득 과세대상인 서화·골동품에 해당할까요?

양도 시 양도로 발생하는 소득이 기타소득으로 과세되는 서화·골동품의 범위에 비디오 아트는 포함되지 아니합니다. 따라서 해당 작품 양도에 따른 세금은 발생하지 않습니다(서면-2023-법규소득-2543).

* 비디오 아트란 비디오를 표현 수단으로 하는 영상 예술, 조형 표현의 활동을 비디오테이프에 담아 그것을 영상으로 발표함으로써 작가의 조형 활동의 과정을 전달하려는 것을 의미함.

PART 4

국제 세금 절세의 정석

거주자 판정
해외교민들은
어떤 세금에 관심이 있을까?

글로벌 시대가 되면서 해외에서 사업 등을 통해 많은 부를 축적한 사람들을 종종 만나게 됩니다. 해외에 거주하는 교민들은 어떤 세금에 관심이 있을까요? 한국으로 귀국을 결심했다면 어떤 것을 주의해야 할까요?

거주자일까 vs. 비거주자일까

일반적으로 국적이 한국이면 거주자이고, 영주권이나 시민권이 있으면 비거주자라고 생각면기 쉽습니다. 하지만 세법상 거주자는 그렇게 간단하게 판단할 수 없습니다. 일단 세법에서 어떻게 정의하고 있는지 살펴보겠습니다.

　세법상 거주자란 ① 국내에 주소를 두거나 ② 1과세기간에 183일 이상 거소를 둔 개인을 의미합니다. 따라서 비거주자란 거주자를 제외한 개인을 의미합니다. 세법상 주소는 국내에서 생계를 같이하는 가족 및 국내 재산의 유무 등 생활관계의 객관적 사실에 따라 판정하게 됩니다. 즉, 주된 생활근거지를 의미한다고 볼 수 있습니다. 세법에서 국내에 주소를 가진 것, 즉 거주자로 보는 경우와 주소가 없는 것으로 보는 경우는 다음 표와 같습니다.

거주자 vs. 비거주자

국내에 주소를 가진 것으로 보는 경우(거주자로 인정)	국내에 주소가 없는 것으로 보는 경우(비거주자로 인정)
① 계속해 183일 이상 국내에 거주할 것을 통상 필요로 하는 직업을 가진 때	국외에 거주 또는 근무하는 자가 외국국적을 가졌거나, 외국법령에 의해 그 외국의 영주권을 얻은 자로서, 국내에 생계를 같이하는 가족이 없고 그 직업 및 자산상태에 비추어 다시 입국해 주로 국내에 거주하리라고 인정되지 아니하는 때
② 국내에 생계를 같이하는 가족이 있고, 그 직업 및 자산상태에 비추어 계속해 183일 이상 국내에 거주할 것으로 인정되는 때	
③ 거주자나 내국법인의 국외사업장 또는 해외현지법인(100% 출자법인) 등에 파견된 임원 또는 직원이나 국외에서 근무하는 공무원은 거주자로 본다.	

국내에 거소를 둔 기간은 어떻게 판단할까?

1년에 183일만 한국에 있으면 국내에 거소를 둔 것으로 보아 세법상으로 거주자로 볼까요? 그렇지는 않습니다. 세법상 거주성 판단 시 거소기간도 상당히 중요한데요. 거소기간은 다음과 같이 판단합니다.

① 국내에 거소를 둔 기간: 입국하는 날의 다음 날부터 출국하는 날까지

② 국내에 거소를 두고 있던 개인이 출국 후 다시 입국한 경우, 생계를 같이하는 가족의 거주지나 자산 소재지 등에 비추어 그 출국목적이 관광, 질병의 치료 등 명백하게 일시적인 것으로 인정되는 때는 그 출국한 기간도 국내에 거소를 둔 기간으로 봄

③ 국내에 거소를 둔 기간이 1과세기간에 걸쳐 183일 이상인 경우에는 국내에 183일 이상 거소를 둔 것으로 봄

④ 재외동포가 입국한 경우, 생계를 같이 하는 가족의 거주지나 자산 소재지 등에 비추어 그 입국목적이 관광, 질병의 치료 등 일정한 사유에 해당해 그 입국한 기간이 명백하게 일시적인 것으로 인정되는 때는 해당 기간은 국내에 거소를 둔 기간으로 보지 않음

또한 세법상 거주자인지 판단할 때는 다음 질문표에 있는 내용처럼 상당히 많은 요소를 종합적으로 고려합니다.

세법상 거주자 판단 질문표

분야	질문사항
국적	국적은 어디입니까?
	국적을 취득하거나 포기한 시기는 언제입니까?
	국적을 취득한 방법은 무엇입니까? (출생 또는 귀화)
영주권	어느 국가의 영주권을 보유하고 있습니까?
	영주권을 취득하거나 포기한 시기는 언제입니까?
외국인등록증	외국인등록증을 보유하거나 갱신하고 있습니까?
주소	주소지는 어디입니까?
거소	거소지는 어디입니까? (거소란, 주소지 이외의 장소 중 상당기간에 걸쳐 거주하는 장소로서 생활의 중심지이지만 그 장소와의 밀접한 정도가 주소에 미치지 않는 곳)
거주지	직계가족(배우자 및 직계자손)은 어디에 거주하고 있습니까?
체류일수	연도별 각 나라의 체류일수는 얼마입니까?
출국목적	가장 최근 출국 시의 목적은 무엇입니까?
입국목적	가장 최근 입국 시의 목적은 무엇입니까?
항구적 주거	앞으로 어느 나라에 정착해 거주할 계획입니까?
재산	한국내 재산의 종류와 가액은 얼마나 됩니까?

재산	한국내 재산의 가액이 전 세계 재산가액에서 차지하는 비중은 얼마입니까?
	국가별 재산 종류와 가액은 얼마나 됩니까?
교육	교육은 어느 국가에서 받았습니까?
	다른 국가에서 교육 받았거나 받을 계획이 있습니까?
경제	세금은 어느 국가에 신고납부합니까?
	채무는 어느 국가에 주로 있습니까?
	금융 계좌 개설은 어느 국가에서 했습니까?
	신용카드 사용은 주로 어느 국가에서 합니까?
	본인이 지배하고 있는 회사(대주주로 등재되어 있는 회사)는 어느 국가에 있습니까?
	국가가 운영하는 보험, 연금을 어느 국가에서 가입하거나 상실하였습니까?(의료보험, 국민연금 등)
	급여는 어느 국가에서 소비, 지출합니까?
사회	기부하는 단체가 어느 국가에 있습니까?
	복지 혜택을 어느 국가로부터 누립니까?
	휴대전화의 통신사가 어느 국가의 통신사입니까?
	골프 등 사교활동은 어느 국가에서 합니까?
	차량등록 및 자동차 운전면허증은 어느 국가로 되어 있습니까?
종교	종교활동을 하는 국가는 어디입니까?
의료	어느 국가의 병원에서 질병치료를 받습니까?
법률	계약서 등 각종 법률적 효력을 가지는 서류에 기재하는 주소는 어느 국가입니까?

❯ 거주일수

국세청에서 거주 여부를 판단할 때 가장 기본적으로 확인하는 것이 바로 출입국관리기록입니다. 과거 3~5년간 출입국관리기록상 국내 거주 일수가 183일을 초과한다면 거주자로 판정될 확률이 매우 높습니다. 거주일수에서 출입국 목적이 관광, 질병 치료 등 명백하게 일시적인 것으로 인정되면 그 기간은 제외합니다. 거주일수가 183일을 약간 넘는다면 가족 여행이나 병원 치료 등의 사유를 입증해 183일을 미달하게 만드는 노력을 하기도 합니다.

❯ 직업

어느 나라에 직업을 갖고 있는지를 중요하게 봅니다. 해외에서 소득이 발생하는 직업이 있더라도 1년 이상 근로계약이 된 경우가 아닌 아르바이트나 프리랜서로 소득이 발생하는 경우는 인정받기 쉽지 않습니다. 또한 해외에 직업을 갖고 있더라도 국내의 해외현지법인에 고용된 임직원이나 파견직원, 외교관 등은 국내 거주자로 봅니다.

❯ 가족

학생인 자녀는 독립하기 전까지는 부양하는 부모의 거주성을 따라갑니다. 또한 본인은 외국에 거주하더라도 부양하는 가족이 국내에 남아 있는 경우 국내 거주자로 볼 가능성이 높습니다.

⊙ 자산

주요한 자산이 어느 나라에 있는지를 보는데, 주택 보유 여부를 가장 중요하게 봅니다. 주택은 언제든지 거주할 수 있는 공간이기 때문에, 어느 한 나라에 주택을 보유하고 있으면 그 나라에 거주할 의사를 가진 것으로 판단합니다.

⊙ 세금 신고

세금은 납세자가 직접 의도를 가지고 신고하는 것이기 때문에 거주성 의사를 표현한 것으로 봅니다. 캐나다 거주자로 주장하고 싶다면, 캐나다에 전 세계 모든 소득을 신고하는 기록을 남겨야 합니다. 만약 종합소득세 신고나 과거 증여 시 거주자로 신고했다면 국세청에 기록이 남아 있기 때문에 국내 거주자로 판단될 확률이 높습니다.

⊙ 기타 경제 및 법률 관계

국내 건강보험 혜택을 받은 기록이 있거나 한국에서 발급한 신용카드를 사용한다든가 금융기관에 거주자로서 계정을 보유하고 있는 등의 여부도 영향을 미칠 수 있습니다.

이와 같이 세법상 거주자는 1년 중 183일 국내에 머무른 것만 보는 것이 아니라, 생계를 같이하는 가족, 소득, 재산 등 다양한 부분을 종합적으로 검토해서 판단합니다.

세법상 거주자로 판정받은 사례

서울행법2012구합9437(2013.08.14) 거주자 판정에 나온 사례를 정리해보았습니다.

◉ 첫째, 국내에 생계를 같이하는 가족 유무

1992년에 주택을 본인 명의로 취득해 국내에 거주하다가 2004년 타인명의로 다른 주택을 임차해 배우자 및 아들과 같이 거주한 점, 사업목적상 홍콩과 일본을 오갈 때 대부분 한국을 경유해 일시 체류하다가 출국한 점, 원고와 가족들의 체류일수가 많은 점, 한국에서 지내는 동안 의료보험 혜택을 받은 점 등을 고려할 때, 원고는 이 사건 과세기간 동안 국내의 동일한 생활공간에서 동일한 생활자금으로 생계를 같이한 가족이 있었던 것으로 봄이 타당하다.

◉ 둘째, 국내의 직업과 소득현황

국내에 관련회사를 설립해 대표로서 국내 사업기반을 형성한 실질적 경영자인 점, 국내에서 그룹 전체업무를 통제하고 사업상 중요한 결정을 내린 점, 그룹의 실질적 경영자로서 국내 계열사 관리, 국내 거래처와의 관계 유지 및 자신의 건강관리를 위해 주된 거주지가 있는 국내에서 경영활동을 수행할 필요가 있었던 점, 원고 및 배우자는 2004년부터 2007년까지 계열사에서 임원으로 근무한

대가로 급여를 수령하였으나, 그 후 조세전문가의 조언에 따라 급여를 수령하지 않은 점으로 보아 사실상 국내에 직업과 소득이 있었다.

▶ 셋째, 국내에 소재하는 자산

원고 및 가족은 2007년까지 자신들의 명의로, 2007년 이후에는 관계회사를 통해 국내에 상당한 정도의 자산(국내계열사 주식, 부동산)을 보유하였고, 원고는 자신의 명의로 골프회원권 2개 보유와 국내계열사 주식을 통해 경영권을 행사하고 자신명의의 골프회원권을 사용하였다.

▶ 넷째, 국내 경제 및 법률관계

원고 및 가족은 국내 금융기관에 계좌를 개설하고 지속적으로 입·출금 거래를 하였고, 원고와 배우자는 국내에서 신용카드를 발급받아 사용하였으며, 원고와 배우자는 국민건강보험가입자의 자격을 유지하면서 의료기관을 이용하였고 주식양도계약서상 주소지를 국내 거주지로 하였다.

스포츠스타로 보는 거주자 vs. 비거주자

일본에서 프로야구 선수로 활동했던 이승엽 선수는 지난 2009년부터 2011년까지 번 국외 원천소득에 대해 종합소득세를 냈다가 자신이 「소득세법」상 비거주자에 해당한다며 세금을 환급해달라고 경정청구를 신청했다. 그러나 국세청은 "거주자 여부는 가족관계 및 자산 상태 등 생활관계의 객관적 사실에 따라 판단한다."라며, "일본 출국은 국외 이전으로 볼 수 없고 직업 및 자산 상태 등을 고려했을 때 다시 입국해 국내에 거주할 것으로 보인다."라고 이를 거부했다. 이에 불복해 심판청구를 제기했으나, 일본에서 활동하는 동안에도 번 연봉 대부분을 국내로 송금했고, 이를 토대로 부동산을 매입해 임대소득이 발생했다는 점을 들어 기각됐다.

반면, 미국 프로골프에서 활약한 '슈퍼땅콩' 김미현 선수의 경우, 미국 투어에서 얻은 소득 대부분을 국내에 송금하지 않았고, 부동산 수입도 미비해 비거주자 판정을 받아 국내에서 세금이 과세되지 않았다.

이중거주자인 경우에는 국가 간 조세협약(이중과세 및 조세 회피 방지를 위한 조약)을 따르게 돼 있는데 이 부분에 있어 논란의 소지가 적지 않다. 조세 협약상 거주자 판단 기준과 관련해 항구적 주거, 중대한 이해관계의 중심지, 일상적 거소 등 다소 애매한 표현을 쓰고 있기 때문이다.

출처: 비즈니스 워치

거주자 판단 Q&A

Q 아이가 미국 시민권자이고 본인 역시도 미국 시민권을 갖고 있는데, 그럼 비거주자일까?

세법상 거주성 판단은 국적(시민권 등) 또는 영주권 취득 여부와는 절대적인 상관관계가 없습니다. 세법상 거주성은 영주권이나 시민권을 보유하고 있는지가 중요한 것이 아니라, 실제 어느 국가에 납세의무가 있는지가 더욱 중요하다고 판단하면 됩니다. 따라서 한국을 떠나 2년을 살았다고 해서 무조건 비거주자가 되는 것이 아니기 때문에, 거주자에서 비거주자로 신분을 바꾸고자 한다면 장기간에 걸쳐 세심한 작업이 필요합니다.

Q 거주성에 따라 납세의무는 어떻게 달라질까?

말 그대로 한국 세법상 거주자라면 국내외 모든 소득에 대해 한국에 세금을 납부해야 할 의무가 발생합니다. 그럼 해외에서 발생한 소득에 대해서 해외에서 이미 세금을 냈는데, 한국에 또 납부를 해야 할까요? 이 경우 해외에서 납부한 세금을 '외국납부세액'이라고 해서 해외소득과 한국소득을 합산해 계산한 종합소득세에서 해외에서 납부한 세금만큼을 차감해줍니다. 그러므로 실제 두 번 세금을 납부하는 일은 발생하지 않습니다.

한국세법상 비거주자라면 한국에 투자한 부동산 또는 금융에서 발생한 소득에 대해서만 제한적으로 납세의무가 발생됩니다. 따라서 비거주자 신분에서 벌어들인 소득을 국내로 반입할 경우 별도의 세금이 없습니다. 또한 비거주자의 경우 1세대 1주택 양도세 비과세 규정을 적용받을 수 없습니다. 따라서 양도차익이 큰 고가의 주택을 보유하고 있다면, 국내 귀국해 세법상 거주자에 해당되는 요건들을 갖춘 후 처분해야 절세가 가능합니다.

거주성에 따른 세금

구분		거주자	비거주자
소득세	납세의무 범위	국내 + 국외 모든 소득	국내 소득
양도소득세	1세대 1주택 비과세	적용	배제

해외금융계좌 신고제도
해외금융계좌가 있다면
반드시 알아야 하는 세무 지식

4차 산업혁명 바람이 거세게 일고 있습니다. 이젠 인터넷을 이용해 전 세계 사람들에게 물건을 팔거나 홍보할 수 있는 시대가 되었습니다. 이렇게 해외에서 돈을 벌기가 편해지고, 해외로 자금을 보내거나 받기가 쉬워지다 보니 최근 역외탈세와 재산의 불법적인 해외반출 행위가 큰 문제로 부각되고 있습니다. 이에 우리나라에서도 2011년부터 해외금융계좌 신고제도가 도입되었습니다.

해외금융계좌 신고제도 및 신고의무자

해외금융계좌 신고제도란 거주자 또는 내국법인이 보유한 모든

신고의무 면제자 요건

구 분	신고의무 면제자 요건
외국인 거주자	신고대상연도 종료일 10년 전부터 국내에 주소나 거소를 둔 기간의 합계가 5년 이하인 경우
재외국민 (영주권자)	신고대상연도 종료일 1년 전부터 국내에 거소를 둔 기간의 합계가 183일 이하인 경우
국제기관 근무자	외국정부, 국제연합 및 그 소속기관, 우리나라와 다른 국가 간 국제적 합의로 설립된 기관에 근무하는 사람 중 대한민국 국민이 아니며, 급여에 대해 「소득세법」에 따라 비과세 적용을 받는 자
금융회사등, 기타 면제기관	금융회사등 및 다른 법령에 따라 국가의 관리·감독이 가능한 기관
해외금융계좌 관련자	다른 공동명의자 등의 신고를 통해 본인이 보유한 모든 해외금융계좌정보를 확인할 수 있는 경우
국가, 지방자치단체, 공공기관, 우리나라와 다른 국가 간 국제적 합의로 설립된 기관	

해외금융계좌 잔액의 합이 5억 원을 초과하는 경우, 그 해외금융계좌의 정보를 매년 6월, 세무서에 신고하는 제도입니다. 이때 해외금융계좌 합계 5억 원이란 매월 말 현재를 의미합니다. 즉, 월중 5억 원을 넘었어도 월말 기준 5억 원이 되지 않는다면 해외금융계좌 신고 대상이 아닙니다. 계좌의 명의자와 실질적 소유자가 다른 경우 둘 다 신고의무가 있으며, 공동명의계좌의 경우 공동명의자 각각 신고

의무가 있습니다.

여기서 거주자는 국내에 주소를 두거나 183일 이상 거소를 둔 개인을 말하며, 내국법인은 국내에 본점, 주사무소 또는 사업의 실질적 관리장소를 둔 법인을 의미합니다. 다만 세법상 거주자라 하더라도 해외금융계좌를 보유한 자가 표에 열거된 요건에 해당되는 경우에는 신고의무가 면제됩니다.

해외 금융계좌를 국세청에서 어떻게 알까 싶지만, 몇 년 전부터 OECD 국가 간 CRS, 미국과의 FATCA 협정이 맺어져 매년 각 나라의 국세청 간 자국민의 해외금융계좌 정보를 교환하는 제도가 운용되고 있습니다.

신고대상 해외금융계좌

⊙ 해외금융계좌 내 금융자산

신고의무자는 해외금융회사 등과 금융거래 및 가상자산거래를 위해 개설한 모든 해외금융계좌 내 현금, 주식(예탁증서 포함), 채권, 집합투자증권, 보험상품, 파생상품, 가상자산 등을 신고해야 합니다.

여기서 말하는 '해외금융회사 등'이란 국외에 소재하는 금융회사, 가상자산사업자 및 이와 유사한 사업자로서 외국의 관련 법령에 근거해 설립된 자를 의미합니다. 우리나라 은행, 증권회사, 가상자산 거래소 등의 해외 지점은 포함되나, 외국 금융회사 등이 설립한

신고대상 해외금융계좌

구분	신고대상
신고 계좌 유형	해외금융회사에 · 예·적금 계좌 등 은행 계좌 · 증권(해외증권 포함) 개설 계좌 · 파생상품(해외파생상품 포함) 개설 계좌 · 그 밖의 금융거래 개설 계좌
신고대상 자산	현금, 주식, 채권, 집합투자증권, 보험상품 등 해외금융계좌에 보유한 모든 자산
신고대상 금액	신고대상연도 매월 말일 중 하루라도 5억 원을 초과한 경우 그 최고금액

국내 지점은 제외됩니다. 예를 들어 국민은행의 미국 지점에 개설된 계좌는 해외금융계좌 범위에 포함되지만, 반대로 미국 시티은행의 국내 지점에서 개설된 계좌는 해외금융계좌가 아닙니다.

❯ 해외가상자산계좌 신고

가상자산 및 이와 유사한 자산의 거래를 위해 해외가상자산사업자 등이 개설한 해외가상자산계좌는 2023년 6월 신고부터 해외금융계좌 신고대상에 포함되었습니다.

❯ 공동명의 계좌의 신고방법

우리나라에는 없지만, 외국의 경우 부부공동명의계좌 또는 가족

공동명의계좌 개념이 있습니다. 공동명의계좌는 전체 금액이 5억원을 초과한다면 신고의무가 있습니다. 이때 공동명의자 중 1인이 계좌 전체에 대해 신고하면, 나머지 명의자는 신고의무가 면제됩니다. 이때 중요한 점은 공동명의계좌의 경우 해외금융계좌 신고기준금액(5억 원)을 판단할 때, 지분이 5대5일 경우 본인 지분에 대한 부분을 기준으로 판단하면 안 되고 공동계좌잔액 전체 금액을 기준으로 신고 여부를 판단해야 한다는 것입니다.

만일 피상속인 명의 해외금융계좌를 여러 사람이 공동으로 상속받았다면 해당 계좌 잔액 중 공동상속인 각자의 상속분에 해당하는 금액만큼만 합산합니다.

◎ 계좌잔액 계산방법

신고대상은 1년간 매월 말일 합계 잔액 중에 가장 큰 날을 기준으로 신고해야 하며, 이때 적용환율은 해당 최고 잔액 기준일의 해당 국가별 기준환율을 적용합니다.

연도 중에 해지된 계좌라 하더라도 5억 원 산정 시 해당 계좌를 포함한다는 점도 주의해야 합니다. 종종 해외에 예금 등 금융재산이 있지만 대출 등 금융부채가 있다면 이를 공제한 금액을 신고해야 하는 것 아니냐는 문의가 있는데, 해외금융계좌신고제도는 신고대상 자체가 금융계좌만 해당이 되므로 부채는 따로 공제하지 않습니다.

신고의무 위반에 따른 과태료 규정

신고의무 위반자에게는 미신고 금액의 20% 이하의 과태료가 부과되고, 미신고금액이 50억 원을 초과하는 경우 명단공개, 형사처벌 대상이 됩니다.

과태료 부과기준('국제조세조정에관한법률 시행령」 제51조 제4항)

미(과소)신고 금액	과태료
20억 원 이하	해당금액×10%
20억 원 초과 50억 원 이하	2억 원+20억 원 초과금액×15%
50억 원 초과	MIN(6.5억 원+50억 원 초과금액×20%, 20억 원)

❯ 수정·기한 후 신고자에 대한 혜택

신고기간 이후에 미(과소)신고 계좌를 자진해 수정 또는 기한 후 신고하는 경우 과태료 금액을 감경받을 수 있습니다. 즉, 기한이 지났다 하더라도 과세당국이 과태료를 부과하기 전까지 기한 후 신고를 할 수 있고, 신고한 시점에 따라 최대 90%까지 감경받을 수 있습니다.

수정·기한 후 과태료 감경

구분	수정신고 시점	기한 후 신고 시점	과태료 감경 금액
신고 기한이 지난 후	6월 이내	1월 이내	과태료 금액의 90%
	6월 초과 1년 이내	1월 초과 6월 이내	과태료 금액의 70%
	1년 초과 2년 이내	6월 초과 1년 이내	과태료 금액의 50%
	2년 초과 4년 이내	1년 초과 2년 이내	과태료 금액의 30%

해외 금융 계좌 신고의무자 여부 판단

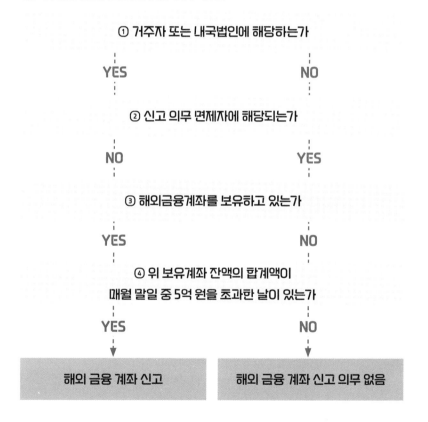

① 거주자 또는 내국법인에 해당하는가

YES   NO

② 신고 의무 면제자에 해당되는가

NO   YES

③ 해외금융계좌를 보유하고 있는가

YES   NO

④ 위 보유계좌 잔액의 합계액이
매월 말일 중 5억 원을 초과한 날이 있는가

YES   NO

해외 금융 계좌 신고	해외 금융 계좌 신고 의무 없음

해외금융계좌 신고제도
미국의 해외금융계좌 신고제도
FBAR, FATCA

모든 국가는 자국민(국가에 납세의무가 있는 사람)이 국내외에서 번 모든 소득에 대해 세금을 부과하려고 합니다. 반대로 납세자 입장에서는 해외에서 번 돈만큼이라도 세금을 안 내고 싶어 합니다. 해외에서 번 돈을 한국 국세청이 알기는 쉽지 않다고 생각하는 이유도 있습니다. 이는 미국이나 다른 국가도 비슷한 상황입니다. 이런 이슈로 인해 국가 간의 해외금융정보교환협정에 의해 한국 국세청과 외국 국세청은 상대 국가의 별도 요청 없이도 금융정보를 자동으로 제공하고 있습니다.

이와는 별도로 납세자, 즉 미국 시민권자나 영주권자와 같은 미국 세법상 '거주자'는 해외금융기관의 계좌 등을 통해 보유한 금융자산의 규모가 특정 기준금액을 초과하는 경우 해당 정보를 미국 국세청에 신고해야 합니다. 이를 '해외금융계좌신고제도'라 합니다. 한국과 다르게 미국은 FBAR와 FATCA 2가지 방식으로 해외금융계좌신고의무를 부여하고 있습니다.

미국 시민권자나 영주권자는 한국에 1년 내내 거주하고 있더라도 한국과 다르게 무조건 미국 세법상 거주자로 봅니다.

미국의 해외금융계좌신고대상: 미국 거주자

① 미국 시민권자

② 미국 영주권자(①과 ②는 한국에 거주하더라도 세법상 미국 거주자로 봄)

③ 미국의 '실질적 체류기간'이 183일 이상인 자

  * 실질적 체류기간 = 당해연도 체류일(최소 31일) + 전년도 체류일의 1/3 + 전전년도 체류일의 1/6

미국에서 주재원으로 일하는 경우는 어떨까요? 한국의 경우에는 한국이 100% 출자한 해외법인에 근무하거나 주재원의 경우 한국 거주자로 보지만, 미국의 경우는 좀 다릅니다. 미국에서 주재원으로 일하는 경우 실질적 체류기간을 계산해 183일 이상이라면 미국 거주자로 봅니다.

다만 미국에 학생비자(F1)를 받아 유학하고 있는 경우 한미조세조약에 의해 5년간은 '미국 비거주자'로 분류되므로 5년까지는 해외금융계좌 신고의무가 없습니다.

FBAR(Foreign Bank Account Report, 외국 은행 계좌 신고)

　　1970년에 제정된 은행비밀보호법(Bank Secrecy Act)의 일환으로 시행한 제도입니다. 미국 시민, 영주권자와 세법상 거주자가 미국 외 국가에 금융계좌정보를 미국 재무부 산하 FinCEN(Financial Crimes Enforcement Network, 금융범죄단속기구)에 보고하는 제도를 말합니다.

기준금액

- 해외 금융계좌별 연중 최고 잔액을 합해 $10,000 초과 시 보고대상
- 계좌를 모두 합한 금액이 $10,000을 초과하면 $10,000을 초과하지 않은 계좌도 신고해야 함

신고대상 자산

- 은행계좌, 증권계좌, 연금계좌 → 계좌별 연중 최고 잔액의 합계액
- 보험계좌 → 계좌별 연말 해지환급금의 합계액
- 현금, 귀금속 등 동산과 건물 등 부동산은 보고대상이 아님

신고기한

- 다음 해 4월 15일까지(현재 별도의 연장신청이 없어도 10월 15일까지로 기한이 자동 연장됨)

신고서식 및 보고기관

· Form 114를 작성해 미 재무부 산하 FinCEN(금융범죄단속국)에 제출

페널티

· 고의성이 없는 경우 → 연도별, 계좌별 과태료 $13,481

· 고의성이 있는 경우 → $134,806 또는 미신고 잔액의 50% 중 높은

금액의 과태료 + 형사처벌도 가능 (최대 벌금 $500,000 and/or 징역

10년)

FATCA(Foreign Account Tax Compliance Act, 해외계좌 납세의무 이행법)

역외탈세를 방지하겠다는 취지로 2010년에 제정된 규정입니다. 미국 국세청(IRS)이 과세에 필요한 기초 정보, 즉 납세의무자의 해외 금융정보를 해당 해외금융기관으로부터 직접 수취할 수 있는 체계를 구축하고 외국 기관에게 강제할 수 있도록 만든 제도입니다.

신고대상에 해외금융계좌가 포함된다는 점은 FBAR와 공통점이지만 기타 금융자산이 신고대상에 추가되는 점은 중요한 차이점이라고 생각할 수 있습니다. 또한 FBAR는 세금신고의무와 상관없지만, FATCA는 세금신고에 연동되는 의무이므로 소득이 없거나 적어서 세금신고 의무가 없는 경우에는 FATCA 신고의무도 사라집니다.

기준금액

- 해외 거주 시: 연말 $200,000 또는 연중 $300,000(부부합산신고 시 × 2)
- 미국 거주 시: 연말 $50,000 또는 연중 $75,000(부부합산신고 시 × 2)

  * 해외 거주는 1년 중 330일 이상 해외에 거주하는 경우, 미국 거주는 1년 중 35일 초과 미국에 거주하는 경우

신고대상 자산

- 은행계좌, 증권계좌, 연금계좌, 보험계좌(Fbar와 동일)
- FATCA만 해당: ① 해외 비상장법인의 주식, 채권, 지분 ② 해외 헤지펀드, 사모펀드 지분 ③ 신탁을 통해 보유하고 있는 해외자산

신고기한

다음 해 4월 15일까지(해외에 거주하고 있다면 별도 신청 없이 6월 15일까지 연장됨)

신고서식 및 보고기관

Form 8938를 작성해 세금신고 시 IRS에 제출

페널티

- 기본 과태료 $10,000(최대 추가 과태료 $50,000) + 미납세액의 40% 가산세

- 고의성이 있는 경우 형사처벌 가능(최대 벌금 $250,000 and / or 징역 5년)

FATCA 보고 시 필요한 정보

- 은행 영문명
- 은행 영문 주소(address, city, zipcode)
- 계좌번호
- 계좌 연중 최고 금액(IRS 연중 평균환율로 달러 변환)
- 당해 개설/폐지 계좌일 경우 개설/폐지일
- 계좌의 소득 발생 여부
- 계좌 이자 및 배당 소득이 있는 경우 소득 금액과 원천징수 금액(IRS 연중 평균 환율로 달러 변환)

해외자산 신고환율 기준조회

구분	Fbar	FATCA
환율기준	미국 재무부에서 발표하는 연말 환율 사용	IRS에서 발표하는 연중 평균 환율 사용
환율 조회 사이트	Treasury Reporting Rates of Exchange | U.S. Treasury Fiscal Data	Yearly Average Currency Exchange Rates | Internal Revenue Service (irs.gov)

간소화된 자진신고절차

FBAR 및 FATCA 신고 및 관련된 해외 금융자산에 대한 세금신고를 비고의적으로 누락한 경우 자진신고를 하면 페널티를 면제 또는 감경해주는 제도를 의미하는데, 이를 '간소화된 자진신고절차(Streamlined Filing Compliance Procedure)'라고 합니다. 특히 해외 거주에 해당한다면 모든 페널티를 면제받을 수도 있는 파격적인 제도이므로 잘 알아둘 필요가 있습니다.

요건

① '고의성이 없었다'라는 진술서를 제출하고

② 과거 3년 치의 세금신고/FATCA 신고와 과거 6년 치의 FBAR 신고를 해야 합니다.

* '고의성이 없었다'라는 것 → 신고 누락이 과실, 부주의, 오해로 인한 실수였다는 것을 진술해야 함

효과

• 해외 거주 시: 모든 페널티 면제

• 미국 거주 시: 과거 6년간 연말 잔액 중 가장 높았던 금액의 5%로 과태료를 경감

* 해외 거주는 최근 3년 중 적어도 한 해 최소 330일을 해외에서 거주한 경우를 의미

Q 미국 거주자가 비거주자로부터 증여 또는 상속받은 자금이 한국에 남아 있는 경우는 어떨까?

미국 시민권자, 영주권자, 세법상 거주자가 외국인으로부터 연간 10만 달러 이상의 증여 또는 상속을 받았다면 Form 3520을 통해서 증여/상속 수취신고를 해야만 합니다. 보통 FBAR와 FATCA 신고만 하면 되는 줄 아는 사람들이 많은데, 이를 놓치면 벌금이 부과될 수 있습니다. 신고기한 이후에 제출되는 Form 3520은 최소 $10,000벌금부과대상이 될 수 있으며, 상속 또는 증여받은 자산의 최대 25%까지 과태료가 부과될 수 있으니 꼭 기억하기 바랍니다.

특수관계자로부터 증여받는 경우에는 증여금액을 모두 합산해 연간 10만 달러 이상인지 판단해야 합니다. 여기서 이야기하는 특수관계자란 부모와 형제뿐만 아니라 친인척을 포함한 모든 가족을 의미합니다. 예를 들어 아버지 5만 달러, 배우자 3만 달러, 할머니로부터 4만 달러를 증여받았다면 총 12만 달러로 판단해 FORM 3520을 신고해야 합니다.

국외전출세
해외이민을 고민한다면
꼭 기억해야 할 국외전출세

절세의 정석

한국의 높은 상속, 증여세율뿐만 아니라 자녀의 교육 문제 등으로 해외이민을 고민하는 사람들이 늘어나고 있습니다. 이때 반드시 확인해야 하는 것이 바로 국외전출세입니다.

2018년 시행된 국외전출세는 영어로는 'Exit Tax'라 불리는데, 이는 조세피난처로 거주지를 변경함으로써 세금에 대한 의무를 회피하는 행위를 막기 위한 제도란 뜻입니다. 만약 거주자가 상대 국가에서 자본이득에 대해 과세하지 않거나, 저율로 과세하는 조세피난처로 이민을 가는 경우 기존 국가 및 이민 국가 모두에서 양도소득세가 과세되지 않고, 조세회피가 가능하게 됩니다. 이에 따라 미국, 일본, EU 등 다수 국가에서는 '역외 조세회피 방지 및 국내

재산에 대한 과세권 확보' 목적으로 출국세(Exit Tax)를 규정하고 있습니다.

국외전출세는 대주주인 거주자가 해외이주 등으로 국외로 출국하는 경우 출국 당시 소유하고 있는 국내주식 등의 평가이익을 양도소득으로 보아 과세하는 제도를 의미합니다(2018년 1월 1일 이후 출국하는 경우부터 적용). 국내 거주하던 대주주가 해외로 거주지를 옮긴 후 국내에서 보유하고 있던 주식을 팔아 수익을 내면 우리 정부가 세금을 부과할 수 없으니, 해외이주 시점에 이 주식을 다 판 것으로 간주해 소득을 계산하고 이 부분에 세금을 부과하는 개념입니다.

⊙ 과세대상 주식

미국이나 일본은 비거주자가 되는 시기에 전 세계 모든 보유자산에 대해 전출세를 과세하고 있지만, 우리나라는 대주주 주식만 과세대상으로 규정해 다른 국가에 비해 다소 완화해 적용하고 있습니다.

국외전출자가 출국 당시 소유한 국내주식 등(비상장 포함)
- '주식 등'이란 주식 또는 출자지분 을 말하며, 신주인수권과 증권예탁증권을 포함
- 부동산자산 비율 50%(골프장.스키장업 등 80%) 이상 법인의 주식

국외전출세 대주주 범위

· 코스피: 지분율 1% 또는 보유액 50억 원 이상

· 코스닥: 지분율 2% 또는 보유액 50억 원 이상

· 코넥스: 지분율 4% 또는 보유액 50억 원 이상

· 비상장 지분율 4% 이상 또는 보유액 10억 원(벤처기업 40억 원) 이상

※ 2024년 양도분부터 대주주 기준금액 10억 원에서 50억 원으로 상향됨

〉 납세의무자

국외전출세 납세의무자는 다음의 요건을 모두 갖춰 출국하는 거주자를 말합니다. 여기서 출국이란 거주자가 주소 또는 거소(살고 있는 곳)를 국외로 이전하는 것을 의미합니다.

다음 요건을 모두 갖춰 출국하는 거주자(국외전출자)

① 출국일 전 10년 중 5년 이상 국내에 주소 또는 거소를 둘 것

② 소유 주식 등의 비율 시가총액 등을 고려해 대주주에 해당할 것

* 출국이란 거주자가 주소 또는 거소를 국외로 이전하는 것을 말함

〉 과세표준 및 산출세액

국외전출세는 거주자가 보유하고 있는 주식에 대해 비록 주식을 실제로 양도하지 않았더라도 국외로 전출하는 시점에 주식을 양도했다고 간주해 양도소득세를 과세합니다. 납부세액은 출국일 현재 시가에서 취득가액을 뺀 양도차익에 20%(과세표준 3억 원 이상 25%)

를 곱해 계산합니다.

> 과세표준 = 양도가액(출국일 당시 시가) - 필요경비(취득가액, 양도비 등)
>
> - 연 250만 원
>
> 산출세액 = 과세표준 × 20%(3억 원 초과분 25%)

◉ 세액공제

국외전출세는 실제로 양도하지 않은 주식에 양도소득세를 신고·납부하는 규정이기 때문에 실제로 주식을 양도한 경우 먼저 납부한 국외전출세를 공제해 이중과세를 조정하는 규정이 있습니다.

국외전출자가 출국 후 국외전출자 국내주식 등을 실제로 양도한 경우 다음의 세액공제 적용

① 조정공제: 실제 양도가액이 과세표준 계산 시의 양도가액보다 낮은 때 차액의 20%(25%)

② 외국납부세액공제: 외국정부에 납부한 세액×(양도가액 - 필요경비) / (실제양도가액 - 필요경비)

③ 국내원천소득세액공제: 비거주자의 국내원천 소득으로 국내에서 과세되는 경우 Min(지급액×10%, 양도차익×20%)

※ 경정청구 신고기한: 실제 양도한 날부터 2년 이내까지

◉ 신고·납부 기한

출국일이 속하는 달의 말일부터 3개월 이내에 신고 및 납부해야
합니다. 단, 납세관리인을 신고한 경우 다음연도 5월까지 신고기한
을 연장할 수 있습니다.

◉ 납부유예

국외전출세는 비거주자가 된 시점에 실제 양도되지 않은 자산에
대해 양도되었음을 가정해 계산합니다. 이런 이유로 납부재원 마련
이 어려울 수 있으므로 실제로 양도할 때까지 일정기간 양도소득세
납부를 유예할 수 있습니다.

국내주식 등을 실제로 양도할 때까지 납세지 관할 세무서장에게 양
도소득세 납부의 유예(출국일로부터 5년, 유학의 경우에는 10년) 신청 가
능(납세담보 제공, 납세관리인 지정 필요)

※ 출국일부터 5년(국외유학의 경우 10년) 이내에 양도하지 아니한 경우
5년(10년)이 되는 날이 속하는 달의 말일부터 3개월 이내에 납부

◉ 납부한 세액 환급 및 취소

국외전출세 납부 후 5년 이내에 다시 양도소득에 대한 과세권이
한국으로 돌아오는 경우 환급되는 규정을 마련하고 있습니다.

다음 어느 하나에 해당하는 경우 그 사유가 발생한 날부터 1년 이내에 환급 또는 취소 신청

① 국외전출자가 출국일부터 5년 이내에 국외전출자 국내주식 등을 양도하지 아니하고 국내에 입국해 거주자가 되는 경우

② 국외전출자가 출국일부터 5년 이내에 국외전출자 국내주식 등을 거주자에게 증여한 경우

③ 국외전출자의 상속인이 국외전출자의 출국일부터 5년 이내에 국외전출자 국내주식 등을 상속받은 경우

비거주자 세금
비거주자는
한국에서 어떤 세금을 낼까?

앞서 세법상 거주자란 국내에 주소를 두거나 183일 이상 거소를 둔 개인이라고 이야기했습니다. 그리고 거주자를 판단하는 기준은 국내외 가족, 자산의 유무, 생활의 근거 등 그 사실관계를 종합적으로 분석해 판단합니다. 국적을 기준으로 한 내국인·외국인과는 다른 개념이며, 외국환 관리규정상의 거주자 판정과도 다르다는 것을 꼭 기억해야 합니다. 세법은 거주성에 따라 항목별로 세금을 부과하는 방식이 다릅니다.

비거주자의 소득세 과세방법

❯ 비거주자 분리과세(원천징수 특례)

국내사업장이 없는 비거주자에 대해서는 국내원천소득별로 분리해 과세합니다(단, 퇴직소득, 토지, 건물 등의 양도소득 제외). 이때 국내원천소득금액을 지급하는 자가 소득을 지급하는 때 원천징수해 납부함으로써 일반적으로 납세의무가 종결(완납적 원천징수)됩니다.

❯ 비거주자의 종합과세

국내사업장이 있거나 부동산소득이 있는 비거주자는 거주자와 동일하게 국내원천소득을 종합해 과세하고, 퇴직소득과 토지, 건물 등의 양도소득은 분류해 과세합니다. 그러나 국내사업장과 실질적으로 관련되지 않거나 국내사업장에 귀속되지 않는 소득으로서 원천징수된 소득에 대해서는 합산 신고하지 않습니다.

비거주자의 국내원천소득을 종합해 과세하는 경우 과세표준과 세액의 계산, 신고·납부, 과세표준과 세액의 결정과 징수는 거주자에 관한 규정을 준용합니다. 다만 「소득세법」에 따른 인적공제 중 비거주자 본인 외의 자에 대한 공제와 특별소득공제, 자녀세액공제 및 특별세액공제(보험료, 의료비, 교육비, 기부금)는 적용받을 수 없습니다.

📎 비거주자 제한세율

제한세율이란 국가 간의 상호 과세권을 보호하기 위해 소득이 발생한 원천지국에서 과세할 수 있는 최고세율로 조세조약으로 체결한 협약된 세율을 말합니다. 즉, 소득이 발생한 원천지국의 세법

비거주자(캐나다 거주자)의 납세의무

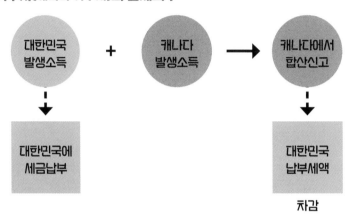

거주자(캐나다 비거주자)의 납세의무

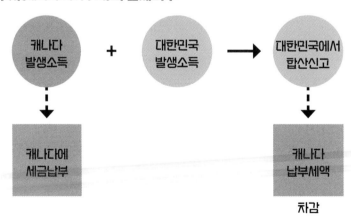

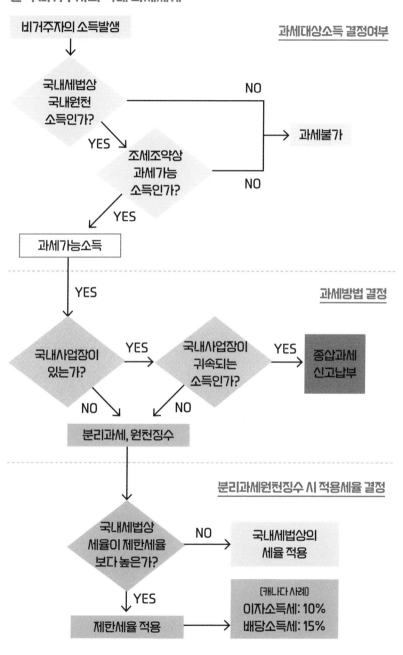

한국 비거주자의 국내 과세체계

비거주자의 소득발생

과세대상소득 결정여부

국내세법상
국내원천
소득인가?

NO

YES

조세조약상
과세가능
소득인가?

NO

→ 과세불가

YES

과세가능소득

YES

과세방법 결정

국내사업장이
있는가?

YES

국내사업장이
귀속되는
소득인가?

YES

종합과세
신고납부

NO

NO

분리과세, 원천징수

분리과세원천징수 시 적용세율 결정

국내세법상
세율이 제한세율
보다 높은가?

NO

국내세법상의
세율 적용

YES

제한세율 적용

→

[캐나다 사례]
이자소득세: 10%
배당소득세: 15%

상 세율이 조세조약으로 체결한 협약세율(제한세율)보다 높다면 상호 체결한 제한세율 내로만 과세하는 제도를 말합니다. 비거주자와 거주자의 납세의무를 비교하면 앞 페이지와 같습니다.

비거주자의 양도소득세 과세방법

1세대 1주택 비과세 규정은 거주자에게만 적용되는 규정으로 비거주자는 1세대 1주택 비과세 규정을 적용받을 수 없습니다. 1세대 1주택 비과세 규정을 적용받기 위해서는 거주자인 상태에서 양도해야 하며, 이때 보유 기간은 거주자로서 보유한 기간만 합산합니다.

즉, 1세대 1주택 비과세 규정을 적용할 때 국내에 1주택을 소유한 거주자가 국외이주로 비거주자가 되었다가, 그 비거주자가 다시 귀국해 거주자가 된 상태에서 주택을 양도하는 경우 보유 기간 계산은 거주자로서 보유 기간만을 통산하는 것이며, 비거주자로서의 보유 기간은 합산하지 않습니다.

다만 1세대 1주택 외 부동산 등은 거주자와 동일하게 과세합니다.

비거주자가 국내에 1주택을 양도하는 경우 양도소득세 차이

구분	비거주자가 양도	거주자가 양도
양도가액	1,500,000,000원	1,500,000,000원
취득가액	500,000,000원	500,000,000원
필요경비(3%가정)	1,500,000원	1,500,000원
양도차익	998,500,000원	998,500,000원
고가주택양도차익*		199,700,000원
장기보유특별공제 (15년 보유/10년 거주)	299,550,000원 (30%)	159,760,000원 (80%)
양도소득금액	698,950,000원	39,940,000원
기본공제	2,500,000원	2,500,000원
과세표준	696,450,000원	37,440,000원
세율	42% - 35,940,000원	15% -1,260,000원
양도소득세	256,569,000원	4,356,000원
지방소득세	25,656,900원	435,600원
합계	282,225,900원	4,791,600원

* 9억 원 8,500만 원×(15억 원-12억)/15억

비거주자의 상속세 과세방법

상속세는 피상속인(사망인)이 거주자인 경우 국내외의 모든 증여재산에 과세하며, 피상속인이 비거주자인 경우 국내 소재의 증여재산에 과세합니다. 자세한 사항은 표로 정리했으니 참고 바랍니다.

상속세 과세 범위

구분	거주자	비거주자
국내자산	과세	과세
국외자산	과세	X

거주자 여부에 따른 과세 차이

구분	거주자가 사망한 경우	비거주자가 사망한 경우
과세대상 재산	국내·외 모든 상속재산	국내 소재 상속재산
관할 세무서	피상속인의 주소지 관할 세무서	상속재산의 소재지 관할 세무서
신고납부기한	상속개시일이 속하는 달의 말일로부터 6월 이내	상속개시일이 속하는 달의 말일로부터 9월 이내
공제금액		
공과금	미납된 모든 공과금	국내 상속재산 관련 공과금
장례비용	공제	공제 안됨
채무	모든 채무 공제	국내 상속재산에 저당권으로 담보된 채무
과세표준의 계산		
기초공제(2억)	공제	공제
일괄공제(5억) 및 배우자상속공제 (30억) 등 기타 공제	공제	공제 안됨
감정평가수수료	공제	공제

비거주자의 증여세 과세방법

❯ 증여세 과세 범위

증여세는 수증자가 거주자인 경우 국내외의 모든 증여재산에 과세하며, 수증자가 비거주자인 경우 국내 소재의 증여재산에 과세합니다. 다만 예외적으로 거주자가 특수관계에 있는 비거주자에게 국외의 재산을 증여하는 경우 「국제조세조정에 관한 법률」에 따라 납세의무가 존재합니다. 결국 비거주자가 비거주자에게 국외재산을 증여할 때만 국내 증여세 비과세 대상에 해당하게 되는 것이죠.

증여세 납세의무

자산소재지	증여자	수증자	납세의무	납세지
국내	거주자	거주자	수증자	수증자 관할
	거주자	비거주자	증여자 연대납세	증여자 관할
	비거주자	거주자	수증자	수증자 관할
	비거주자	비거주자	증여자 연대납세	자산소재지 관할
국외	거주자	거주자	수증자	수증자 관할
	거주자	비거주자	증여자	증여자 관할
	비거주자	거주자	수증자	수증자 관할
	비거주자	비거주자	해당사항 없음	해당사항 없음

❯ 거주자 여부에 따른 과세 차이

증여자가 거주자이고 수증자가 비거주자인 경우 증여자에게 연대납세의무가 있으므로 재차증여로 보지 않습니다. 따라서 증여자가 증여세를 대신 납부해줄 수 있어 상속세도 줄이면서 세금부담 없이 증여하는 효과가 있습니다.

거주자 여부에 따른 과세 차이

구분	수증자가 거주자인 경우	수증자가 비거주자인 경우
과세대상 재산	국내·외 모든 증여재산	국내 소재 증여재산
관할세무서	수증자 관할 세무서	증여자 관할 세무서 (단, 증여자도 비거주자인 경우 증여재산 소재지 관할 세무서)
신고납부기한	증여받은 날이 속하는 달의 말일로부터 3월 이내	좌동
증여공제	공제	공제 안됨
증여세 대납	재차증여로 보아 합산과세	과세 안됨

비거주자 비과세
비거주자도 1세대 1주택
비과세 적용이 가능할까?

1세대 1주택 비과세, 증여재산공제 등 혜택은 기본적으로 국내에 세금을 납부하고 있는 세법상 거주자에게만 적용됩니다. 따라서 세법상 비거주자는 거주자 신분으로 전환해 양도해야 세제혜택을 받을 수 있습니다. 하지만 이 경우 일반적인 거주자로 취득, 보유하는 경우와는 계산방법이 다르기 때문에 규정을 정확히 알 필요가 있습니다.

비거주자가 1세대 1주택 비과세를 적용받으려면?

1세대 1주택 비과세 혜택은 양도일 현재 거주자에게만 적용하며, 비과세 받기 위한 요건 또한 거주자 신분으로서 2년 보유(취득 당시 조정대상지역이라면 2년 거주 요건 추가)를 해야만 합니다. 즉, 비거주자가 1세대 1주택 비과세를 적용받기 위해서는 국내 거주자가 되어 2년 보유 또는 2년 거주를 해야 합니다.

> 서면-2017-부동산-2535, 2018.01.25
> 「소득세법」제89조 제1항 제3호 및 같은 법 시행령 제154조 제1항에 따른 1세대 1주택 비과세 규정은 <u>양도일 현재 거주자에게 적용되는 것으로</u>, 해당 주택의 보유 기간은 <u>거주자인 신분에서의 보유 기간을 통산하는 것임</u>

비거주자의 장기보유특별공제?

비거주자가 국내 주택을 취득해 양도할 때는 연 2% 기본공제만을 적용합니다.

> 양도, 조심2011서3459, 2011.11.24
> <u>비거주자의 1세대 1주택 양도</u>에 대해 「소득세법」제95조 제2항 <u>단서 표2의 장기보유특별공제율을 적용하기 어려움</u>

만약 취득 당시 비거주자였지만 양도 당시 거주자라면 조금 다릅니다. 양도 당시 거주자이기 때문에 전체 보유 기간에 대해 연

8%(보유요건 4%, 거주 요건 4%)를 적용하는 것이 아니라 세법상 거주 자로서의 보유 기간에 대해서만 연 8%를 적용받을 수 있습니다. 따라서 이 경우는 다음의 산식에서 둘 중 큰 금액을 공제받을 수 있습니다.

장기보유특별공제 = MAX(①, ②)
① 거주자 신분으로 보유한 기간 × 8% [최대 80%][거주 4%/보유 4%]
② 전체 보유 기간 × 2% [최대 30%]

사전-2017-법령해석재산-0679, 2019.11.29
거주자가 주택을 취득한 후 비거주자가 되었다가 다시 거주자가 되어 해당 주택을 양도하는 경우로서 양도일 현재 1세대 1주택인 경우 양도차익에서 공제할 장기보유특별공제액은 '소득세법, 제95조 제2항의 주택의 전체 보유 기간에 대한 <u>표1에 따른 공제율과 거주자로서 보유 기간에 대한 표2에 따른 공제율 중 큰 공제율을 적용</u>해 계산하는 것임

비거주자가 1세대 1주택 비과세를 받는 경우

세법상 비거주자가 되더라도 1세대 1주택 비과세 규정을 적용받을 수 있는 규정이 있습니다. 바로 해외이주로 인해 출국한 날로부터 2년 이내에 주택을 양도할 경우입니다. 「해외이주법」에 따른 해외

이주 및 1년 이상 국외거주를 필요로 하는 취학 또는 근무상의 형편으로 세대 전원이 출국하는 경우, 출국한 날로부터 2년 이내에 해당 주택을 양도 시에는 양도일 현재 비거주자에 해당하더라도 거주 기간 및 보유 기간 제한없이 비과세 적용을 받을 수 있습니다. 단, 출국일 현재 국내에 1주택을 보유한 경우에만 적용되고, 세대 전원이 출국해야 합니다.

> 「소득세법 시행령」 제154조 [1세대 1주택의 범위]
>
> 나. 「해외이주법」에 따른 해외이주로 세대 전원이 출국하는 경우. 다만 출국일 현재 1주택을 보유하고 있는 경우로서 출국일부터 2년 이내에 양도하는 경우에 한한다.
>
> 다. 1년 이상 계속해 국외거주를 필요로 하는 취학 또는 근무상의 형편으로 세대 전원이 출국하는 경우. 다만 출국일 현재 1주택을 보유하고 있는 경우로서 출국일부터 2년 이내에 양도하는 경우에 한한다.

❯ 「해외이주법」에 따른 해외이주로 세대 전원이 출국하는 경우

「해외이주법」에 따른 해외이주의 종류는 연고이주, 무연고이주, 현지이주로 나뉘는데 「해외이주법」과 「주민등록법」에 따른 해외이주 신고를 해야 인정받을 수 있습니다.

출국일은 연고·무연고 이주는 전 세대원이 출국한 날, 현지이주의 경우 출국일은 영주권 또는 그에 준하는 장기체류 자격을 취득한 날이고, 이날로부터 2년 이내에 주택을 양도하게 되면 비과세를 적용받습니다. 유학이나 취업으로 세대 전원이 출국한 후 영주권을 취득한 경우도 영주권 취득일로부터 2년 이내에 주택을 양도하게 되면 비과세가 적용됩니다(대법원 2013두3498 판결, 2013.06.13).

비과세 신청을 위해서는 외교부장관이 교부하는 해외이주신고확인서, 현지이주의 경우에는 현지이주확인서 또는 거주여권 사본으로 증명해야 합니다.

❯ 1년 이상 계속해 국외거주를 필요로 하는 취학 또는 근무상의 형편으로 세대 전원이 출국하는 경우

취학 또는 근무상의 형편에 사업상 형편 또는 유치원·초등학교 및 중학교 취학의 사유는 인정되지 않습니다. 비과세 신청을 위해서는 1년 이상 국외거주를 필요로 함을 증명하기 위해 재학증명서, 재직증명서, 요양증명서 등 해당 사실을 증명하는 서류를 제출해야 합니다.

'소득세법」 집행기준 89-154-45 [1년 이상 국외거주를 필요로 하는 사유에 해당하지 아니하는 경우]

사업상 형편 또는 유치원·초등학교 및 중학교 취학으로 인해 출국하는 경우 1년 이상 계속해 국외거주를 필요로 하는 사유에 해당되지 아니한다.

비거주자 비과세 Q&A

Q 비거주자가 갖고 있는 분양권도 비과세를 적용받을 수 있을까?

거주자가 분양권을 전매로 취득해 중도금 불입 중 1년 이상 계속해 국외거주를 필요로 하는 근무상의 형편으로 세대 전원이 출국한 후 준공된 아파트를 양도하는 경우 해외이주에 따른 비과세와 동일하게 보유 및 거주 기간의 제한을 받지 않는 1세대 1주택으로 보아 비과세를 받을 수 있습니다(서면인터넷방문상담4팀-134, 2006.01.26).

다만 일시적 2주택 상태에서 해외이주할 경우 비과세 적용이 불가합니다. 흔히 1세대 1주택 비과세와 일시적 2주택 비과세를 같다고 생각하는 사람들이 많고, 이런 생각으로 의사결정을 하는 경우가 많습니다. 이때 해외이주에 따른 비과세는 출국일 현재 국내에 1주택을 보유한 경우에만 적용된다는 사실을 꼭 기억하기를 바랍니다.

부동산거래관리−145(2010.01.28)
국내에 1주택을 소유한 1세대가 그 주택을 양도하기 전에 다른 주택을 취득함으로써 일시적으로 2주택이 된 상태에서 「해외이주법」에 따른 해외이주 또는 1년 이상 계속해 국외거주를 필요로 하는 취학 또는 근무상의 형편으로 세대 전원이 출국하는 경우에는 『소득세법 시행령』 제155조 제1항에 따른 일시적 2주택 비과세 특례가 적용되지 않는 것으로서 출국일 현재 소유한 2주택 모두를 과세하는 것입니다.

Q 해외이주에 따른 양도세 비과세 적용 시 고가주택의 장기보유특별공제는 어떻게 될까?

해외이주 출국 2년 이내 주택 비과세 양도를 하더라도, 고가주택의 경우 장기보유특별공제는 연 2%(최대 30%)만 공제합니다. 비거주자는 기본적으로 1세대 1주택 양도세 비과세와 장기보유특별공제 연 8%를 적용받을 수 없습니다. 다만 앞서 살펴본 해외이주, 취학 또는 근무상의 형편으로 인한 출국 사유에 해당하는 경우에만 예외적으로 1세대 1주택 비과세를 적용해주어, 양도가액 12억 원 이하분 양도차익은 비과세 됩니다. 하지만 양도가액 12억 원 초과분 양도차익을 계산할 때 장기보유특별공제는 기본공제 연 2%만 적용되므로 계산에 주의가 필요합니다.

『소득세법』 제121조 [비거주자에 대한 과세방법]

② ···[생략]··· 다만 제119조 제9호에 따른 국내원천 부동산등양도소득이 있는 비거주자로서 대통령령으로 정하는 비거주자에게 과세할 경우에 제89조 제1항 제3호·제4호 및 제95조 제2항 표 외의 부분 단서는 적용하지 아니한다.

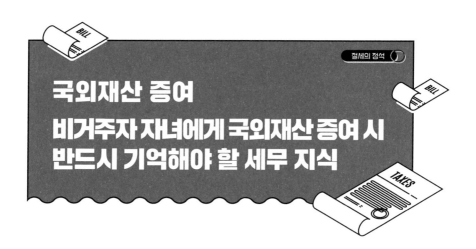

국외재산 증여
비거주자 자녀에게 국외재산 증여 시
반드시 기억해야 할 세무 지식

K씨는 미국에 있는 자녀에게 미국에 있는 자신의 예금을 증여했습니다. 자녀는 한국에 있는 본인 명의 계좌에서 증여세를 납부했습니다. 그런데 얼마 후 증여자가 수증자로부터 증여를 받았기 때문에 증여세를 납부해야 한다는 연락을 받았습니다.

자녀에게 증여 시 증여세를 내지 않을 수 있을까?

우리나라의 경우 증여세는 수증자가 납부하는 것이 원칙입니다. 다만 수증자가 비거주자인 경우는 달라질 수 있습니다. 수증자가 거주자라면 국내외의 모든 증여재산에 과세하며, 수증자가 비거주자라면 국내 소재의 증여재산에 과세합니다. 다만 예외적으로 거주자가 ① 특수관계에 있는 ② 비거주자에게 ③ 국외의 재산을 증여하는 경우 증여세 납세의무가 발생하는데, 이는 「국제조세조정에 관한 법률(국조법)」에 별도로 규정하고 있습니다.

> **국제조세조정에 관한 법률 제35조 [국외 증여에 대한 증여세 과세 특례]**
>
> ② 거주자가 비거주자에게 국외에 있는 재산을 증여(증여자의 사망으로 효력이 발생하는 증여는 제외한다)하는 경우 그 증여자는 이 법에 따라 증여세를 납부할 의무가 있다.

따라서 국내 증여세를 납부하지 않아도 되는 케이스는 한 가지뿐입니다. '증여자 → 비거주자, 수증자 → 비거주자, 국외 재산 증여'입니다.

수증자가 거주자라면 성인의 경우 5천만 원(미성년자의 경우 2천만 원)까지 증여재산공제를 적용받을 수 있고, 증여세는 수증자가 내는 것이 원칙입니다. 다만 비거주자가 증여받는 경우 증여재산공제를 받지 못하는 단점이 있지만, 대신 증여세를 증여자가 대납해도 재차증여로 보지 않는 장점이 있습니다.

거주자가 비거주자에게 국외재산을 증여하는 경우

거주자가 비거주자에게 국외재산을 증여하느냐, 국내재산을 증여하느냐에 따라 증여세 납세의무자가 달라지기 때문에 주의를 요합니다. 국내재산을 증여하는 경우 증여세 납세의무자는 수증자가 되는 것이 원칙이지만, 예외적으로 증여자에게 연대납세의무를 부여해 증여자가 대납해도 됩니다. 다만 국외재산을 증여하는 경우 「상증세법」이 아닌 「국조법」에 따라서 수증자가 아닌, 증여자에게 증여세 납세의무가 부여됩니다.

즉, 증여재산공제 5천만 원(미성년자 2천만 원) 적용이 가능해집니다. 「국조법」에서 증여자에게 증여세 납부의무가 있다고 규정하고 있고, 납세의무자가 국내 거주자이기 때문에 증여재산공제 역시 공제 가능하다는 논리입니다(「국제조세조정에 관한 법률」 제35조【국외 증여에 대한 증여세 과세특례】).

조심2016서0113, 2016.03.30
「국조법」 제21조 제1항 본문은 거주자가 비거주자에게 국외 재산을 증여하는 경우에는 「상증세법」 제2조 제1항 제2호 및 제4조 제2항에 불구하고 증여자가 국조법에 따라 증여세를 납부할 의무가 있다고 규정하고 있고, 같은 조 제3항은 위 제1항에 따라 증여세를 과세하는 경우에는 상증세법 제53조를 준용한다고 규정하고 있으므로 거주자가 비거주자에게 국외 재산을 증여해 「국조법」에 따라 증여자에게 증여세를 과세하는 경우에는 증여재산공제가 적용되는 것임

따라서 거주자가 비거주자에게 국외재산을 증여 후 수증자가 증여세를 납부하면 또다른 증여세가 발생할 수 있습니다. 수증자가 특수관계인이면서 비거주자이고 거주자가 국외재산을 증여할 때는 국내 증여세 납세의무가 발생하며, 증여재산공제 5천만 원(미성년자 2천만 원)을 적용받을 수 있다고 이야기했습니다. 따라서 수증자가 증여세를 납부하게 된다면, 이는 증여자가 납부해야 하는 세금을 수증자로부터 증여받은 것으로 보아 추가적인 증여세가 발생할 수 있으니, 주의해야 합니다.

서면-2023-법규재산-1750 [법규과-2230]
「국조법」 제21조 제1항에 따라 증여자에게 과세된 증여세를 수증자가 대신 납부하는 경우 연대납세의무자로서 납부한 것으로 볼 수 있을까?
거주자(이하 "증여자")가 비거주자(이하 "수증자")에게 국외재산을 증여해 「국제조세조정에 관한 법률(2017.12.19. 법률 제15221호로 개정된 것」 제21조 제1항에 따라 증여자에게 증여세가 과세되는 경우로서 수증자가 증여자를 대신해 해당 증여세액을 납부하는 경우에는 증여자가 수증자로부터 「상속세 및 증여세법」 제36조에 의한 채무면제 등에 따른 증여를 받은 것에 해당하는 것입니다.

◉ 10년 내 동일인에게 증여받더라도 합산하지 않는다?

해외 유학 간 자녀가 좀 더 편안한 환경에서 거주하기를 바라는 마음으로 해외 부동산을 구입해주고, 또 한국에 들어와 살 수 있을 가능성도 있기에 우리나라 주택도 증여하는 상황이 발생할 수 있습니다. 원래 동일인에게 10년간 증여받은 재산은 합산해 과세하는 것이 원칙입니다. 그럼 다음의 경우도 합산해 증여세율이 더 높아질까요?

사실관계

· 신청인은 2014년 3월 본인 소유의 미국 소재 부동산(콘도)을 미국 영주권자인 자녀에게 증여한 후 미국세법에 따라 증여세신고를 함

* 2015년 4월 15일까지 신청인(증여자)은 미국 IRS에 증여세 $578,440을 신고납부해야 함

· 2014년 8월 18일 신청인 소유 국내 주택을 다시 미국 영주권자인 자녀에게 증여하기로 하고 계약서 작성

* 증여부동산: 서울시 서초구 명달로 ××-××(서초 ××××-××) ××××빌라트 901호

질문

국내 주택을 증여해 증여세를 신고하는 경우 기증여하고 미국법령에 따라 증여세를 납부한 미국 소재 부동산(콘도)을 합산과세 여부 및 합산과세되는 경우 미국에서 납부한 세액의 기납부세액 공제 여부

사전-2014-법령해석재산-20870

거주자가 비거주자에게 국외에 있는 재산을 증여함에 따라 해당 재산에 대해 외국의 법령에 따라 증여세(실질적으로 이와 같은 성질을 가지는 조세를 포함한다)가 부과되는 경우에는 해당 거주자가 국내에 있는 재산을 다시 해당 비거주자에게 증여하더라도 「상속세 및 증여세법」 제47조 제2항은 적용되지 않는 것입니다.

사실 국세청에서 국외에서 이루어진 증여를 확인하기란 쉽지 않습니다. FATCA 또는 CRS 규정에 따라 해외 국적의 고액 예금에 대해 국가별로 금융정보교환을 하고 있지만, 이 역시 계좌 개설 시 고객정보를 숨겨 교환되지 않도록 만들기도 하고, 금융계좌를 제외한 해외 부동산 보유나 비상장법인 주식 보유 여부 등은 국가 별로 공유되지 않기 때문입니다.

그럼에도 불구하고 재외국민 재산반출로 나간 자금이나 해외 부동산 취득신고로 송금된 자금이 해외금융계좌신고에서 누락되었거나, 상속세 조사 과정에서 밝혀지는 경우가 있습니다. 아니면 자녀가 수증받은 후에 신고되지 않은 자금을 국내로 송금하는 경우 문제가 되어 기존의 누락되었던 신고내용들이 밝혀질 수 있다는 점을 꼭 기억해야 합니다.

절세의 정석

해외 부동산 투자
해외 부동산 투자 시 반드시 알아야 할 세무 지식

 이제 스마트폰 하나만 있으면 전 세계 부동산의 정보를 손쉽게 찾아볼 수 있는 시대입니다. 그래서일까요? 이제는 국내뿐만 아니라 해외 부동산에 대한 투자 수요도 꾸준히 증가하고 있습니다. 투자에 따른 수익만큼이나 중요한 것이 세금입니다. 국내 소재 자산과 국외 소재 자산에 대한 세무상의 차이점이 있기 때문입니다. 해외 부동산, 특히 미국 부동산 투자 시 반드시 알아야 할 세무지식은 어떤 것이 있는지 단계별로 살펴보고자 합니다.

해외 부동산 취득 시: 자금출처조사

국내 부동산을 취득할 때 우리나라는 취득세를 납부해야 등기가 가능하지만, 미국 부동산은 일반적으로 취득세가 존재하지 않습니다. 대신 신규주택의 경우 매수자가 1% 미만의 '거래세'를 부담해야 하는 경우가 발생합니다.

거주자가 타인으로부터 자금을 증여받아 해외 부동산을 취득하는 경우 수증자는 증여세 납세의무가 생깁니다. 직업·연령·소득 및 재산상태 등을 봤을 때 자력으로 재산을 취득했다고 인정하기 어려운 경우 이를 증여받은 것으로 추정해 수증자에게 증여세가 부과될 수 있으니 사전에 철저한 준비가 필요합니다.

거주자가 해외 부동산을 취득하고, 취득가액이 2억 원 이상이라면 다음 해 6월 말까지 '해외 부동산 취득·보유·투자운용(임대) 및 처분 명세서'를 해외 부동산 취득계약서·등기부등본과 함께 관할세무서에 제출해야 합니다.

혹여나 "은행에 신고했는데, 굳이 또 해야만 하냐?"라고 묻는 사람들이 있습니다. 은행에 제출한 신고서는 「외국환거래법」에 의해 한국은행 제출서류입니다. 이와는 별개로 국세청에 제출해야 하는 서류가 존재하니 꼭 기억하기 바랍니다.

만일 취득한 해외 부동산을 개인사업장으로 사용한다면 '해외영업소 설치현황표'도 함께 제출해야 합니다. 다만 해당 과세기간 종료일 10년 전부터 국내에 주소나 거소를 둔 기간의 합계가 5년 이하인 '외국인 거주자'의 경우 제출의무가 없으니 국내 주소나 거소를 둔 기간을 한 번 확인해보면 좋습니다.

해외 부동산 보유 시: 소득신고, 부동산 취득 등 임대 명세서

거주자가 해외 부동산(주택, 상가, 토지 등)을 취득한 후 그 부동산을 타인에게 임대해 임대소득이 발생한다면 종합소득세 신고의무(5월)와 함께 '해외 부동산 취득·보유·투자운용(임대) 및 처분 명세서' 제출의무(6월)가 생깁니다. 이는 세법상 국내 거주자의 경우 국내외에서 발생한 모든 소득을 합산해 신고할 의무가 있기 때문입니다.

만약 해외에서 임대소득에 대한 세금을 냈다면, 한국에 또 내야 하는 것일까요? 이미 외국에서 납부한 세금이 있다면 이를 외국납부세액으로 공제받을 수 있기 때문에 이중과세의 문제는 발생하지 않습니다.

다만 해당 과세기간 종료일 10년 전부터 국내에 주소나 거소를 둔 기간의 합계가 5년 이하인 '외국인 거주자'의 경우 해외 부동산 임대소득에 대한 납세의무가 없습니다. 그러나 신고의무가 없는 해외 임대소득이라 하더라도 국내로 송금된 소득금액이 있다면 이에 대해서는 신고의무가 있으니 주의해야 합니다.

3주택 이상 시 부과되는 간주임대료, 2주택 이상 시 부과되는 월세에 국외 부동산도 포함할까요? 일반적으로 주택수가 2채(거주주

주택임대소득 과세기준

과세 요건(주택수 기준)			신고방법(수입금액 기준)	
주택 수*	월세	보증금	수입금액	신고방법
1주택	비과세**	비과세	2천만 원 이하	종합과세와 분리과세 중 선택
2주택	과세	비과세		
3주택 이상	과세	간주임대료 과세***	2천만 원 초과	종합과세

* 국내외 주택과 배우자 소유 주택도 합산해 계산(비거주자는 국내주택만 합산)

** 기준시가 12억 원 초과 주택 및 국외소재 주택의 임대소득은 1주택자도 과세

*** 소형주택(주거 전용면적 40m² 이하이면서 기준시가 2억 원 이하)은 2026년까지 간주임대료 과세 대상 주택에서 제외

택 포함)일 경우부터 월세에 대해, 그리고 3주택부터 보증금에 대해서도 과세합니다. 이때 이야기하는 주택수는 위의 표로 보는 것처럼 국내뿐만 아니라 국외주택을 포함하는 것이며, 배우자의 소유주택도 합산해 계산합니다.

또한 해외주택임대로 인해 발생하는 월세가 있다면 이 경우에는 1채에서만 소득이 발생하더라도 임대소득에 대한 소득세 신고를 해야만 합니다.

해외 부동산 수입금액 환율 적용

해외 부동산 임대에 따른 임대수입금액 계산 시 외화환산은 어떻게 할까요? 외화환산은 다음에 정한 날 현재 「외국환거래법」에 의한 '기준환율' 또는 '재정환율'을 적용합니다.

해외 부동산 수입금액 환율 적용

구분	환율 적용시기
임대수입금액	• 계약 또는 관습에 의해 지급일이 정해진 것은 그 정해진 날 • 지급일이 정해지지 않았다면 그 지급을 받은 날
필요경비	• 급여, 유지보수비, 광고비 등 필요경비를 지출한 날 • 수차에 걸쳐 지출하는 경우 지출할 때마다 그 날의 위 환율

◎ 해외 부동산 임대소득에 대한 결손금이 발생한다면?

해외 부동산에서 결손이 났다면, 국내 부동산에서 수익이 발생했다면 임대소득에 한해 공제할 수 있으며, 남은 미공제액은 다음연도로 이월해 공제가 가능합니다. 이를 이월결손금이라 하는데, 이월결손금은 발생연도 종료일부터 15년간 발생하는 소득과 상계처리 가능합니다(단, 2019년 과세기간 이전 발생분은 10년). 이때 이월결손금 공제를 받기 위해서는 반드시 비치·기록한 장부에 의해 종합소득세 신고를 해야 하며, 추계신고한 경우에는 적용이 불가능합니다.

해외 부동산 처분 시

❯ 납세의무자

국외자산 양도에 대한 양도소득세 납세의무자는 "해당 자산의 양도일까지 계속 5년 이상 국내에 주소 또는 거소를 둔 거주자"입니다. 따라서 가족의 일부(혹은 일시적으로 가족 전체)가 해외에서 거주했더라도 국외자산의 양도일까지 계속 5년 이상 국내에 주소 또는 거소를 둔 국내 거주자에 해당한다면 양도소득세 납세의무가 있습니다. 양도일 직전 5년 중 일정기간 동안 출국한 경우도 포함한다고 국세청에서는 답변하고 있습니다(서면4팀-2981, 2007.10.17).

❯ 해외 부동산 양도세 계산구조

납세의무자인 거주자가 국외에 있는 부동산을 양도하는 경우 양도소득세 과세대상에 해당합니다.

국외자산에 대한 양도소득세 계산구조는 국내자산의 양도에 따른 양도소득세 계산구조와 유사하며, 국내·외 자산의 양도소득을 구분해 계산합니다. 다만 다음 자산의 양도소득이 국외에서 외화를 차입해 취득한 자산을 양도해 발생하는 소득으로 환율변동으로 인해 외화차입금으로부터 발생하는 환차익을 포함하고 있다면 해당 환차익은 양도소득의 범위에서 제외합니다.

해외 부동산 거래와 관련된 외화환산은 다음에 정한 날 현재「외국환거래법」에 의한 '기준환율' 또는 '재정환율'을 적용합니다.

해외부동산 양도세액 환율 적용

구분		환율 적용 시기
양도가액		양도가액을 수령한 날, 수차에 걸쳐 수령하는 경우 수령할 때마다 그날의 위 환율
필요경비	장기할부조건	소유권이전등기(등록 및 명의개서를 포함) 접수일·인도일 또는 사용수익일 중 빠른 날을 양도 또는 취득의 시기로 보게 되어 있으므로, 외화 환산도 그 시기에 수령 또는 지출한 것으로 보아 그날의 위 환율을 적용
	기타	급여, 유지보수비, 광고비 등 필요경비를 지출한 날, 수차에 걸쳐 지출하는 경우에는 지출할 때마다 그날의 위 환율

다음 페이지 표에서 보는 것처럼 해외 부동산은 국내 부동산과 달리 보유 기간에 따른 장기보유특별공제를 받을 수 없습니다. 그뿐만 아니라 국내주택의 경우 일정 요건 충족 시 1세대 1주택자는 12억 원까지 양도세 비과세가 가능하지만, 해외주택의 경우 비과세 규정을 적용받을 수 없습니다.

같은 해에 국내외 부동산을 함께 양도했다면 어떻게 될까요? 이때는 국내 부동산과 국외 부동산의 양도소득과세표준 및 산출세액은 이를 각각 구분해 산정합니다. 따라서 국외 부동산의 양도에서 발생한 결손금은 국내 부동산의 양도에서 발생한 소득금액과 통산할 수 없으며, 다른 국외 부동산의 양도차익에서만 통산 가능하니

해외 부동산과 세금

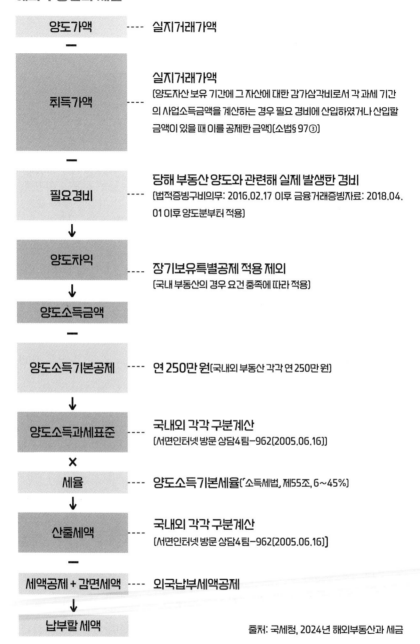

양도가액 ---- 실지거래가액

─

취득가액 ---- 실지거래가액
[양도자산 보유 기간에 그 자산에 대한 감가상각비로서 각 과세 기간 의 사업소득금액을 계산하는 경우 필요 경비에 산입하였거나 산입할 금액이 있을 때 이를 공제한 금액][소법§ 97③]

─

필요경비 ---- 당해 부동산 양도와 관련해 실제 발생한 경비
[법적증빙구비의무: 2016.02.17 이후 금융거래증빙자료: 2018.04. 01 이후 양도분부터 적용]

↓

양도차익 ---- 장기보유특별공제 적용 제외
[국내 부동산의 경우 요건 충족에 따라 적용]

↓

양도소득금액

양도소득기본공제 ---- 연 250만 원[국내외 부동산 각각 연 250만 원]

↓

양도소득과세표준 ---- 국내외 각각 구분계산
[서면인터넷 방문 상담4팀-962[2005.06.16]]

×

세율 ---- 양도소득 기본세율['소득세법, 제55조, 6~45%]

↓

산출세액 ---- 국내외 각각 구분계산
[서면인터넷 방문 상담4팀-962[2005.06.16]]

─

세액공제 + 감면세액 ---- 외국납부세액공제

↓

납부할 세액

출처: 국세청, 2024년 해외부동산과 세금

다. 다만 부동산 그룹을 제외한 주식이나 파생상품의 경우에는 국내외 손익을 통산할 수 있습니다.

◉ 신고 및 납부

해외 부동산 양도일이 속하는 달의 말일부터 2월 이내에 관할세무서에 양도소득세 예정신고를 해야 합니다. 만약 동일 연도에 부동산 등을 여러 건 양도했다면 각 물건별로 예정신고를 하고, 다음 해 5월에 주소지 관할세무서에 양도소득세 확정신고·납부를 해야 합니다.

또한 양도소득세 확정신고·납부와는 별개로 '해외 부동산 취득·투자운용(임대) 및 처분 명세서', '해외영업소 설치현황표'(개인사업장인 경우 폐업 여부)를 다음 해 6월까지 주소지 관할세무서에 함께 제출해야 합니다.

해외 부동산 소재지국 세법에 따라 현지국가에서 부동산 양도와 관련된 양도소득세를 신고·납부한 경우 외국에서 납부한 세액은 우리나라에 신고·납부하는 양도소득세 계산 시 세액공제 받거나 또는 필요경비에 산입하는 방법으로 공제받을 수 있습니다.

돈은 불리고
세금은 줄이는
절세의 정석

초판 1쇄 발행 2024년 10월 17일
초판 2쇄 발행 2024년 10월 29일

지은이 이환주
펴낸곳 원앤원북스
펴낸이 오운영
경영총괄 박종명
편집 최윤정 김형욱 이광민
디자인 윤지예 이영재
마케팅 문준영 이지은 박미애
디지털콘텐츠 안태정
등록번호 제2018-000146호(2018년 1월 23일)
주소 04091 서울시 마포구 토정로 222 한국출판콘텐츠센터 319호 (신수동)
전화 (02)719-7735 | **팩스** (02)719-7736
이메일 onobooks2018@naver.com | **블로그** blog.naver.com/onobooks2018
값 23,000원
ISBN 979-11-7043-577-8 03320